POUR UNE VIEILLESSE AUTONOME

PSYCHOLOGIE ET SCIENCES HUMAINES

A. Gommers et
Ph. van den Bosch de Aguilar

pour une vieillesse autonome

vieillissement : dynamismes et potentialités

MARDAGA

© 1992, Pierre Mardaga, éditeur
Rue Saint-Vincent 12 - 4020 Liège
D. 1992-0024-17

Liste des collaborateurs

N. DELPÉRÉE
   Juriste
   Expert-Consultante au Conseil de l'Europe

V. GEENEN
   Centre Hospitalier Universitaire de Liège
   Service d'Endrocrinologie

A. GOMMERS
   Université Catholique de Louvain
   Ecole de Santé Publique
   Unité de Gérontologie

M. HUPET
   Université Catholique de Louvain
   Département de Psychologie Expérimentale
   Unité de Psychologie Cognitive

J.-J. LEGROS
   Centre Hospitalier Universitaire de Liège
   Service d'Endrocrinologie

X. LEROY
   Université Catholique de Louvain
   Ecole de Santé Publique
   Unité de Socio-Economie de la Santé

M. LORIAUX
   Université Catholique de Louvain
   Institut de Démographie
J.-F. MALHERBE

Université Catholique de Louvain
Centre d'Etudes Bioéthiques

Ph. MEIRE
Université Catholique de Louvain
Département de Neurologie et Psychiatrie
Unité de Recherches Cliniques Psychiatriques

F. NEF
Université Catholique de Louvain
Département de Psychologie Expérimentale
Unité de Psychologie Cognitive

X. SERON
Université Catholique de Louvain
Département de Psychologie Expérimentale
Unité de Neuropsychologie Cognitive

F. SMEETS
Centre Hospitalier de Sainte-Ode
Service de Pneumologie

M. SOFFIÉ
Université Catholique de Louvain
Département de Psychologie Expérimentale
Unité de Psychobiologie

Ch. SWINE
Université Catholique de Louvain
Cliniques Universitaires de Mont-Godinne
Département de Médecine Interne

G. THINÉS
Université Catholique de Louvain
Département de Psychologie Expérimentale
Unité de Psychobiologie

Ph. VAN DEN BOSCH DE AGUILAR
Université Catholique de Louvain
Département de Biologie
Laboratoire de Biologie Cellulaire

M. VAN DER LINDEN
Université Catholique de Louvain
Département de Psychologie Expérimentale
Unité de Neuropsychologie Cognitive.

Introduction

La population humaine vieillit. De 74 ans aujourd'hui, l'espérance de vie moyenne passera à 81 ans en 2075. A cette même époque, les pays développés comporteront autant de personnes de plus de 65 ans que de jeunes de moins de 14 ans, alors qu'actuellement la proportion est de une pour deux. Le constat démographique est formel et ce glissement des âges ouvre la perspective d'une société nouvelle où les équilbres seront profondément modifiés. Schématiquement, elle sera partagée en trois tranches d'âges, d'importance numérique pratiquement égale, mais à insertions sociales différentes. Les plus jeunes bénéficieront d'une formation qui tendra à se prolonger, les moins jeunes seront engagés dans une activité professionnelle dont le temps se réduira et les vieux, retirés du circuit actif et producteur, auront le loisir de tirer avantage de l'allongement du temps de vie. Face à une telle perspective, qui accentue les clivages déjà présents dans la population actuelle, les réactions sont diverses.

Les réactions pessimistes naissent d'un ressentiment, celui du poids de la population âgée pour la société, principalement en coûts économiques et en soins de santé. Comment le seul tiers actif de la population pourra-t-il assurer la charge des deux autres tiers ? Ne faut-il pas accorder la priorité à la formation, car c'est de cet investissement que dépendront les performances des générations à venir ? Quel sacrifice peut-on consentir pour le confort et la santé des vieux sans qu'il soit préjudiciable au restant de la population? Les vieux ne constitueront-ils pas un frein pour notre développement futur? Ces questions, exemples tirés de l'éventail des questions propagées par les média, sont l'expression du malaise profond qui marque l'époque actuelle où le tournant s'amorce vers les nouvelles perspectives sociales. Poussée à une métamorphose, notre société fait une crise pubertaire et, fruit du « babyboom » et de l'expansion des années soixante, elle réagit violemment au changement, elle est malade de ses vieux. Cette prise de conscience subite, qui engendre les interrogations présentes, est sous-tendue par une philosophie d'âgéisme et un esprit de gérontophobie. L'apparente prise de conscience voile ainsi une mauvaise conscience latente.

Dès le moment où l'amélioration des conditions de vie et les progrès bio-médicaux permettaient un allongement de la vie, il était prévisible que celui-ci s'accentue et que notre époque soit confrontée à ce problème. Alors qu'il était resté jusqu'à présent limité à la sphère familiale, le vieillissement est devenu par son ampleur un problème social. Notre société a ainsi hérité des bénéfices de ses performances.

Si l'on reste dans la logique d'une pensée pessimiste, les solutions sont simples. Deux choix sont possibles. Le premier est de ne pas intervenir de manière profonde et de continuer à pratiquer des ajustements sporadiques pour tenter de maintenir l'équilibre actuel et sauvegarder une société de production et de consommation. Ce choix peut conforter notre conscience mais ne laisse aux vieux qu'une place de personnes assistées. Le second choix est plus drastique. Faisons un moratoire de tout progrès et le problème du vieillissement se résoudra de lui-même. Les générations futures rendront hommage à notre génération, qui a montré l'exemple!

Un deuxième volet de réactions prône la négation de l'état de vieillesse. Le déni passe d'abord par le vocabulaire. Vieux et vieillesse sont bannis du langage et on parle du troisième ou du quatrième âge, des nouveaux vieux, des panthères grises, etc. Singulier déni qui fait que la société se rebiffe contre sa propre destinée, à moins qu'il ne soit l'expression d'un mépris profond qui accentue la qualification de dépendance de la vieillesse en l'infantilisant. Le déni passe ensuite par l'image de la vieillesse. Il faut faire jeune à tout prix et rester conforme au gabarit médiatisé de notre société. Le vieux non conforme est ressenti comme une atteinte à l'idéal social actuel et est rejeté. La négation de la vieillesse témoigne d'un optimisme volontariste, qui se veut de bon aloi, et justifie en grande partie une politique de non-décision.

Entre ces deux extrêmes se situe l'acceptation de la vieillesse comme une composante naturelle de la société et son émergence comme un résultat de l'évolution humaine. Ce livre s'inscrit dans cette perspective. Il ne nie pas les problèmes soulevés par le vieillissement et leurs répercussions sociales, mais s'insurge contre le déni et le rejet. De nombreux ouvrages ont déjà été consacrés à l'étude des déficits liés à l'âge et ceux-ci sont évidemment réels. Mais la vieillesse est une période de la vie qui présente des paramètres caractéristiques et les déficits sont accompagnés de mécanismes dynamiques qui confèrent au vieillissement des potentialités propres. Celles-ci sont loin d'être identifiées. Ces potentialités seront examinées dans trois cadres, qui sont autant de bases pour établir une politique à long terme du vieillissement qui préserve la dignité et la participation de la population âgée dans notre société.

Le premier cadre concerne les aspects bio-médicaux, le deuxième les fonctions cérébrales et cognitives et le troisième le contexte socio-économique et culturel. Progressant ainsi du substrat organique à l'insertion sociale, nous espérons cerner les facteurs favorables à l'épanouissement des potentialités de l'âge, tant sur le plan personnel que social. Car l'épanouissement des potentialités de la personne âgée garantit sa capacité de libre arbitre et la réalisation de ses choix de vie, lui ouvrant ainsi une vieillesse autonome, dans la pleine expression de sa vie propre.

Cet ouvrage est né de la collaboration de chercheurs et de praticiens, partageant cette même philosophie et l'appliquant dans leurs domaines respectifs. Le noyau de cette collaboration est un groupe de travail créé à l'Université Catholique de Louvain. Fondé en 1985, à l'initiative du Professeur M. Meulders, conseiller scientifique, le «Centre de Recherches Interdisciplinaires sur le Vieillissement» (CRIV) rassemble des chercheurs concernés par un projet commun : l'étude du vieillissement par une approche interdisciplinaire, mettant en synergie les potentiels de recherches de différentes disciplines. Enrichi par les recherches menées par chacun de ses participants, le CRIV mène une réflexion qui permet de décloisonner les disciplines spécifiques et d'ouvrir des voies d'approches qui intègrent tous les aspects concernés par le problème du vieillissement. Différents thèmes ont déjà été abordés dans cet esprit et publiés* : «Le vieillissement : premières perspectives» en 1986, «La qualité de vie des personnes âgées» en 1987, «Concepts biologiques du vieillissement» en 1988, «La situation de crise chez les personnes âgées» en 1990. Le présent ouvrage s'appuie sur ces différents travaux en les élargissant afin de proposer un éventail complet des voies d'approches étudiées par le Centre jusqu'à présent.

Les travaux réalisés par le Centre sont soutenus par l'Université Catholique de Louvain, la Loterie Nationale et le Ministère des Affaires Sociales et de la Santé de la Communauté Française. Nous les remercions de leur aide. Nous adressons toute notre gratitude à Madame V. Guns qui a assumé avec compétence et patience la mise en forme des multiples versions de cet ouvrage, et à A. Lempereur pour le soin qu'elle a apporté à leur révision.

Ph. van den Bosch de Aguilar

---

* Editions Ciaco, Louvain-La-Neuve.

Les potentialités biologiques

Philippe VAN DEN BOSCH DE AGUILAR

De façon évidente, tout organisme vivant s'inscrit dans le temps. L'époque où il vit, avec ses caractéristiques particulières — environnementales, socio-culturelles,... — détermine son temps historique. Les périodes successives de sa vie déroulent le temps de sa propre histoire et façonnent son devenir individuel. Les fonctions physiologiques scandent de leurs rythmes propres son temps vital. Chaque organisme apparaît ainsi dans un cadre temporel qui règle ses systèmes d'organisation, depuis les plus simples — ses molécules et cellules constitutives — jusqu'aux plus complexes — les communautés sociales auxquelles il participe. Mais il n'est pas soumis à ce seul processus chronologique régulateur, unitaire et finaliste, englobant de façon équivalente toutes les fonctions vitales, il se situe au carrefour de trois processus biologiques, intimement liés, qui tissent la trame de sa vie et qui sont caractérisés chacun par une dynamique temporelle propre.

Le premier processus le situe dans une perspective évolutive. Il trouve sa source à l'origine même de la vie par l'émergence de molécules puis de cellules, porteuses d'un message transmissible de générations en générations. Ce message, inscrit dans le génome, constitue le capital génétique de la vie et de ses potentialités. Par le génome dont il hérite et qui déterminera sa structure et ses fonctions, l'organisme sera défini en tant qu'espèce au sein de la lignée des êtres vivants. Au cours de son évolution, l'éventail des manifestations de la vie s'élargit progressivement, depuis les plus simples jusqu'aux plus complexes, en conséquence des modifications qui surviennent « par hasard ou par nécessité » dans le message génétique. Parallèlement à l'augmentation de la diversité des espèces, le phénomène vital gagne en capacités et en performances. Dans le foisonnement issu du processus évolutif, chaque espèce possède son originalité propre par les innovations qu'elle apporte au processus du vivant et ces innovations la caractérisent au sein des lignées évolutives. En dépit de cette diversité, certains caractères sont cependant précieusement conservés, comme par exemple la structure fondamentale de la cellule, acquise depuis environ trois milliards d'années. D'autres, comme les cellules germinales, ont été spécifiquement dévolus à la transmission du message génétique. Ils sont dépositaires de la vie dans le temps phylogénique.

Le deuxième processus traduit et spécifie le message génétique pour construire un être vivant par une succession d'étapes de différenciations, caractéristiques de l'espèce et, dans l'espèce, de l'individu. La réalisation du message génétique est alors confrontée à un cadre temporel et un environnement définis. Au cours de l'évolution, le succès d'une innovation dépend de son adéquation à l'environnement et l'individu « pionnier » ne pourra faire souche et transmettre une innovation à ses descendants que si elle est favorable ou au moins ne constitue pas un handicap dans le milieu où il s'aventure. De même, la construction d'un individu nécessite un ensemble de conditions propices au bon déroulement des processus de morphogenèse. L'être vivant représente ainsi l'expression individuelle, somatique, de la vie dans le temps ontogénique.

Le troisième processus résulte des interactions que l'être vivant établit avec son environnement, par la perception des messages sensoriels et l'élaboration de réponses qui lui permettent de l'appréhender de façon adéquate. Ces interactions sont supportées par des systèmes d'informations (nerveux, endocrinien et immunitaire) qui créent le registre des relations dont l'être vivant dispose pour s'inscrire et communiquer dans son temps écologique et socio-culturel.

La vie résulte de la progression de ces trois processus réalisés dans des vecteurs de temps différents et de leurs dynamiques naît le caractère individuel et original de chaque être vivant (Figure 1). Comme les autres phénomènes biologiques, le vieillissement intervient dans chacun de ces processus et son intervention marquera, selon des dynamiques et des équilibres différents, le vieillissement manifesté globalement par l'être

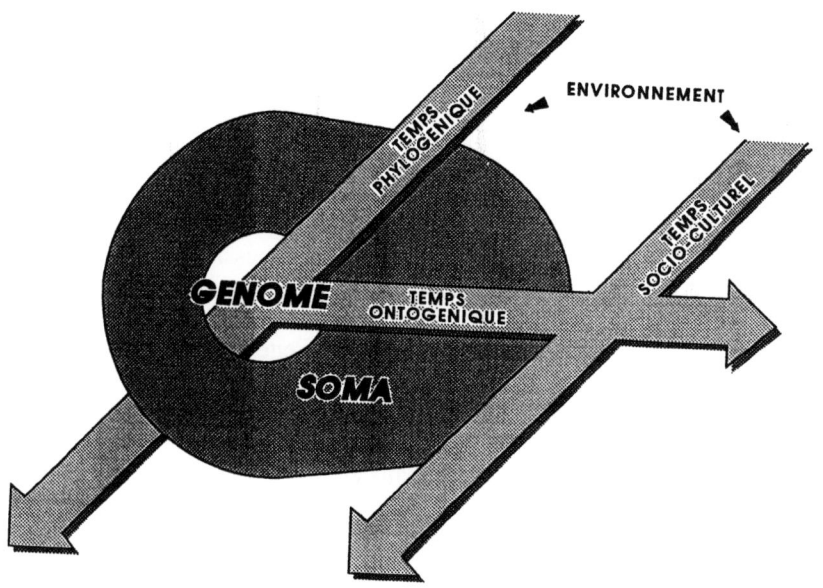

Figure 1. — *Les vecteurs de temps du vivant.*

vivant. Compris au sens commun comme une dégradation des capacités vitales liée au décours du temps chronologique, le vieillissement est alors considéré comme le résultat de phénomènes involutifs agissant séparément ou conjointement au niveau du capital génétique, de mécanismes de spéciation ou de morphogenèse, et/ou de systèmes d'informations et de relations. A cette triade de processus intrinsèques s'ajoutent des facteurs extrinsèques, issus de l'environnement, dont l'activité peut favoriser l'incidence et/ou l'ampleur des processus intrinsèques, voire freiner ou s'opposer à l'expression des capacités vitales elles-mêmes. La biologie du vieillissement trouve donc ses racines dans les modes d'organisation du vivant lui-même et s'inscrit dans la dynamique des processus qui en forment la trame. Mais comme le vivant lui-même, il est aussi un équilibre de processus qui s'affrontent dans le champ vital : involution et altération contre compensation et réparation, résistances contre agressions pathologiques, capacités génétiques contre actions néfastes du milieu. Ainsi, à la notion commune d'un capital vital intangible, dont l'érosion entraîne un vieillissement inéluctable, s'oppose la réalité de la dynamique des processus biologiques qui nous font vieillir et mourir en même temps que nous renouveler et renaître à chaque instant.

LE CADRE ÉVOLUTIF
DE LA SOURCE DE LA VIE AU FLEUVE DU VIVANT...

Les espèces vivant actuellement sont le résultat d'une longue évolution, dont l'empreinte reste présente dans leurs structures et leurs fonctions. L'homme s'est construit à partir d'une succession de processus opportunistes qui se sont déroulés sur des milliards d'années, au gré de modifications du message génétique et sous la pression de la sélection naturelle. Nous héritons de la longue lignée de nos ancêtres les molécules, les cellules et les organes qui ont satisfait avec succès aux conditions nécessaires pour le maintien de la vie. Cette construction est faite à partir d'une unité de base, la cellule, qui détient les molécules responsables du plan de construction, de son exécution et de son fonctionnement. Mais les organismes ne sont pas de simples amalgames de cellules et, au cours de l'évolution, la spécialisation progressive de différentes populations cellulaires augmentera la performance de leurs fonctions, en même temps d'ailleurs qu'elle est une source de leur diversité. Cette même spécialisation est observée au cours du développement, comme l'a résumé Haeckel : «*L'ontogenèse récapitule la phylogenèse*». Quoique le spectre des spécialisations cellulaires soit extrêmement large, on peut fondamentalement distinguer deux grandes lignées, somatique et germinale.

L'œuf fécondé contient tout le capital génétique nécessaire à la construction de l'ensemble de l'être vivant. Par des vagues successives de divisions il fournira les populations cellulaires qui acquerront par différenciation au cours du développement les spécialisations qui les rendront aptes à remplir les fonctions vitales de l'adulte. Ces spécialisations sont mises en place sous le contrôle du programme génétique et elles sont régulées par les actions réciproques que les cellules exercent entre elles. Ainsi les cellules embryonnaires, largement indifférenciées au départ, perdront progressivement leur caractère pluripotent pour s'engager dans des spécialisations de plus en plus précises. Chaque population de cellules ainsi différenciées participera par ses caractéristiques propres à la réalisation d'une fonction particulière, organisée en accord avec l'ensemble de la structuration génétique de l'organisme. L'ensemble de ces populations cellulaires, qui forment les systèmes physiologiques exécuteurs des fonctions vitales, constitue le «soma» de l'organisme.

D'autre part, l'organisme est porteur d'une population spécifiquement destinée à la fonction de perpétuation de l'espèce, le «germen». Les cellules germinales apparaissent dans l'organisme tout au début de son cycle vital et se différencient au cours de son développement, mais en suivant leur voie propre, distincte de celle des cellules somatiques. Leur ségrégation précoce en fait une lignée cellulaire particulière qui participe comme les autres à l'unité biologique de l'organisme, mais sa fonction va au-delà de la simple fonction de reproduction. On peut considérer avec Nussbaum que «*l'œuf, en se segmentant, se partage entre le matériel cellulaire de l'individu et les éléments destinés à la conservation de l'espèce... Les cellules génitales des animaux supérieurs représentent ainsi la souche continue de l'espèce, dont les individus après une courte existence, se détachent pour mourir, comme les feuilles quittent le tronc d'un arbre*». Les cellules germinales peuvent ainsi être rattachées directement aux cellules germinales des parents et, par là, s'insèrent dans le continuum du vivant.

Schématiquement l'organisme est ainsi constitué de deux lignées cellulaires essentielles, les cellules ontogéniques — formées et différenciées au cours du développement — qui construisent le soma, et les cellules phylogéniques — transmises de générations en générations — dépositaires du message génétique façonné par l'évolution du vivant. Cette dualité cellulaire situe son temps biologique dans deux cadres différents, celui de sa vie somatique, où «*l'ensemble de ses fonctions résiste à la mort*» (Bichat) et celui de sa position dans la lignée évolutive, qui détermine les capacités de son génome, ses acquis de base. Le vieillissement, en tant que processus biologique, trouve ses fondements dans ces deux cadres. Le cadre évolutif, car le cheminement du vivant est soumis à la transmission du génome et à ses aléas, et un cadre individuel, car l'organisme est immergé dans le courant de son temps chronologique. La construction de l'unité de base, la cellule, et la mise en place des deux lignées cellulaires fondamentales se sont faites au cours de la longue aventure du vivant. Seules quelques étapes majeures de cette aventure seront envisagées ici, afin d'y situer le problème du vieillissement (Tableau 1). Le lecteur intéressé pourra trouver une étude extensive sur la nature et l'origine de la vie dans un ouvrage récent de C. de Duve (1990).

Les premières molécules élémentaires de la vie (acides aminés et acides nucléiques) sont apparues il y a environ quatre milliards d'années. Du fait de leurs propriétés chimiques particulières et avec l'intervention possible d'un substrat catalyseur (argiles), ces molécules se sont assemblées pour former des polymères. Dans la soupe primitive, des polymères se sont associés en s'isolant du milieu environnant et, à ce stade, les germes élémentaires de vie n'étaient que des groupements fortuits de molécules dont la survie ne dépendait que de leur capacité temporaire de s'individualiser. L'acquisition par des polymères de la capacité d'autoduplication, c'est-à-dire de reproduire des structures identiques à elles-mêmes, a jeté les bases de la préservation de la vie et a rendu possible

Tableau 1 – Evolution des systèmes vivants
(d'après Cutler dans Behnke et al., 1978)

Années		Phénomènes évolutifs
4,5	milliards	Synthèses organiques abiotiques
4	milliards	Apparition des systèmes auto-duplicants
3,5	milliards	Origine de la vie
		Apparition des cellules procaryotes primitives
2	milliards	Transformation de l'atmosphère terrestre vers un état oxydant
2-1	milliards	Apparition des cellules eucaryotes
1	milliard	Origine des protozoaires, préservation de l'information génétique par conjugaison sexuelle
0,8	milliard	Apparition des métazoaires ou organismes multicellulaires
8-600	millions	Apparitions d'organismes possédant des lignées cellulaires somatiques et germinales séparées
		Préservation de l'information génétique par les cellules germinales
600	millions	Différenciation des lignées végétale et animale
150	millions	Apparition des mammifères
65	millions	Apparition des primates
15	millions	Début de différenciation de la lignée des hominidés
50 000		Apparition de l'Homo sapiens

son insertion dans un continuum. En se dupliquant, le polymère transmet la séquence de ses éléments constituants et fournit ainsi deux copies conformes du même code. Ces molécules, en plus de leur fonction propre, deviennent alors les supports d'un message, et ce message est transmissible. Parmi ces molécules, l'acide désoxyribonucléique ou ADN, polymère de nucléotides, est devenu le support du message génétique. La molécule d'ADN est faite de deux chaînes complémentaires, enroulées en hélice l'une autour de l'autre et, en se répliquant, la molécule forme deux chaînes semblables aux chaînes originelles. Du fait de sa parité, cette molécule permet le remplacement des éléments altérés et la réparation des dommages faits à une des chaînes en utilisant comme référence la chaîne complémentaire. Détenteur du code génétique, l'ADN contient dans sa structure le « savoir-faire » correspondant à la synthèse des protéines, c'est-à-dire qu'il gouverne en premier ressort l'ensemble des caractères structuraux et fonctionnels de la cellule. De plus, l'ADN autorise la séparation entre les deux mécanismes, d'une part la réplication du code et, d'autre part, l'exécution du message porté par ce code, qui est assurée par les processus de transcription et de traduction qui conduisent aux protéines. Le code se constitue donc en tant que mémoire et s'isole des territoires où ses messages sont exécutés. Ces propriétés de l'ADN sont à la base des mécanismes de la transmission de l'information génétique au travers des générations et de l'expression de ces informations au niveau des organismes. Les modalités qui ont permis l'apparition du code restent encore largement énigmatiques, mais une fois le code mis en place, l'information génétique a été sauvegardée sous cette forme et exploitée de façon ubiquitaire tout au long de l'évolution. En elle-même, l'information comporte donc des processus conservateurs, garants de la qualité du maintien du code et de sa transmission, processus anti-involutifs ou anti-vieillissement, qui accompagnent la vie cellulaire dès ses premiers balbutiements et sans lesquels son succès n'eût été possible.

L'apparition des premiers organismes, les cellules procaryotes (virus, algues et bactéries), résulte d'une augmentation de l'ozone dans l'atmosphère, avec comme conséquence une diminution de l'apport de lumière ultra-violette à la surface de la terre. Cette diminution a restreint la production d'éléments abiotiques et a favorisé le développement de systèmes capables de métaboliser une gamme définie de substances ; les voies métaboliques sont alors spécifiées par la sélection des protéines enzymatiques capables d'agir sur certains substrats seulement. Mais cette sélection, en définissant dans des créneaux plus précis l'expression vitale, la rend plus dépendante du contrôle génétique et de l'influence d'agents extérieurs. La transformation de l'atmosphère terrestre par l'apparition de l'oxygène, il y a environ deux milliards d'années, bouleverse complètement le devenir des systèmes vivants. Favorable au développement et aux performances des systèmes énergétiques, l'oxygène constitue un toxique pour un grand nombre de constituants biologiques, mis en place en son absence. L'émergence des cellules eucaryotes est liée à l'apparition de l'oxygène. Dans ces cellules, le matériel génétique est protégé au sein d'une nouvelle structure limitée par une membrane, le noyau, qui contient un nombre pair de molécules d'ADN enveloppées par des protéines. Le substrat de l'information génétique est ainsi protégé par son isolement et son état paritaire renforce ses possibilités de réparation et de transmission. Le cytoplasme, autour du noyau, contient les compartiments cellulaires chargés des synthèses (reticulum endoplasmique et appareil de Golgi), de canaliser les réactions d'oxydation (mitochondries) et de neutraliser les produits de déchets (lysosomes). L'individualité cellulaire est assurée par son enveloppe membranaire, lieu de transit obligatoire pour tous les échanges entre la cellule et son environnement. La structure cellulaire est mise en place et sa performance fut telle qu'elle est encore utilisée aujourd'hui,... nous en avons fait l'héritage.

Les premiers organismes étaient des cellules solitaires et il a fallu environ un milliard d'années pour qu'elles forment des communautés. D'abord toutes semblables, les cellules associées conservaient toutes leurs potentialités et chacune d'elles pouvait engendrer une nouvelle communauté. Les éponges représentent encore ce stade, chaque cellule d'une éponge peut restituer une éponge entière par prolifération. Mais rapidement, des différenciations et des spécialisations se sont créées au sein des communautés et chaque population de cellules différenciées fait alors bénéficier l'ensemble de la communauté de ses aptitudes particulières. Cette augmentation du degré de spécialisation conduit à la formation de tissus et d'organes spécialisés dans la réalisation d'une fonction qui participe à l'ensemble vital de l'organisme : le système respiratoire assure les échanges gazeux, le système circulatoire transporte les métabolites,... Les associations cellulaires représentent une étape supplémentaire dans le processus d'expansion du vivant et le niveau des spécialisations cellulaires accompagne la montée évolutive. En effet, la spécialisation accroît les possibilités d'insertion d'un organisme dans l'environnement et l'exploitation de milieux particuliers en fonction des innovations développées par les espèces pionnières et couronnées de succès. La conquête du milieu aérien à partir des amphibiens n'eut pas été possible sans l'acquisition de systèmes cellulaires capables d'utiliser l'oxygène de l'air.

La complexification des organismes par différenciation des systèmes cellulaires a deux conséquences majeures :

– C'est elle qui conduit à la séparation des cellules chargées de la transmission du capital génétique, les cellules germinales, et des cellules qui forment le corps, les cellules somatiques. Cette séparation, qui inscrit l'organisme dans des temps différents, phylogénique et ontogénique, accentue la protection accordée au capital génétique, support de la progression du vivant. Aux processus conservateurs de l'information génétique s'ajoutent les propriétés particulières de sauvegarde des cellules reproductrices : condensation de l'ADN, faible métabolisme cellulaire, production élevée de cellules. De plus, différents mécanismes préviennent la détérioration de la lignée germinale : élimination et réparation de l'ADN au cours de la formation des gamètes, sélection des gamètes viables au cours de leur maturation, avortement spontané des embryons défectueux. La lignée germinale spécifie et asservit ainsi l'ensemble de ses fonctions au seul maintien du patrimoine génétique, dépositaire du vivant dans le temps phylogénique.

– Au niveau du corps, les cellules somatiques en isolant l'information génétique au sein du noyau, laissent aux organites cytoplasmiques le soin de réaliser les fonctions cellulaires. Cette délégation s'accompagne d'une spécification des fonctions, les cellules ne réalisant chacune qu'une partie de l'information qu'elles portent, mais leur association en communautés permet de couvrir l'entièreté des besoins vitaux. Ainsi s'organisent des organes et des systèmes qui bénéficient des diverses compétences cellulaires, ce qui accroît la performance de l'ensemble de l'organisme mais le rend aussi plus dépendant de son degré de complexification. Afin d'éviter l'anarchie des fonctions vitales devenues «spécialisées», des coordinations nerveuses et endocriniennes se mettent en place. Elles représentent des systèmes intégrateurs qui accentuent le caractère individuel de l'organisme, tant pour lui-même que dans ses relations avec le milieu. Compris souvent comme une complexification supplémentaire, ils sont plutôt le reflet d'une tendance unificatrice, par l'attribution du contrôle des fonctions vitales à des systèmes d'ordre hiérarchique plus élevé et plus centralisé. L'ensemble des cellules spécialisées, issues de la lignée somatique, exprime donc l'information génétique dans toute sa complexité, mais elles seront confrontées tant aux aléas de l'environnement qu'aux dérives que cette information peut subir lors de sa transmission au cours des multiplications cellulaires et de son expression dans la réalisation des fonctions cellulaires. Elles sont soumises, en première ligne, au passage du temps chronologique, et ne pourront opposer à ses agressions que les capacités dont elles disposent par leur acquis génétique, c'est-à-dire leur niveau dans la lignée évolutive.

Biologiquement, le vieillissement se positionne donc dans la double perspective déjà évoquée, celle du temps du vivant et celle du temps de l'individu. Le passage du temps (quatre milliards d'années!) a-t-il entraîné un vieillissement du vivant au cours de l'évolution? Le vieillissement de l'individu représente-t-il un avantage pour le processus évolutif dont il est issu?

Une vue rétrospective de l'arbre évolutif témoigne de la dynamique et des potentialités du vivant depuis son émergence. La diversité des espèces et l'éventail des caractères sélectionnés démontrent combien nombreux et différents ont été les chemins empruntés avec succès par le vivant. De plus, ainsi que le montre la cohorte des espèces éteintes (et combien d'entre elles nous sont encore inconnues?), la fréquence des succès est relativement minime comparée au nombre d'essais. Ces potentialités peuvent être attribuées à deux capacités intrinsèques du vivant.

La première capacité est liée à l'accroissement exponentiel de la complexité du génome depuis les organismes unicellulaires (environ deux cents millions de paires de nucléotides par cellule) jusqu'aux mammifères (environ trois milliards de paires de nucléotides par cellule). Non seulement l'information est conservée mais elle est extraordinairement enrichie. Ceci crée, au niveau de la cellule, des courants d'informations qui représentent l'intégration des informations qu'elle a acquise au cours de l'évolution, en fait son potentiel informatif, qui sera d'autant plus riche que l'espèce est plus élevée (plus vieille!) sur l'arbre évolutif. Ils lui permettent de maintenir et d'élargir sa structure et ses fonctions en dépit des conditions variables, parfois agressives, du milieu extérieur. Mais ces courants d'informations n'interviennent pas seulement dans la maintenance de la cellule, ils permettent aussi son développement et sa multiplication et conduisent à la mise en place des associations de cellules spécialisées et à l'apparition de systèmes d'informations, de régulation et de coordination. L'évolution tend ainsi à accroître l'ordre et la complexité du vivant en le dotant de systèmes d'informations de plus en plus diversifiés et localisés à différents niveaux de hiérarchie : génome, cellules et systèmes. Ils constituent autant de potentialités anti-involutives (anti-vieillissement) du processus vivant et son ordre (néguentropie) peut ainsi se maintenir et augmenter au sein de la biosphère, alors que celle-ci est traversée par des phénomènes irréversibles qui accroissent son désordre (entropie).

La seconde capacité relève de la potentialité du vivant à se diversifier, sans laquelle aucune évolution n'eût été possible. Cette potentialité lie le processus de l'évolution au milieu dans lequel il se déroule, l'affrontement du génome et de l'environnement. L'information du vivant traverse le temps, supportée par les cellules germinales, dont le génome contient le message lointain, concentré et inconscient de son ascendance. A chaque génération, elles engendreront les individus représentants de l'espèce, qui s'aventureront dans le milieu. Leur épanouissement est soumis à de multiples aléas, d'une part le bon déroulement des programmes génétiques et des diverses régulations cellulaires, et d'autre part l'adéquation de leurs exigences biologiques aux conditions du milieu qu'ils rencontrent. Chaque organisme déploie ainsi l'éventail de ses possibilités mais bien évidemment celles-ci ne seront manifestes que si le milieu permet leur expression. Sa structure et sa fonction dépendent donc de l'interaction qui existe entre le génome qui pénètre le milieu en s'y déployant et le milieu qui pénètre dans l'organisme en s'y spécifiant. Au cours du développement, si l'interaction n'est pas adéquate, si l'individu n'est pas conforme à un « modèle » qui a déjà fait ses preuves, il sera éliminé. Au cours de l'évolution, à chaque étape, des constituants du système vivant peuvent se transformer et les caractéristiques de son état d'équilibre se modifier. Le nouveau système formé est alors soumis aux contraintes des interactions qu'il présente avec le milieu. Les formes vitales qui réalisent un équilibre sont maintenues et les états instables sont éliminés. Chaque forme du vivant représente ainsi un état de stabilité évolutive, un ordre évolutif, où le système « être vivant - milieu » satisfait aux interactions propres à l'expression du vivant. L'apparition de nouvelles espèces, porteuses d'innovations évolutives, dépend de ces interactions et, bien que les mécanismes de l'évolution restent encore énigmatiques, deux explications peuvent être proposées. Selon la première, l'évolution résulte de mutations génétiques qui apparaissent spontanément, de façon aléatoire, au cours du temps. Si elles sont défavorables, elles s'éliminent d'elles-mêmes; si elles sont favorables et permettent une meilleure adaptation de l'individu au milieu, elles subsistent. Durant ce processus, les espèces évoluent progressivement de façon continue et la sélection naturelle précède la constitution des espèces. Selon la seconde explication, les espèces sont stables durant de très longues périodes. Des formes nouvelles peuvent apparaître soudainement et la mieux adaptée au milieu peut alors éliminer les autres formes nouvelles, moins bien adaptées, et se substituer à la forme ancienne dont elle est issue. Dans ce cas, l'évolution procède par sauts et la constitution des espèces précède la sélection. En fait, quelle que soit l'explication, l'influence du milieu reste déterminante pour le succès de toute innovation évolutive. L'augmentation du temps de vie, considérée comme une innovation conduisant au vieillissement, a-t-elle une valeur évolutive? Aucune, si on l'envisage comme le simple abandon du corps au passage du temps chronologique. Par contre, elle peut trouver une valeur si elle est examinée en rapport avec le cycle de reproduction.

Si l'on considère, avec Darwin et Wallace, qu'un des moteurs de l'évolution est l'optimalisation de la reproduction, c'est-à-dire produire un nombre maximum de copies de ses propres gènes, deux stratégies sont possibles : effectuer plusieurs cycles de reproduction à nombre relativement restreint de descendants, ce qui allonge le temps de vie, ou produire une large diffusion de descendants et disparaître. En rapport avec le milieu, chaque stratégie présente des avantages et des inconvénients. D'une part, une vie plus longue tend à augmenter le nombre de générations dans une période de temps donné. Ceci permet une accumulation temporaire de ressources et un investissement en soins plus important au profit de la progéniture, particulièrement lorsque les conditions du milieu sont défavorables. Cependant, elle tend aussi à augmenter la durée de co-existence d'individus jeunes et âgés et ce qui peut être bénéfique en termes de soins et de protection peut se révéler néfaste, sur un plus long laps de temps, en termes de compétition pour l'espace et les ressources disponibles. D'autre part, comme l'intégrité du capital génétique est la plus menacée au cours des processus de fécondation et de développement, la diminution du nombre de générations abaisse les risques d'altérations génétiques et constitue un facteur de stabilisation de l'espèce. Cependant, une augmentation de l'écart entre les générations diminue les possibilités d'adaptation d'une espèce à des modifications éventuelles du milieu et le gain de stabilité s'accompagne d'une perte de plasticité.

Les organismes unicellulaires, intégrant dans une même entité le germen et le soma, forment des lignées «immortelles» dont l'expansion est régulée par le milieu. En conditions favorables, l'individu vit le temps de se reproduire en se divisant pour former deux autres individus semblables. Sa vie individuelle est ainsi limitée au bénéfice de la propagation du capital génétique qu'il porte et qu'il transmet. Dans les organismes pluricellulaires peu évolués, la présence d'une large population cellulaire indifférenciée, approvisionnant le soma et le germen, assure une croissance continue et une dissémination importante de l'espèce. C'est l'arrêt accidentel de croissance qui marque la fin de l'individu. Ces espèces primitives ne vieillissent pas et leur longévité ne dépend que des agressions extérieures. Les organismes plus évolués ont des populations cellulaires somatiques et germinales distinctes. Leur croissance est d'abord continue, quasi exponentielle, et liée à la maturation somatique et sexuelle. Elle est ensuite plus ou moins stabilisée durant la période de maturité, qui accompagne la phase de reproduction, et se poursuit jusqu'à la fin de l'organisme. Certaines espèces ne survivent pas à la reproduction, c'est la cas des saumons du Pacifique et des souris marsupiales d'Australie, qui meurent après avoir assuré une progéniture abondante. De façon générale, chez les mammifères, l'espérance de vie augmente avec la durée de développement post-natal et l'apparition plus tardive de la maturité sexuelle. Ainsi l'apparition au cours de l'évolution de systèmes de différenciations et de régulations de plus en plus complexes tend à maintenir l'individu au-delà de la phase de dissémination de l'espèce. Il se détache de l'historique de son espèce pour construire sa propre histoire, sa longévité s'accroît avec comme conséquence naturelle le vieillissement. Dans le cas de l'homme, la phase de maturation est marquée par des temps biologiques différents : l'arrêt de croissance du cerveau se fait à dix ans, la maturation sexuelle a lieu entre douze et quinze ans et la croissance somatique est achevée à vingt-cinq ans. Cette phase de maturation est essentiellement néguentropique et correspond à la spécialisation des populations cellulaires et à la complexification de l'organisme humain. Un état quasi stationnaire, un système oscillant autour de l'état ordonné, s'installe durant la phase de maturité somatique et sexuelle. Dans un sens extrêmement large, le vieillissement peut alors être compris comme l'ensemble des processus qui s'opposent au maintien de cet état ordonné de l'organisme et ses aspects biologiques apparaissent à tous les niveaux de celui-ci, de ses molécules constitutives à sa position au sein d'un biotope. La sénescence est la phase terminale de ce phénomène biologique, où l'équilibre est rompu au bénéfice de l'anarchie.

L'espèce humaine est le dernier palier de la lignée évolutive et, sans préjuger qu'il en soit l'aboutissement obligé, il en représente le niveau le plus complexe. L'organisme humain est fait de molécules et de cellules qui ont traversé l'évolution et qui ont construit sa structure particulière, par paliers successifs, tels qu'ils sont d'ailleurs récapitulés au cours de son développement. Nos molécules sont vieilles de quatre milliards d'années, nos cellules de deux milliards d'années et notre structure a suivi le cheminement du vivant pour aboutir, il y a 30 millions d'années, à l'émergence de notre premier ancêtre direct. C'était, comme le définit M. Coppens, «*un primate de savane sèche, bipède, omnivore, opportuniste, malin et prudent, artisan et social, gagné sans doute par la crainte au fur et à mesure de sa prise de conscience*». Tout au long de ce parcours, les potentialités du vivant ont fourni la preuve de leurs performances : enrichissement de l'information génétique, conservation de la structure cellulaire, spécialisation des populations de cellules, complexification des systèmes de contrôles et de régulations. L'homme a hérité de ses potentialités du vivant et il s'inscrit ainsi parfaitement dans la lignée de la phylogenèse comme le fruit mûr de l'arbre évolutif, en terme de succès biologiques. Mais il est aussi un innovateur. En plus des systèmes de coordination qui permettent son unification fonctionnelle, il a développé un nouvel ordre, l'ordre mental, en créant ses propres codes (verbaux, picturaux, musicaux) qui lui permettent de communiquer avec ses semblables ainsi que d'affirmer et de renforcer son identité. Il innove en créant un ordre hiérarchique plus élevé, supra-biologique, qui caractérise son espèce et le spécifie en tant qu'individu dans l'espèce. Cette diversité dans l'espèce témoigne d'un potentiel évolutif toujours présent. Paradoxalement, on peut sans doute attribuer l'émergence de cet ordre nouveau au manque de spécialisation de l'espèce humaine. Nés prématurément et sans défense, naturellement de faible constitution, handicapés par une course lente, dépourvus de crocs puissants, les ancêtres de l'homme ont développé des capacités qui leur permettaient de compenser leurs faiblesses. L'espèce humaine se révèle unique dans tout le règne animal, au lieu de s'adapter au milieu, elle l'adapte à ses exigences et c'est la seule espèce qui est capable d'influencer son évolution. Durant la première période de sa vie, développement et maturité sexuelle, l'homme satisfait aux exigences évolutives en transmettant son capital génétique. Du fait de ses faiblesses constitutives, la stratégie humaine de reproduction est de limiter la progéniture et d'augmenter les soins apportés aux descendants. La seconde période de sa vie n'a pas de finalité apparente. On ne peut lui reconnaître une valeur biologique, la reproduction est accomplie et la descendance assurée. Mais cette période de vieillissement, où le biologique involue, résulte sans doute de la mise en place du potentiel évolutif propre à l'homme, l'innovation de l'ordre mental, et dans cette perspective elle peut se comprendre comme le résultat de l'adaptation du système « être vivant humain - milieu » à l'environnement que l'homme se crée. A la transmission du code génétique de l'espèce l'homme ajoute la transmission de ses codes propres, l'information mentale s'ajoute à l'information génétique. Durant cette période, l'individu est confronté à l'action de facteurs internes et externes liés au passage du temps chronologique. Son corps subit le poids des ans et sa résistance dépend des mécanismes de protection et de réparations dont il a hérité de l'évolution. De plus, immergé dans un milieu qu'il s'est créé, il bénéficie de ses facilités mais est aussi soumis à ses pressions. L'individu est situé en interface de ces interactions. Quels sont les facteurs qui règlent et modulent sa période de vieillissement ?

LE CADRE INDIVIDUEL
LA VIE EST UN LONG FLEUVE TRANQUILLE...

Les cellules du corps, issues de la lignée germinale sont l'expression temporaire, le temps de vie, du capital génétique de l'espèce chez un individu. C'est la dynamique de ces populations cellulaires qui déterminera le niveau fonctionnel de l'organisme et le déroulement de sa vie, qui s'écarte ainsi largement du carcan horloger du temps social. La période de développement est celle où la production et le renouvellement sont supérieurs aux pertes cellulaires, ce qui conduit l'organisme à la pleine expression de ses potentialités, y compris la fonction de reproduction. De dépositaire du capital génétique de l'espèce, il devient l'agent de sa transmission. A partir de cet état d'équilibre, sa survie est réglée par la dynamique des réparations et des renouvellements, au niveau des constituants cellulaires, des cellules, des tissus et des organes. Tant que les réparations et les renouvellements sont suffisants pour compenser les dégradations, les fonctions sont satisfaites et l'équilibre est respecté. Si la compensation devient déficitaire, l'involution fonctionnelle s'installe, non pas comme le seul résultat d'une usure, mais aussi comme un épuisement des capacités de réactivité cellulaire. Les stratégies de conservation du vivant, mises en place au cours de l'évolution, trouvent alors leurs limites et les équilibres dynamiques de l'organisme s'effondrent. C'est dans cette rupture d'équilibre que s'inscrit le vieillissement, image en miroir du dévelopement, épuisement du potentiel génétique confronté au temps de vie (Figure 2). Mais le processus est loin d'être uniforme et les fonctions vitales s'inscrivent dans des cadres temporels différents. Chaque population cellulaire, chaque organe jouit de sa dynamique propre. Nous perdons la possibilité de former des cellules nerveuses peu après la naissance, des cellules immunitaires compétentes après la puberté et des ovules après la ménopause. La vieillesse commence-t-elle à l'âge de 3, 14 ou 45 ans ? Il n'y a pas un vieillissement mais des vieillissements qui s'exercent à différents niveaux, où interviennent les actions du génome, des facteurs cellulaires et des influences externes. La vie n'est plus un long fleuve tranquille où le courant régulier décrit ses méandres mais une suite de cascades où le courant chute et rebondit.

Le rôle du génome

L'espérance de vie est, à la base, déterminée par le capital génétique et est propre à chaque espèce, de quelques heures pour certains insectes (Ephémère) à plus de 150 ans pour une espèce de tortue. L'espérance de vie maximale de l'homme semble fixée dès le paléothique mais son espérance de vie moyenne est passée depuis cette période de 32 à 72 ans (Tableau 2). Elle est corrélée au sexe et à la longévité des parents et « ... *the greatest insurance for long live is to have had a long continued line of ancestors of great, average longevity and, furthermore, to have been*

Figure 2. Niveaux d'action des processus stochastiques au cours du vieillissement d'un organisme (d'après Strehler, 1977)

L'augmentation du taux de mortalité provoqué par le vieillissement résulte...	POPULATION
d'une diminution de la capacité fonctionnelle de l'organisme qui est le reflet...	INDIVIDUS
d'une diminution de la capacité d'exercer une ou plusieurs fonctions suite à ...	ORGANES
des altérations au niveau des tissus et/ou à ...	TISSUS
des nécroses ou des altérations cellulaires induites par...	CELLULES
des modifications dégénératives au niveau des organes cellulaires, et/ou de l'environnement cellulaire provoquées par...	ORGANITES
des modifications dans la synthèse, la vitesse d'utilisation, la diffusion, le transport ou le stockage des métabolites	MOLECULES
PROCESSUS STOCHASTIQUE	
PROCESSUS GENETIQUE	

**Tableau 2 – Evolution de la longévité humaine
(d'après Deevey, Sci. Am. 203, 195 ; 1960)**

Période	Age moyen (en années) de survie de 50% de la population	Espérance de vie potentielle maximale (en années)
70.000 - 30.000 AC Würm	29,4	69-77
30.000 - 12.000 AC Paléolithique	32,4	95
12.000 - 10.000 AC Mésolithique	31,5	95
10.000 - 8.000 AC Néolithique	38,2	95
10.000 - 1.000 AC Grèce Antique	35,0	95
10.000 - 750 AC Rome Antique	32,0	95
10.000 - 1.276 Angleterre	48,0	95
1.376 - 1.400 Angleterre	39,0	95
1.900 - 1.902 Etats-Unis	61,5	95
1.900 - 1.905 Etats-Unis	70,0	95
1.900 - 1.970 Etats-Unis	72,5	95

born a female» (Rockstein, 1974). Cette espérance de vie, qui est intrinsèque à tout organisme, diffère de la longévité dont le terme est défini par la mort. La limite de la longévité pourait être celle de l'espérance de vie, mais elle est tributaire des accidents, des atteintes infectieuses, de mauvaises conditions de nutrition, de divers types d'agressions, etc.

Qu'il y ait une détermination génétique de l'espérance de vie ne fait aucun doute. Chez les espèces inférieures, à cycles de vie courts, comme la mouche Drosophile, le facteur longévité peut être analysé plus facilement et il varie selon le type de mutation présenté par les individus. D'autre part, la longévité peut être manipulée par croisements et on observe que la durée de vie diminue avec le nombre de mutations. Des cellules mises en culture continuent à se diviser ; le nombre de division est propre à l'espèce et il sera d'autant plus grand que les cellules sont prélevées chez un individu plus jeune. Les faits ne manquent pas qui démontrent que, fondamentalement, chaque espèce hérite dans son capital génétique un caractère «longévité» parmi ses autres caractères. Les modes d'intervention du génome dans la détermination spécifique de l'espérance de vie restent encore énigmatiques. Ils s'exerceraient par une perte d'informations ou l'accumulation d'informations délétères et cet appauvrissement progressif du contrôle exercé par le génome sur l'organisme sous-tendrait le phénomène du vieillissement. Plusieurs hypothèses ont tenté d'expliquer ce «dérèglement» du génome.

Au cours du développement, des facteurs internes et/ou externes influenceraient la qualité spécifique et individuelle de l'expression du génome, fixant ainsi plus ou moins haut son niveau potentiel. Durant la période de maturité, des gènes « modificateurs » (Medewar, 1957) ou « régulateurs » (Cutler, 1979) inhiberaient l'expression des informations délétères, ce qui permettrait aux informations bénéfiques de s'exprimer pleinement. La perte du potentiel de protection et de réparation marquerait le début de la sénescence et entraînerait une rupture dans le contrôle de l'expression du génome au profit d'une accumulation progressive d'informations délétères.

La possibilité qu'une même information existe en plusieurs exemplaires au niveau du génome (redondance génique) constituerait une protection contre l'apparition d'altérations aléatoires durant la maturité. C'est l'atteinte des informations présentes en un seul exemplaire qui provoquerait le début de la sénescence. Ainsi, moins l'information génique d'une espèce est redondante plus son espérance de vie serait courte (Medvedev, 1984). Cependant, plus grande est la redondance génique, plus le risque de mutation est élevé et cette possibilité serait plutôt une charge qu'une protection (Lints, 1978).

A chaque information génique serait associée une horloge interne, ou ergon, spécifique de l'espèce et transmissible, qui déterminerait son temps de fonction. L'épuisement des ergons entraînerait progressivement la diminution de la stabilité génique. Parallèlement, l'action mutagène du milieu sur un génome de plus en plus instable provoquerait une diminution de sa capacité d'informations jusqu'au seuil limite de la sénescence (Gedda & Brenci, 1975).

Certains caractères portés par le génome peuvent avoir des effets ambigus. Une plus grande production de liquide séminal accroît la fertilité et assure une meilleure reproduction chez l'individu jeune mais elle augmente le risque de cancer de la prostate chez l'individu âgé. Comme il conduit à plus de descendants, ce caractère représente un avantage évolutif et a plus de chance d'être sélectionné. De même, les dépôts de graisse sont avantageux pour la protection et les réserves métaboliques chez le jeune mais favorisent les cancers et le diabète chez l'individu âgé. Ainsi le génome porte des gènes qui favorisent certaines périodes de la vie, mais au détriment d'autres périodes (effet pléiotropique négatif), dans ce cas un handicap apporté au vieillissement par l'évolution.

Des données plus récentes, dues à la percée de la biologie moléculaire, confirment l'instabilité du génome suite à la dérive des processus de protection et de réparation de l'ADN. L'organisation de l'ADN lui-même est modifiée et ses fibres paraissent plus courtes et plus espacées dans les cellules sénescentes. Les mécanismes de réparation deviennent moins performants et leur efficacité pourrait être liée à l'espèce et à sa longévité. D'autre part, lors des divisions cellulaires, la répartition de l'ADN dans les cellules-filles devient inégale, créant ainsi des sous-populations cellulaires surchargées ou déficitaires en ADN, exprimant des informations erronées ou lacunaires. De plus, il peut perdre une partie de ses séquences codantes, donc des fragments de gènes, et ce morcellement de l'ADN augmente effectivement dans la cellule vieillissante. Enfin, la cellule vieille contient une plus grande quantité d'oncogènes, séquences du génome qui codent pour des protéines pouvant activer la prolifération cellulaire et être sources de cancérisation. L'existence d'une « horloge interne » dans l'ADN, scandant le temps de vie, n'a pu être démontrée jusqu'à présent. Par contre, les processus de réparation et de duplication de l'ADN pourraient fonctionner comme une réserve potentielle d'intervention dans la détermination indirecte de la survie cellulaire, en limitant les dommages.

Ces données confirment la variation structurelle et fonctionnelle du génome au cours du vieillissement et précisent les hypothèses plus anciennes qui présageaient déjà ses caractéristiques plastiques. Il faut souligner le rôle fondamental de la période de développement, génératrice de potentialités, dans la détermination d'un niveau de « résistance » aux processus de vieillissement. Celui-ci est en fait entamé dès l'apparition d'informations délétères, même si elles sont corrigées, et la sénescence est alors la période où elles sont manifestes. Le vieillissement apparaît plutôt comme le résultat d'un déséquilibre progressif, dépendant ou non de causes extérieures, que comme une perte brutale des capacités du génome. Dans ce contexte, il s'inscrit comme un phénomène biologique progressif, intrinsèquement déterminé, le génome étant l'acteur de sa propre altération. Ainsi le vivant, prodigue de ses capacités et expansif au cours de l'évolution, restreint-il d'emblée son temps d'expression au niveau individuel, avec le vieillissement comme conséquence.

Les facteurs cellulaires

Tout un ensemble de perturbations et de dégradations ont été décrites dans les différents types cellulaires qui composent l'organisme, et leur description exhaustive sort de notre propos. Elles provoquent une involution de la fonction cellulaire qui se marque au niveau de tous les organites et affecte la plupart des voies métaboliques. Elles conduisent ainsi la cellule à un état d'instabilité et altèrent les flux d'informations. L'approche du vieillissement cellulaire a été essentiellement pratiquée « in vitro », afin de dégager les cellules de l'ensemble des influences qu'elles subissent « in vivo », et vise de cette façon à mieux cerner les facteurs intrinsèques du vieillissement. Les hypothèses qui tentent d'expliquer le vieillissement cellulaire situent les facteurs déclenchants soit au niveau du noyau, soit au niveau du cytoplasme.

L'hypothèse de la programmation génétique (Hayflick, 1985) s'appuie sur les cultures de cellules. Extrêmement nombreuses, les cellules fibroblastiques sont relativement peu différenciées et forment la trame et les enveloppes des organes. Lorsqu'elles sont mises en culture, elles se divisent et prolifèrent. L'étude du nombre de doublements cellulaires montre que ceux-ci sont constants pour une même population cellulaire. Les fibroblastes humains embryonnaires peuvent ainsi doubler leur nombre une cinquantaine de fois puis ils perdent leur capacité de prolifération. Le fait que cette capacité de prolifération devienne d'autant plus faible que la population de départ des fibroblastes est plus âgée laisse présager que les cellules posséderaient une durée de vie déterminée par le nombre de divisions qu'elles peuvent subir. Le déclin de la prolifération cellulaire, qui est lié au vieillissement, serait dû au dérèglement d'un programme interne, génomique, par accumulations de structures altérées durant les phases de différenciation terminale. Chez certaines espèces animales (tortue, homme, poulet, souris), le nombre de doublements cellulaires a pu être corrélé à l'espérance de vie potentielle, mais cette corrélation n'a pu être étendue à toutes les espèces examinées jusqu'à présent et la capacité de prolifération cellulaire ne semble pas être l'unique facteur déterminant dans la caractérisation de l'espérance de vie d'une espèce.

Certaines techniques permettent de créer «in vitro» des cellules dont le noyau provient d'un type cellulaire et le protoplasme d'un autre type. Les fusions de noyau et de protoplasme d'«âges» différents, en terme de durée de vie en culture, ont montré que c'est le noyau qui détient en grande partie la durée de vie des cellules ainsi reconstituées. Mais le protoplasme pourrait aussi jouer un rôle, ainsi qu'en témoigne la durée de vie abrégée des fusions cellulaires entre un noyau jeune et un protoplasme vieux. Ceci confirme qu'au niveau de la cellule, le courant d'informations génétiques n'est donc pas le seul déterminant et qu'il est confronté à d'autres flux d'informations dont les actions sur le génome restent à préciser.

L'hypothèse de l'erreur catastrophe (Orgel, 1973) met en exergue des événements cytoplasmiques. Au cours des cycles de multiplications cellulaires, des altérations mêmes infimes au niveau des processus de transcription et de traduction de l'information génétique pourraient conduire à des erreurs de synthèse des protéines. Du fait de l'importance de ces molécules dans les flux d'informations intra-cellulaires, toute erreur à leur niveau pourrait engendrer une amplification «catastrophique» des erreurs et leur accumulation entraîner l'altération irréversible de la cellule. Les causes de cette redondance d'erreurs ne sont pas déterminées et elles pourraient être aussi bien intrinsèques qu'extrinsèques.

L'hypothèse des radicaux libres (Harman, 1983) souligne l'importance de métabolites nocifs, résultats de l'adaptation cellulaire au cours de l'évolution. Dans les systèmes biologiques, certains métabolites, principalement l'oxygène, peuvent générer spontanément des radicaux libres qui oxydent des molécules voisines, particulièrement si elles sont activées. Cette oxydation peut toucher l'ADN et les protéines mais elle est particulièrement drastique au niveau des lipides. Au cours du vieillissement, la peroxydation progressive des lipides constituants les membranes cellulaires a été démontrée dans de nombreux types de cellules où elle altère les processus de circulation de métabolites et d'échanges avec l'extérieur, dont la transmission inter-cellulaire des informations. Une des conséquences de cette peroxydation lipidique est l'accumulation de lipofuscines, ou pigments de l'âge, qui représentent des déchets non métabolisables, dans les cellules postmitotiques. Le glucose, qui est la source principale d'énergie pour les cellules, pourrait se lier à des protéines pour former des dépôts et handicaper ainsi, comme les radicaux libres, le fonctionnement cellulaire. Dans cette perspective, l'accent est mis sur les flux d'énergies au sein de la cellule et sur l'équilibre entre processus oxydatifs et anti-oxydatifs. Chaque organisme disposerait d'un potentiel énergétique déterminé utilisable durant toute sa vie et, schématiquement, le capital métabolique serait lié à l'espérance de vie. Le déroulement et l'exécution du programme génétique requiert l'utilisation de ce capital énergétique et le développement, grand utilisateur d'énergie, se continue directement par le vieillissement, au cours duquel les défenses anti-oxydations deviennent défaillantes. Schématiquement, plus le métabolisme d'une espèce est élevé, plus son espérance de vie est faible. Les grands animaux ont une longévité plus grande que les petits, leur temps de gestation est plus long, la portée moins nombreuse et le développement post-natal plus long. Le temps de vie serait donc lié directement au degré d'utilisation de l'énergie, dont le niveau est déterminé par le génome.

L'hypothèse des «cross-links» (Bjorksten, 1987) comme celle des erreurs catastrophes, met l'accent sur des phénomènes aléatoires. Des liaisons irréversibles peuvent s'établir entre des éléments macromoléculaires. Dans le noyau, de telles liaisons au niveau des brins d'ADN peuvent bloquer sa réplication; au sein du cytoplasme, elles peuvent provoquer la formation d'agrégats qui freinent ou inhibent la diffusion des métabolites. L'accumulation de telles liaisons conduit évidemment à la détérioration de la cellule. Cette hypothèse s'accorde avec celle de la programmation génétique et des radicaux libres, ces deux mécanismes pouvant être producteurs de liaisons irréversibles. Le même phénomène peut affecter le micro-environnement cellulaire qui est fait de macromolécules constituant une matrice parcourue par des fibres, collagène et élastique. La modification des paramètres physico-chimiques de cet environnement, par l'établissement de pontages anormaux ou par destruction des liaisons normales, peut aussi altérer les systèmes d'échanges et de communications cellulaires.

L'hypothèse du cycle cellulaire (Gelfant & Smith, 1972) repose sur les capacités de renouvellement cellulaire. Les temps de vie cellulaire varient selon la nature des cellules. Les cellules intestinales qui vivent trois jours peuvent être considérées comme vieilles après une soixantaine d'heures ; par contre, les cellules nerveuses ou musculaires, qui vivent le temps de l'individu, sont de véritables patriarches cellulaires. La période de développement permet la mise en place de ces populations cellulaires, avec leurs dynamiques respectives de renouvellement. Chez l'adulte, certaines populations cellulaires mitotiques conservent leurs capacités de prolifération tandis que d'autres populations (intermitotiques) sont bloquées et ne peuvent proliférer que sous stimulation spécifique. Au cours du vieillissement, les cellules mitotiques perdraient leur capacité de prolifération et resteraient bloquées jusqu'à leur mort, sauf stimulation particulière comme une lésion des tissus. Le vieillissement serait alors caractérisé par un glissement progressif des populations mitotiques vers un état de non-prolifération augmentant l'inertie des organes ; de plus, leur capacité de réponse aux stimulations diminuerait avec l'âge.

Sur la base de ces diverses hypothèses, les approches expérimentales réalisées pour définir les mécanismes du vieillissement cellulaire montrent qu'au moins certaines populations de cellules possèdent des systèmes de régulation sensibles à une programmation temporelle. Cette sensibilité est variable d'une population cellulaire à l'autre, mais il n'est pas possible d'attribuer cette variabilité à un programme interne plutôt qu'aux contrôles auxquels les cellules sont soumises. Une des questions clés reste de localiser les « déterminants » du vieillissement dans le noyau ou dans le cytoplasme. La perte de l'information génétique ou son altération dans les mécanismes de réplication, et/ou de transcription, et/ou de traduction paraît essentielle pour tous les phénomènes observés. Mais cela n'implique pas forcément que le facteur déclenchant soit exclusivement nucléaire. La question de la localisation d'une détermination cellulaire du vieillissement reste toujours ouverte.

Les pathologies et les facteurs extrinsèques

Les relations étroites d'interdépendance qui existent entre l'organisme et son biotope rendent difficile l'attribution univoque de l'ensemble des processus du vieillissement à des causes intrinsèques ou extrinsèques (Tableau 3). De plus, l'apparition de pathologies diverses peut voiler les manifestations du vieillissement et interférer avec celles-ci. Au déroulement du processus génétique, qui forme la trame du parcours de l'organisme pour son espérance de vie potentielle, se superpose un ensemble de processus aléatoires qui peuvent agir à tous ses niveaux d'organisation pour réduire ses potentialités.

Parmi ces processus, différents facteurs ont été soupçonnés : extrinsèques, comme l'alimentation et les radiations ionisantes, ou intrinsèques, comme l'apparition de pathologies spécifiquement liées au vieillissement, ainsi que des perturbations dans le maintien de l'homéostasie, résultats d'altérations dans les systèmes de régulation. La restriction de l'apport alimentaire (environ 30 % en calories), surtout en graisses et en sucres, permet un allongement de la longévité. Quant aux protéines, un apport alimentaire important durant le développement suivi d'une restriction durant la maturité exerce le même effet favorable. Cependant, l'effet du régime n'est pleinement manifesté que s'il est imposé dès la phase de

Tableau 3 – Evolution des principales causes de décès aux Etats-Unis (d'après Spiegelman dans Strehler, 1977)

Années	Causes de décès	Occurrence par 100.000 habitants
En 1900	Pneumonie et grippe	202
	Tuberculose	194
	Diarrhée et entérite	143
	Maladies cardiaques	137
	Hémorragie cérébrale	107
	Néphrite	89
	Accidents	72
	Cancer	64
	Diphtérie	40
En 1959	Maladies cardiaques	364
	Cancer	148
	Hémorragie cérébrale	108
	Accidents	50
	Maladies infantiles	39
	Pneumonie et grippe	33
	Artériosclérose	20
	Diabète	16
	Malformations congénitales	12

développement. Les radiations ionisantes ne paraissent pas exercer d'actions directes sur le vieillissement. Il n'y a pas de corrélation entre la susceptibilité aux radiations et la longévité. Des espèces à vie courte sont résistantes aux radiations, tandis que l'homme, plus sensible, a une longévité relativement plus longue. Cependant, l'effet des radiations pourrait s'exercer au niveau du génome en provoquant une augmentation du taux de mutations, et ainsi de la vulnérabilité de l'organisme. Elles pourraient être plutôt une cause de pathologies précoces que d'accélération du vieillissement.

Certaines manifestations pathologiques pourraient être liées directement au vieillissement et elles reflètent alors des dysfonctionnements cellulaires :
– des limitations dans le renouvellement des populations cellulaires peuvent provoquer des lésions locales qui altèrent plus ou moins gravement les organes touchés (ostéoporose, ulcérations et infections épithéliales);
– inversement, une surproduction cellulaire locale non régulée peut avoir le même effet (athérosclérose, fibrose interstitielle).

Quant aux troubles de l'homéostasie, ils peuvent être la conséquence d'altérations dans différents systèmes de régulation — nerveux, endocrinien, immunitaire et cardio-vasculaire — qui peuvent être dues tant à des troubles cellulaires qu'à des facteurs externes.

Une des tentatives faites pour distinguer les facteurs intrinsèques des facteurs extrinsèques dans leurs actions sur le vieillissement est d'effectuer la transplantation de systèmes cellulaires âgés dans des animaux jeunes histo-compatibles. Dans ce cas, on peut s'attendre à une progression des altérations si le processus est intrinsèque ou à leur régression s'il est déterminé extrinsèquement. La transplantation de rein âgé dans un animal jeune a montré que le rein survivait parfaitement bien et que sa durée de vie totale pouvait être supérieure à celle de l'animal lui-même. Ces observations plaident donc contre un déterminisme intrinsèque du vieillissement. Cependant, des essais effectués avec d'autres organes n'ont pas abouti à des conclusions aussi claires. Chaque organe pourrait donc avoir ses propres paramètres chronologiques, l'un d'eux étant sa capacité de renouvellement cellulaire, mais dans l'organisme chaque organe est soumis à l'influence des régulations provenant d'autres organes. Ceci pose la question de déterminer l'existence d'un ou de plusieurs organes, porteur(s) d'une horloge interne, responsable(s) du vieillissement de l'organisme de façon intrinsèque ou en raison d'une plus grande sensibilité aux facteurs extrinsèques.

Les centres hypothalamiques dans le système nerveux pourraient constituer une de ces horloges internes (Everitt, 1980). Ils sont situés au carrefour des voies nerveuses supérieures et des systèmes de régulations endocrines et viscérales; de plus, ils sont soumis en «feed-back» à des contrôles en provenance de l'organisme. Du fait de leur situation privilégiée, ces centres pourraient, en réponse à un programme intrinsèque, provoquer le dérèglement de l'ensemble des systèmes de régulations. D'autre part, leur position en charnière, à l'interface des systèmes nerveux et endocrinien, les rend particulièrement sensibles à toute perturbation, extrinsèque y compris, affectant la vie de relation et l'homéostasie.

Il est certain que le vieillissement s'accompagne d'une diminution progressive de l'ensemble des capacités vitales qui conduit l'organisme à son seuil létal. Le déséquilibre peut s'installer progressivement, sans effet apparent jusqu'à un certain âge, comme une usure insidieuse aboutissant à une rupture lorsque les possibilités de réaction et de réparation sont épuisées. L'involution qui en résulte dans l'organisme se traduit par une diminution globale des performances physiologiques des différents systèmes. Entre l'âge de 30 et 80 ans, on estime la perte fonctionnelle chez l'homme : à 10 % pour la conduction nerveuse, à 15 % pour le métabolisme basal, à 25 % pour la filtration rénale, à 35 % pour la capacité cardiaque et à 50 % pour la capacité pulmonaire. Mais cette involution, régulière lorsqu'elle est étudiée sur l'ensemble de la population, montre des variations importantes lorsqu'elle est examinée au niveau individuel. Chaque individu âgé peut présenter des déficiences profondes dans certains de ses systèmes vitaux tandis que d'autres systèmes restent aussi performants que ceux d'individus jeunes. De plus, dans la plupart des cas, même si l'involution est importante les organes conservent un niveau suffisant pour assurer l'essentiel des fonctions vitales. D'autre part, le taux de pathologies s'accroît fortement dans la population âgée, mais la nature de ces pathologies varie au cours du temps. Jusqu'au XIXe siècle, les infections dominaient, le XXe siècle est celui des maladies cardio-vasculaires et des cancers et le XXIe siècle sera celui des maladies nerveuses. Même si l'augmentation de l'incidence des pathologies dites «liées» à l'âge est le fruit d'une augmentation de la longévité, elles sont sans doute plus le reflet des échecs de l'emprise de l'homme sur le système «être-vivant - milieu» que le produit du vieillissement lui-même. Il faut souligner que le vieillissement apparaît comme un phénomène essentiellement individuel. La composante génétique, responsable des capacités vitales, intervient en favorisant ou en freinant l'installation des processus involutifs et/ou en prédisposant l'organisme à certaines pathologies, comme le diabète ou la démence sénile. Le hasard peut intervenir pour une part importante, un milieu défavorable, un accident, une maladie sont autant de causes aléatoires qui peuvent exalter le vieillissement et restreindre la longévité. La qualité du vieillissement continue celle de la vie et, comme elle, reflète, peut-être de façon plus caricaturale, l'histoire de l'individu où s'articulent son acquis génétique et les évènements successifs de sa vie, les interactions entre son organisme et le milieu.

Il est actuellement impossible d'attribuer le vieillissement à des causes spécifiquement intrinsèques ou extrinsèques de même qu'il est illusoire de définir un profil de pathologies spécifiques liées à l'âge. Cette ambiguïté est bien illustrée par la « bicyclette gérontologique ». La seule dégradation d'une roue, l'usure simultanée et progressive de toutes ses pièces ou la détérioration des engrenages conduisent la bicyclette à un même état vétuste. Lorsqu'on l'examine dans son état final, peut-on déterminer la cause première de sa dégradation ? De plus, les trois processus peuvent se dérouler conjointement.

Les systèmes de régulation

Ces systèmes détiennent les fonctions de contrôle hiérarchiquement les plus élevées dans l'organisme. Ils supportent, plus que tout autre, les caractères propres de l'individu, en termes de résistance vis-à-vis des agressions (système immunitaire), d'harmonisation des fonctions vitales (système endocrinien), de régulation interne et de relations avec le monde extérieur (système nerveux). Ils ne seront envisagés ici que succinctement, faisant l'objet d'une analyse plus détaillée dans les chapitres suivants.

Le *système immunitaire* comprend les défenses dont l'individu peut disposer pour se défendre contre les agressions extérieures. Celles-ci couvrent toutes les substances ou organismes venant en contact avec l'individu et porteurs de signaux étrangers ou antigènes. Les défenses reposent sur trois types de réaction. La capture et la dégradation d'éléments étrangers par les macrophages, l'attaque directe de cellules suspectes par les lymphocytes T et la production d'anticorps circulant dans le sang par les lymphocytes de type B, ces anticorps neutralisant les antigènes.

La performance de la fonction immunitaire diminue avec l'âge. Tout d'abord, le thymus, organe qui permet la différenciation fonctionnelle des lymphocytes T, involue précocement, après la puberté. Il laisse ainsi l'organisme relativement démuni de défenses efficaces contre les agressions nouvelles, qu'il n'aurait pas rencontrées avant la puberté. Ensuite, la réactivité du système diminue, provoquée par le vieillissement des cellules lymphocytaires, qui subissent le même sort que les autres cellules, et la diminution de la spécificité des réactions antigènes-anticorps. Enfin, des anticorps anormaux apparaissent, capables d'agresser les composantes propres de l'organisme (auto-anticorps) ou de ne plus reconnaître les cellules qui devraient être détruites, les cellules cancéreuses par exemple. L'importance du système immunitaire est telle que certains chercheurs n'hésitent pas à attribuer le vieillissement à son seul déclin. Il est certain que son intervention est capitale, notamment pour la sensibilité aux infections et l'établissement de tumeurs, et il est possible que les individus qui atteignent un âge très avancé (les survivants) aient été favorisés par la haute qualité de leurs défenses immunitaires.

L'intervention directe du système endocrinien dans le vieillissement est plus problématique. L'action de ce système dans les processus de vie de l'individu, comme la croissance, la puberté, le cycle sexuel,... avait laissé espérer l'utilisation d'hormones naturelles ou synthétiques en tant qu'antagonistes des processus involutifs du vieillissement. Cette approche s'est rapidement avérée très complexe au vu des inter-relations existant entre les différentes hormones tant au niveau des glandes qu'au niveau des organes cibles. La production de certaines hormones peut être déprimée tandis que celle d'autres hormones peut rester inchangée ou même augmenter. Au niveau des organes cibles, la sensibilité des récepteurs peut diminuer et être exacerbée. Le remaniement des contrôles endocriniens au cours du vieillissement est sans doute le reflet des tentatives faites par l'organisme d'ajuster ses processus vitaux en vue de maintenir son homéostasie. A moins qu'il ne soit la conséquence d'une dérive des flux d'informations à son niveau le plus élevé, l'axe hypothalamo-hypophysaire.

Le système nerveux, comme les autres systèmes de l'organisme, présente des détériorations plus ou moins importantes au cours du vieillissement. Mais, du fait de sa structure, le tissu nerveux occupe une position particulière. Le neurone, cellule exclusivement post-mitotique, pourrait fonctionner comme un «accumulateur» et/ou un «amplificateur» des altérations dues au vieillissement. Du fait de ses caractéristiques morphologiques (un corps cellulaire d'où se détachent deux ou plusieurs prolongements) et de sa taille (parfois plus d'un mètre), le maintien de la fonction neuronale dépend étroitement de la coopération que le neurone entretient avec son environnement et du maintien du transport intra-cellulaire de métabolites et d'organites entre le corps cellulaire et ses prolongements. Les neurones coopèrent pour transporter les informations au moyen de sites spécialisés de leur membrane, les synapses, et l'évolution temporelle des réseaux de neurones ainsi interconnectés peut se superposer au vieillissement des neurones qui les composent. Certains réseaux de neurones pourraient ainsi fonctionner comme des « chronostats » dans la régulation du vieillissement de l'ensemble de l'organisme (les centres hypothalamiques par exemple).

On estime que le système nerveux adulte contient dix milliards de neurones, chacun possédant en moyenne dix mille contacts avec d'autres neurones au sein des circuits neuronaux. Au cours du vieillissement, le nombre de neurones diminue ce qui provoque un appauvrissement des contacts et donc des circuits et des flux d'informations. Les raisons de cette perte neuronale ne sont pas connues. Comme les autres cellules, les neurones peuvent subir les effets des perturbations de leur programme génétique ou des altérations d'origine extrinsèque. Au cours du vieillissement, la dégradation de la fonction neuronale peut être en partie compensée du fait de la redondance des circuits, de plus certaines des fonctions altérées peuvent être prises en charge par d'autres circuits primitivement non dévolus à ces fonctions. Ces phénomènes de conservation de la fonction neuronale sont des mécanismes palliatifs supportés par la plasticité neuronale. Ils peuvent en grande partie expliquer les récupérations post-traumatiques et l'apparente intégrité de la fonction nerveuse au cours du processus dégénératif du vieillissement. La perte de cette plasticité serait à la base de la perte manifeste de la fonction neuronale, avec toutes les conséquences que cette perte implique au niveau de l'organisme. Ainsi, si le vieillissement du système nerveux est en grande partie comparable à celui des autres organes, il en diffère par cette capacité de plasticité qui résulte peut-être de son impossibilité intrinsèque de renouveler ses cellules. Comme nous le verrons, cette plasticité est largement déterminée par les relations que le système nerveux entretient avec la périphérie de l'organisme, c'est-à-dire son degré de stimulations.

LE CADRE ÉCOLOGIQUE ET SOCIO-CULTUREL LA SOURCE DES POTENTIALITÉS

Par le capital génétique qu'elle a hérité de son évolution, l'espèce humaine satisfait aux tendances qui l'entraînent vers une augmentation de son espérance de vie ; comparée aux autres espèces, son emprise plus grande sur le milieu lui permet en effet d'en limiter les aléas et les effets néfastes, et donc de moduler son espérance de vie. Depuis son émergence, il y a 30 millions d'années, l'homme a ajouté des années à sa vie en adaptant son environnement. Les effets les plus triviaux de cette emprise sont les découvertes scientifiques et médicales et les progrès qui en découlent. Ils jalonnent l'histoire de l'humanité, améliorant les conditions de vie de l'homme dans son milieu et la qualité de la vie elle-même, en limitant les pathologies, en remédiant aux dégradations ou en les compensant et, sans doute bientôt, en corrigeant les erreurs génétiques.

Mais cette emprise a aussi un effet sur le cycle de reproduction. Dans un milieu défavorable, l'organisme qui est soumis aux hasards de ce milieu sacrifie sa propre longévité au bénéfice d'une progéniture abondante, qui sera soumise à la sélection. Par contre, la domination du milieu permet de limiter la progéniture tout en préservant la longévité des géniteurs. Le cycle de reproduction de l'espèce humaine reflète la continuation, dans le temps de vie, de la structuration croissante du système «être vivant-milieu» supportée par le processus évolutif. L'augmentation du temps de développement post-natal et de maturation sexuelle sont autant de possibilités offertes pour accroître l'ordre et la structuration des relations de l'être vivant en devenir avec son milieu. Ainsi une plus grande longévité, avec comme conséquence le vieillissement, qui n'a pas de finalité apparente au niveau biologique de l'homme, trouve sa finalité au niveau socio-culturel, dans le temps de l'humain.

Dans ce processus, la fonction assurée par le système nerveux est prédominante : d'une part, il régule directement ou indirectement toutes les fonctions de l'organisme et, d'autre part, il constitue l'interface entre l'individu et le milieu extérieur en tant que récepteur des informations et exécuteur des réponses. D'abord dévolu à des fonctions de survie, comme les comportements d'exploration, de fuite, de recherche de nourriture et de partenaire, son évolution est marquée par l'acquisition de processus délibératifs, de plus en plus élaborés, comme l'intégration d'informations multiples, la mémorisation de situations et la construction de réponses adaptées en fonction de l'état de l'organisme et des conditions du milieu. Il se désengage de la seule préservation immédiate du processus vital pour ouvrir à la possibilité d'actes retardés (intentions, projets) ou dont l'exécution utilise un autre registre d'expression (langage, conceptualisation, réflexion). Cette complexification de la fonction nerveuse accompagne l'évolution de l'homme et le volume cérébral passe de 650 cc chez l'Homo abilis à 1 500 cc chez l'homme actuel. Parallèlement, les progrès socio-culturels s'intensifient. Ils se manifestent d'abord par la création de moyens d'action sur l'environnement (les outils de pierre, le feu,...) pour aboutir à la symbolisation (art, écriture,...). Détenteur des informations, le système nerveux forme le substrat d'un nouveau potentiel propre à l'espèce humaine, qui rejoint la potentiel génétique au niveau de l'évolution, pour préserver les acquis du vivant et de l'espèce. De plus, l'espèce humaine jouit d'une possibilité particulière de développement car son cerveau à la naissance ne représente que 25 % du cerveau adulte (chez le singe il est de 50 %) et il continue sa croissance durant les trois premières années de la vie. Cette période constitue la fenêtre la plus favorable pour sa structuration. Le nouveau-né humain, qui est particulièrement démuni et dépendant de ses géniteurs, offre à ce moment les plus grandes possibilités de structuration pour son insertion dans son milieu spécifique. L'augmentation concomitante au cours de l'évolution de trois paramètres — la longévité, le potentiel cérébral et la période de développement — concourent pour optimaliser la structuration de l'espèce humaine dans le temps socio-culturel. Cette structuration est d'abord individuelle, car un des traits de la structure humaine est la spécificité de l'information que porte chaque individu, mais elle est aussi collective, car à chaque génération, la transmission est renouvelée. Dans un premier temps, la transmission culturelle se fait à la fois verticalement, entre deux générations successives et horizontalement, entre individus de la même génération, dans le champ d'une collectivité généralement restreinte. Il s'agit d'une transmission de type endémique. Dans un deuxième temps, cette transmission s'ouvre à l'humain dans son ensemble, tant verticalement qu'horizontalement, de façon épidémique. Ainsi, le socio-culturel suit-il une voie proche du biologique, spécification par différenciation au niveau régional suivie de l'extension de systèmes de coordination pour assurer la structuration de l'ensemble. Comme le processus évolutif du vivant, le socio-culturel accroît son potentiel informatif tout en préservant la capacité de diversification. La coexistence, au sein d'une même population, d'individus d'âges très diversifiés favorise cette structuration, par l'accès à un nombre plus important d'individus porteurs d'informations à des états différents de maturation. Dans cette perspective, la population âgée représente un réservoir d'informations, dépôt de la mémoire et de l'expérience collectives au profit de la progéniture, et le vieillissement de l'espèce humaine est alors le garant du maintien et du progrès de la spécificité humaine au cours de son évolution et au-delà des générations.

Le vieillissement individuel s'inscrit au carrefour des trois processus biologiques qui forment la trame du vivant. La lignée germinale sera dépositaire de l'information génique de l'organisme présente à son moment évolutif et sa séparation de la lignée somatique favorise le maintien de sa stabilité. La lignée somatique exprimera l'information génétique dans toute sa complexité, mais elle sera confrontée tant aux aléas de l'environnement qu'aux dérives que cette information peut subir lors de son expression au cours des multiplications cellulaires et des spécialisations. L'espérance de vie devra donc, au minimum, être telle qu'elle puisse assurer la survie des cellules germinales et que la phase de développement soit porteuse des mécanismes de défense contre toute altération préjudiciable à la maturité sexuelle. Biologiquement, le vieillissement constitue alors la réminiscence, après la phase de maturité sexuelle, de l'ensemble de ces mécanismes mais avec des capacités de résistance de plus en plus limitées contre les processus d'altérations tant intrinsèques qu'extrinsèques.

Au cours de ce processus, l'organisme utilise tous les moyens disponibles de son registre, acquis au cours de l'évolution :

– son potentiel d'informations, porté par le génome ;

– les caractéristiques propres acquises par ses cellules au cours de leur différenciation ;

– son temps de développement, qui fixe plus ou moins haut le niveau des capacités de résistance.

L'évolution du vieillissement se manifeste par la perte progressive évidente des capacités fonctionnelles de l'organisme, résultat d'une atteinte de plus en plus profonde de ses systèmes cellulaires. Mais il dispose de ces potentialités, qui lui permettent de s'opposer, dans une certaine mesure, à la baisse de ses capacités, mais aussi de mettre en place des stratégies pour s'adapter autrement. Comme nous l'avons vu, les seuils de résistance sont loin d'être déterminés. Ils peuvent être localisés au niveau du génome, au niveau des populations cellulaires, au niveau des systèmes de régulation.

Il peut paraître utopique pour l'instant d'agir au niveau du génome pour manipuler son potentiel d'informations. Par contre optimaliser les systèmes de régulation qui font de l'organisme une entité, et par leur biais renforcer les systèmes de renouvellement et de réaction cellulaires est une approche qui peut être envisagée.

Dans cette optique, les systèmes immunitaire et nerveux, qui acquièrent leurs pleines capacités durant la phase de développement, sont des cibles de choix. Renforcer la résistance du système immunitaire pourrait au moins conduire à diminuer certaines manifestations pathologiques liées au vieillissement. D'autre part, si le système nerveux est essentiellement dévolu à la vie de relations entre l'organisme et son environnement, il forme aussi une interface avec les systèmes endocrinien et immunitaire. Il constitue ainsi le carrefour des informations et son potentiel évolutif est encore considérable chez l'homme. Au cours du vieillissement, le potentiel cellulaire de l'homme reste asservi au continuum génétique dont il a hérité au cours de son évolution mais il peut, en accroissant son ordre neuronal et mental, augmenter de génération en génération le flux d'informations existant entre son organisme et sa niche écologique et ainsi diminuer la pression que le milieu extérieur exerce sur l'expression de ses potentialités.

Soma, Germen, Psyché. Ce troisième élément est très variable beaucoup plus que les deux autres — selon les individus. Son importance est bien distincte de la leur ; car au-delà d'un minimum nécessaire à la vie du soma et à la transmission du germen, il y a un domaine arbitraire immense. Par quoi, tandis que les deux premières, l'homme = l'homme, au contraire, la différence de puissance du psyché fait de l'individu un incomparable (P. Valéry).

RÉFÉRENCES

AGING SERIES (1975 à 1985), 25 volumes consacrés à des thèmes particuliers. Raven Press.
BEHNKE J.A., FINCH C.E., MOMENT G.B. (1978). *The Biology of Aging.* Plenum Press.
BJORKSTEN J. (1987). *Longevity, Past, Present, Future.* JAB. PUB.
BROCKLEHURST J.C. (1978). *Textbook of geriatric medicine and gerontology.* Churchill Livingstone.
CHRISTEN Y. (1991). *Les années Faust.* Sand Ed.
COMFORT A. (1964). *Ageing : the biology of senescence.* Routledge & Kegan Ltd.
CRISTOFALO V.J. (1985). *Handbook of cell biology in aging.* CRC Press.
CUTLER R.G. (1979). *Evolution of human longevity : a critical overview.* Mech. Ageing Developm. 9 : 337-354.
DE DUVE C. (1990). *Construire une cellule. Essai sur la nature et l'origine de la vie.* De Boeck Université.
EVERITT A.V. (1980). *The neuroendocrine system and aging.* Gerontology 26 : 108-109.
FLORINI J.R. (1981). *Handbook of biochemistry in aging.* CRC Press.
GEDDA L. & BRENCI G. (1975). *Chronogénétique : l'hérédité du temps biologique.* Herman.
GELFANT S. & SMITH J.G. (1972). *Aging : non cycling cells an explanation.* Science 178 : 357.
GOLDMAN R. & ROCKSTEIN M. (1975). *The physiology and pathology of human aging.* Academic Press.
HARMAN D. (1983). *Free radical theory of aging.* Age 6 : 86-94.
HAYFLICK L. (1985). *Theories of Biological Aging.* Exp. Geront. 20 : 145-159.
LADISLAS R. (1989). *Les horloges biologiques.* Flammarion.
LINTS F. (1978). *Genetics and ageing.* Karger.
MASORO E.J. (1981). *Handbook of physiology in aging.* CRC Press.
MEDEWAR P.B. (1957). *The uniqueness of the individual.* Methuen & Co.
MEDVEDEV Z.A. (1984). *Age changes of chromatin. A review.* Mech. Ageing Developm. 28 : 139-154.
ORGEL L.E. (1973). *Ageing of clones of mammalian cells.* Nature 243 : 441-444.
ROCKSTEIN M. (1974). *Theoretical aspects of aging.* Academic Press.
STREHLER B.L. (1977). *Time, Cells and Aging.* Academic Press.

Homéostasie du système cardio-vasculaire vieillissant Mécanismes d'adaptation

Christian SWINE

«LE CŒUR N'A PAS DE RIDES»

Comment vieillit le cœur ? Celui de nos représentations symboliques ne vieillit pas, comme le rappelle la phrase de Madame de Sévigné qui introduit ce chapitre. Celui qui bat dans notre poitrine quant à lui vieillit assez bien, comme nous le verrons plus loin. Sa vulnérabilité aux maladies et sa responsabilité dans un bon nombre de morts prématurées lui a pourtant fait porter longtemps la réputation de vieillir mal. Les maladies qui l'atteignent restent effectivement à la une des causes de mortalité dans nos populations. Préciser comment son fonctionnement évolue avec l'âge en l'absence de ces maladies reste une tâche difficile.

En effet dans l'étude du vieillissement en général, deux aspects sont à distinguer. D'une part, le vieillissement physiologique qui est l'évolution naturelle de notre corps et de son fonctionnement au cours de la période du cycle vital qui s'étale sur une trentaine d'années et qu'on appelle sénescence. D'autre part, le vieillissement pathologique qui résulte de l'action des maladies dont l'âge représente un des principaux facteurs de risque. Ce vieillissement pathologique entraîne une perte prématurée de vitalité ou même une mort prématurée qui résultent plus de ces maladies que de l'évolution physiologique au cours de la vie. Les deux phénomènes — modifications naturelles au cours de la sénescence et action pathologique des maladies au cours du temps — sont en étroite interrelation puisque le substrat physiologique sur lequel se greffent les influences pathologiques se modifie au cours du cycle vital. Autrement dit, la même maladie aura des effets différents à 80 ans et à 20 ans. Reconnaissons enfin que dans la pratique de la recherche clinique, il est très difficile de désenchevêtrer les deux processus. De rares centres de recherche ont cependant réussi à identifier, dans des populations suivies longitudinalement, des sujets suffisamment exempts de maladie pour se prêter à une évaluation de leur vieillissement physiologique (Schock et al., 1984)). On leur objecte parfois d'étudier des sujets d'élite ou d'exception; leurs observations sont pourtant bien utiles pour la compréhension du vieillissement, dans des conditions optimales. De plus, ces profils de vieillissement s'appliqueront, souhaitons-le, à une frange croissante de la population avec le recul des maladies (Fries & Crapo, 1981). L'étude du vieillissement physiologique a toute son utilité et toute son importance aussi tant pour éviter d'attribuer erronément au vieillissement les maladies dont l'âge est un facteur de risque que pour éviter de considérer érronément comme des maladies les effets du processus naturel de la sénescence.

VIEILLISSEMENT CARDIO-VASCULAIRE PATHOLOGIQUE

Les principales maladies qui, dans nos populations affectent le système cardio-vasculaire à l'âge adulte et après sont l'hypertension artérielle et la maladie athéromateuse. L'hypertension artérielle favorise et accélère l'athéromatose tout en entraînant des modifications principalement au niveau du muscle cardiaque et de la fonction rénale. Le processus athéromateux rétrécit le calibre des artères par la formation de plaques. Lorsque ces plaques atteignent le réseau des artères coronaires, apparaissent des maladies telles que angine de poitrine, infarctus du myocarde, insuffisance cardiaque, etc. Lorsqu'elles se développent sur les artères à destinée cérébrale, la complication la plus redoutable est l'accident vasculaire cérébral. Non moins importantes mais moins bruyantes sont les attaques ischémiques transitoires du cerveau. La liste des maladies qu'entraînent les atteintes des autres réseaux artériels serait longue et ne sera pas développée ici.

Si ces maladies font surface le plus souvent après l'âge de 60 ans — avec un pic d'incidence entre 69 et 76 ans — on a pu montrer qu'elles se préparent déjà très tôt dans la vie. En effet, dès l'âge de 20 ans, des lésions initiales de la paroi interne des artères peuvent être observées. Elles se consolident et évoluent alors progresssivement sous l'influence des facteurs de risque tels que le tabac, le cholestérol, l'hypertension artérielle, l'obésité, le diabète et le stress. L'âge, le sexe, la race et les prédispositions familiales jouent également comme facteurs de risque.

Si l'évolution ne nous a pas encore doté de mécanismes de résistance et de protection vis-à-vis de maladies, sans doute est-ce parce que ces manifestations morbides apparaissent dans la phase post-reproductive. La seule protection possible s'obtient par une stratégie de prévention et de traitement. La réduction de la consommation de tabac, la normalisation des taux de lipides sanguins et le traitement de l'hypertension artérielle à grande échelle sont les principales mesures préventives et elles commencent à porter leurs fruits. En effet, la place peu enviable qu'occupent les maladies cardiovasculaires parmi les fléaux qui affectent la santé à notre époque perd progressivement du terrain. Depuis l'après-guerre, on observe une nette réduction des accidents vasculaires cérébraux et au cours des vingt dernières années, on a vu décliner de façon très significative le nombre d'infarctus du myocarde. Ces résultats encourageants bénéficient également aux âges les plus avancés auxquels des mesures préventives sont encore opérantes. Cela a pu être démontré par le traitement de l'hypertension artérielle après 65 ans, qui a entraîné une économie en termes de morbidité et de mortalité. D'ailleurs, ces améliorations globales ne sont pas étrangères à l'allongement de l'espérance de vie des sujets qui ont atteint 60 ans.

En dépit de ces données épidémiologiques encourageantes, le vieillissement cardio-vasculaire pathologique continue à entraîner des chiffres de morbidité et de mortalité qui restent inacceptables. Ces problèmes sont restés dominants dans les préoccupations des chercheurs et des chimistes et ont fait passer de façon bien compréhensible au second plan l'étude du vieillissement physiologique. Les pages qui suivent vont tenter d'en développer quelques aspects.

Rendons au vieillissement ce qui lui est dû, c'est-à-dire pour le vieillissement cardio-vasculaire, des modifications, mais peu ou pas de dégâts en l'absence de maladie. Pour être plus nuancé, nous parlerons des quelques manifestations extérieures en rapport avec la sénescence qui n'affectent que peu ou pas le fonctionnement du système cardio-vasculaire. Ce sont les «cheveux gris du cœur». Les diverses modifications intrinsèques de la sénescence seront le substrat physiologique qui évoluera avec l'âge et sur lequel viendront éventuellement se greffer des maladies. Dans ces limites-là, nous accepterons la sagesse populaire que l'on ait «l'âge de ses artères».

LE SYSTÈME CARDIO-VASCULAIRE

Le système cardio-vasculaire qui assure la fonction circulatoire a de multiples tâches. En gros, il assure l'apport d'oxygène et de substances énergétiques aux différents organes en fonction de leurs besoins. Le sang qu'il véhicule retourne au cœur par le système veineux. Il est alors redistribué vers les poumons où il se réoxygène. Cette distribution de sang aux différents organes dans un réseau où doit régner une certaine pression, et un certain débit, est fortement liée au fonctionnement du système respiratoire, du système rénal et du système nerveux autonome. Une régulation neuro-hormonale très fine permet d'adapter les apports en fonction des besoins et donc d'augmenter nettement les performances du système au cours d'un effort par exemple.

Les états différents dans lesquels se trouve le système cardio-vasculaire se mesurent en terme de pression, de débit, de flux et de résistance. Prenons l'exemple du débit, il est capable de décupler au cours d'un effort par rapport à sa valeur de repos. Il existe donc une importante marge de manœuvre qui s'échelonne dans une gamme de valeurs qui dépasse de loin les besoins habituels. Cette très large réserve fonctionnelle n'est pas propre au système cardio-vasculaire, mais dote également les autres systèmes de notre organisme. C'est un des apanages laissés par l'évolution dans le but d'assurer par une vitalité optimale des individus, une meilleure survie de l'espèce (Fries & Crapo, 1981).

Une description plus précise de la physiologie cardio-vasculaire serait trop complexe et trop fastidieuse dans ce cadre. Notre propos ici sera d'examiner l'état actuel de certaines de nos connaissances en matière du vieillissement cardio-vasculaire physiologique et de voir plus précisément les adaptations homéostatiques du système cardio-vasculaire au cours de la sénescence. Nous tenterons de distinguer comment à travers le temps d'une vie la fonction va adapter son état aux modifications liées au vieillissement. Un exemple sera plus particulièrement développé : celui des modifications de la dynamique du remplissage des cavités cardiaques gauches.

ÂGE ET DÉBIT CARDIAQUE

On a longtemps considéré que le débit cardiaque diminuait au cours de la vie, on a même été jusqu'à proposer son épuisement comme une cause de mort naturelle. Les notions de presbycardie ou d'atrophie cardiaque progressive avec l'âge étaient couramment acceptées. Cette notion est actuellement remise en question par des données fiables portant sur des échantillons de personnes soigneusement sélectionnées et donc exemptes de maladie cardiaque. Une telle population est étudiée par le N.I.A. (National Institute on Aging) dans la région de Baltimore sur la côte Est des Etats-Unis (Fleg, 1986). Ces sujets sont suivis longitudinalement depuis une trentaine d'années et représentent un groupe assez homogène pour bon nombre de paramètres. On objectera facilement qu'un sujet parfaitement normal devient une exception aux âges très avancés et que ce modèle idéalisé ne peut être extrapolé à toute une population. Toutefois, ce type d'étude reste indispensable pour définir l'évolution naturelle du système cardio-vasculaire avec l'âge et également pour projeter le profil probable de vieillissement d'un nombre croissant de sujets épargnés par les maladies cardio-vasculaires.

Le débit cardiaque au repos ne diminue pas avec l'âge chez des sujets exempts de pathologie cardiaque. L'incidence croissante des maladies cardio-vasculaires, qui comme nous l'avons vu, est très significative après 60 ans, influence pourtant les résultats des mesures lorsque les atteintes pathologiques inapparentes n'ont pas été triées de façon appropriée. Cette importante limitation affecte d'ailleurs toute tentative de distinction entre les effets du vieillissement intrinsèque et ceux extrinsèques des maladies évoluant avec l'âge. C'est l'effet additionné des deux mécanismes (sénescence plus maladie) qui explique les résultats trompeurs des études qui avaient influencé nos connaissances jusqu'il y a peu.

La préservation du débit cardiaque au cours des âges de la vie démontrée au repos, existe également à l'effort. En effet, le sujet âgé normal est à même d'assurer un débit cardiaque équivalent au sujet jeune pour un niveau d'effort identique. Il est intéressant d'observer ici que pour une réponse identique, le mécanisme d'adaptation de la pompe cardiaque à l'effort est différent chez le sujet âgé. En effet, si chez le jeune c'est principalement une accélération de la fréquence cardiaque à l'effort qui permet d'augmenter le débit, chez le sujet âgé, cette accélération maximale de la fréquence cardiaque diminue et c'est un accroissement du volume de remplissage du cœur qui compense la moindre accélération de la fréquence cardiaque. Ce volume de remplissage accru permet par la loi de Starling d'augmenter la force de contraction et de maintenir un volume éjecté proportionnellement plus élevé (Loi de Starling : la force de contraction des fibres est plus grande si elles ont subi un plus grand étirement avant leur contraction) (Rodeheffer et al., 1984).

ÂGE ET FONCTION DIASTOLIQUE

Des travaux récents ont attiré l'attention sur des modifications de la phase de remplissage du cœur (fonction diastolique) en rapport avec l'âge. Les premières observations de ce type ont été faites grâce à l'échographie cardiaque qui a permis de montrer que la première phase du remplissage cardiaque se réduit progressivement entre 20 ans et 80 ans. Les sujets de cette étude étaient d'ailleurs des participants à la Baltimore Longitudinal Study on Aging (BLSA) (Gerstenblith et al., 1986).

D'autres auteurs ont démontré une réduction de l'onde de remplissage du cœur, ainsi qu'un allongement progressif de la phase de relaxation du muscle cardiaque avec l'âge.

Plus récemment, deux équipes différentes de chercheurs ont observé une réduction significative du taux de remplissage rapide mesuré par angiographie isotopique.

Il est intéressant de noter que ces modifications de la dynamique du remplissage observées chez des sujets d'âge croissant sont assez semblables à celles que l'on a pu observer dans des conditions pathologiques telles que la maladie coronarienne chez des sujets plus jeunes, l'hypertension artérielle ou encore la cardiomyopathie hypertrophique.

La réduction de la première phase du remplissage cardiaque avec l'âge est heureusement compensée par une augmentation de la deuxième phase du remplissage. Cette deuxième phase est active et résulte de la contraction de l'oreillette qui achève le remplissage du ventricule. On a longtemps pensé que ce rôle était accessoire, il l'est en effet pour le sujet jeune. Ce mécanisme d'adaptation a été bien mis en évidence. Il a même été possible de quantifier volumétriquement l'augmentation avec l'âge de la contribution auriculaire au remplissage ventriculaire (Lakatta, 1990).

ANALYSE DU REMPLISSAGE VENTRICULAIRE GAUCHE AU REPOS

Des observations que nous avons pu réaliser sur une série de 92 patients au-delà de la quatrième décennie, indiquent que la réduction bien connue du remplissage rapide liée à l'âge est associée à une plus grande contribution du remplissage au cours de la phase auriculaire, alors que le volume total de remplissage semble se maintenir dans des valeurs normales (Fleg, 1986). Ces modifications dans la distribution démontrées pour la première fois en 1984 avec des paramètres vélocimétriques (méthode Doppler) ont été évaluées chez nos 92 patients au moyen de données planimétriques qui sont, elles, liées directement au volume. Ces mesures indiquent que la contribution auriculaire au remplissage ventriculaire double pratiquement sa valeur entre l'âge de 50 ans et de 80 ans, puisqu'elle passe entre ces âges de 22 % à 45 % du volume de remplissage chez des sujets apparemment normaux. Lorsque nous avons analysé séparément le sous-groupe des sujets porteurs en outre d'hypertension artérielle ou de maladie coronarienne stabilisée, nous avons pu observer un effet additionnel de la pathologie à celui de l'âge. Cet effet cumulatif préserve l'évolution parallèle avec l'âge, ce qui suggère un effet dominant de l'âge sur la dynamique du remplissage ventriculaire. L'adaptation du remplissage ventriculaire par un accroissement de la contribution auriculaire avec l'âge se fait donc bien et préserve le débit cardiaque de façon appropriée. La diminution qui a lieu au cours de la première phase (remplissage rapide) est récupérée au cours de la deuxième phase de la diastole. Il importe maintenant de voir si ces conclusions peuvent être étendues à d'autres états que celui de repos. Que devient la dynamique du remplissage ventriculaire à l'effort ?

ANALYSE DU REMPLISSAGE VENTRICULAIRE GAUCHE À L'EFFORT

Pour tenter de répondre à cette question, nous avons répété l'expérience au cours d'un effort statique chez une série de sujets d'âge croissant, hommes et femmes issus de la B.L.S.A. (Baltimore Longitudinal Study on Aging) (Lakatta, 1990). L'effort statique (Handgrip : serrer la main à une force donnée durant un temps donné) induit une augmentation de la pression artérielle qui s'exagère chez les sujets âgés et il en résulte une baisse de la performance systolique du ventricule gauche, dont la fraction éjectée diminue. Ceci entraîne par un mécanisme indirect une diminution supplémentaire du remplissage inital déjà diminué au repos chez le sujet âgé. Une fois de plus, cette diminution supplémentaire est compensée par une contribution auriculaire accrue. L'adaptation du remplissage ventriculaire chez le sujet âgé joue donc également au cours d'un stress statique, elle est même exagérée au cours de ce type de stress.

Le même type d'expérience a pu être répété sur une autre série de patients au cours d'un effort dynamique (effort associé à un mouvement) sur une bicyclette, au cours duquel il était possible d'enregistrer l'écho-Doppler chez une série de sujets jeunes et une série de sujets plus âgés. Les résultats indiquent que la compensation auriculaire s'opère toujours à l'effort, ce qui n'est pas une surprise, si l'on sait que le débit cardiaque est préservé à l'effort chez les sujets plus âgés.

L'étude de la dynamique du remplissage ventriculaire gauche effectuée chez des patients d'âge croissant dans des états différents montre donc que les importants effets de l'âge sur la première phase du remplissage y sont compensés par une fonction de réserve, en l'occurrence la contribution auriculaire. On peut donc comprendre le rôle croissant de l'oreillette avec l'âge comme un mécanisme d'adaptation mis en jeu par notre homéostasie pour préserver un volume de remplissage approprié et donc un débit cardiaque approprié.

MÉCANISMES DES MODIFICATIONS DIASTOLIQUES

On peut se demander pourquoi le remplissage initial du ventricule gauche diminue avec l'âge. Ce remplissage initial a lui-même une composante active et une composante passive. La composante active qui correspond à la relaxation du muscle ventriculaire est ralentie avec l'âge, semble-t-il en raison de modifications des mouvements du calcium. La composante passive correspond à un flux sanguin entraîné vers le ventricule par la différence de pression positive qui existe entre l'oreillette et le ventricule. On appelle compliance la facilité avec laquelle le muscle ventriculaire admet ce flux.

Cette compliance diminue avec l'âge en raison d'un épaississement de la paroi musculaire de la cavité ventriculaire gauche. Cette hypertrophie du muscle ventriculaire gauche que l'on observe avec l'âge chez le sujet normal et donc exempt d'hypertension artérielle est aussi un mécanisme d'adaptation. En effet, avec l'âge l'élasticité des grosses artères diminue, ce qui accroît la tension pariétale du ventricule gauche au cours de la contraction qui expulse le sang dans ces artères plus rigides. L'hypertrophie adaptative réduit et normalise la tension pariétale au prix d'une moins bonne compliance. Cette hypertrophie ventriculaire gauche qui accompagne le vieillissement physiologique est substantielle puisque la masse ventriculaire gauche augmente de 30 % entre l'âge de 20 et 80 ans. On ne pourra donc certainement pas dire que le muscle cardiaque s'atrophie avec l'âge. Si l'on compare cette hypertrophie physiologique à celle associée à une hypertension artérielle ou à un retrécissement valvulaire aortique chez un sujet plus jeune, on constate quelques différences. En effet, l'hypertrophie liée à l'âge ne réduit pas le volume interne de la cavité ventriculaire gauche, tandis que l'hypertrophie liée à l'hypertension ou aux sténoses valvulaires est concentrique. On se rappellera qu'un cœur normal chez un sujet âgé doit être capable de se dilater à l'effort pour compenser la moindre accélération de la fréquence cardiaque, et il en est capable chez un sujet âgé exempt de maladie cardiaque malgré l'hypertrophie physiologique. Chez le jeune hypertendu par contre, l'hypertrophie ventriculaire entraîne une réduction nette de la distensibilité.

Cette réduction sera a fortiori encore plus nette chez un hypertendu âgé. D'autres mécanismes ont été invoqués pour expliquer la gêne diastolique observée avec l'âge et une moins bonne synchronisation dans la relaxation des différentes zones du ventricule gauche a été observée chez des sujets plus âgés.

Cet asynchronisme ventriculaire serait lié à des zones plus riches en tissu conjonctif et à des troubles de l'activation électrique du cœur.

IMPLICATIONS CLINIQUES

Ces changements dans la dynamique du remplissage ventriculaire gauche ont également des implications cliniques. A cet égard, on comprendra facilement qu'en l'absence de contraction auriculaire, comme c'est le cas dans la fibrillation auriculaire, il y aura une importante altération du remplissage qui entraînera une baisse du débit cardiaque et une augmentation des pressions; ces altérations seront d'autant plus importantes que le sujet est âgé.

D'autre part, lorsqu'il s'agit de choisir le type de stimulateur cardiaque à implanter chez un patient âgé, il est possible de s'adresser à des stimulateurs dits physiologiques qui préservent la contraction auriculaire.

Une autre implication clinique est la survenue plus facile d'un essoufflement au cours d'un effort statique ou dynamique chez une personne âgée. En effet, on peut supposer raisonnablement qu'une pression plus élevée est nécessaire pour remplir une cavité dont la paroi est moins compliante.

Les modifications que nous venons de décrire représentent aussi un substrat modifié physiologiquement sur lequel vont se greffer des adaptations à des situations pathologiques, telles que l'hypertension artérielle ou la maladie coronarienne par exemple. Cet effet additif entraînera l'atteinte plus rapide d'un seuil symptomatique. Autrement dit, les adaptations au processus de vieillissement sont puisées dans la réserve homéostatique, d'où leur moins grande disponibilité pour une situation pathologique et a fortiori pour une aggravation de celle-ci. Le patient âgé, déjà deux fois plus dépendant de sa contraction auriculaire pour le remplissage ventriculaire, le sera encore plus si une hypertension artérielle ou une maladie coronarienne sont présentes.

Nous observons couramment des situations cliniques où la contribution auriculaire peut atteindre 50 à 60 % du remplissage ventriculaire.

Ceci traduit l'effet cumulé chez ces patients de l'âge et de la maladie sur la fonction diastolique.

HOMÉOSTASIE CARDIO-VASCULAIRE ET VIEILLISSEMENT

Nous venons donc de développer de façon plus approfondie l'exemple des modifications diastoliques liées à l'âge et la compensation homéostatique qui y est associée : l'augmentation de la contribution auriculaire.

D'autres exemples de ce type peuvent être puisés dans les modifications physiologiques du système cardio-vasculaire avec l'âge. Nous avons dit quelques mots de l'hypertrophie ventriculaire gauche adaptative à l'augmentation de la résistance à l'éjection. Ce développement du muscle ventriculaire gauche permet de maintenir une tension pariétale acceptable à l'intérieur de la paroi du cœur. Si cette tension pariétale devait trop augmenter, l'irrigation du muscle et son métabolisme en seraient compromis. Nous avons évoqué également la réduction avec l'âge de la fréquence cardiaque maximale à l'effort. Si le débit cardiaque devait s'adapter à l'effort uniquement par une accélération de la fréquence cardiaque — comme chez le sujet jeune — le sujet âgé ne serait plus capable d'améliorer son débit cardiaque à l'effort.

Il l'est pourtant grâce à une augmentation du volume de remplissage qui en augmentant l'étirement des fibres permet l'éjection à chaque battement d'un plus grand volume de sang. Le mécanisme de Starling qui dans le jeune âge a pour principale fonction d'équilibrer l'éjection entre le ventricule droit et le ventricule gauche vient ainsi au secours du ventricule gauche vieillissant et lui permet d'assurer un débit suffisant en réponse à l'effort. Le résultat net est que le débit cardiaque pour un niveau d'effort identique sera le même à l'effort chez un sujet âgé comparé à un sujet jeune.

Toutes les adaptations homéostatiques ne sont pas nécessairement favorables. Il existe par exemple avec l'âge une diminution de la sensibilité des récepteurs à l'action des catécholamines. C'est ainsi que s'explique d'ailleurs la moindre accélération de la fréquence cardiaque à l'effort. On constate parallèlement une augmentation du taux circulant de ces mêmes catécholamines surtout à l'effort et après un effort chez les sujets âgés. Tout se passe comme si l'organisme répondait à la diminution de sensibilité des récepteurs par une sécrétion accrue du neurotransmetteur. Cette sécrétion «de luxe» pourrait éventuellement avoir d'autres explications mais entraîne en tout cas quelques inconvénients tels que par exemple une plus grande susceptibilité aux extrasystoles (Fleg, 1986; Lakatta, 1990).

Beaucoup d'aspects du vieillissement cardio-vasculaire physiologique et pathologique n'ont pu être abordés ici, le propos étant d'illustrer par des exemples la gamme des ressources d'adaptation au cours de la sénescence.

Pour terminer par quelques autres exemples, voyons brièvement quelles sont les principales manifestations cardio-vasculaires du vieillissement qui n'ont pas d'implication clinique significative.

Dans la catégorie des «cheveux gris du cœur» nous pouvons ranger les modifications électrocardiographiques, y compris les troubles de la conduction intra-ventriculaire, qui aboutiront rarement à un bloc complet nécessitant la pause d'un stimulateur cardiaque — adaptation prothétique imaginée par l'homme. La majorité des stimulateurs implantés même chez des sujets âgés le sont pour des problèmes d'origine pathologique.

On y rangera aussi les extrasystoles ventriculaires ou auriculaires banales, les calcifications bénignes de certaines parties du cœur et des grosses artères, les insuffisances valvulaires sans retentissement sur le fonctionnement cardiaque. Moins innocente peut-être serait la tendance des sujets âgés à l'hypotension orthostatique. Le vieillissement s'accompagne en effet d'un émoussement du réflexe barostatique, de sorte que la pression artérielle lors du passage de la position assise à la position debout ne se corrige pas assez vite. Ceci peut entraîner des vertiges ou des malaises. Les adaptations à cette situation physiologique pourraient être recherchées, mais en attendant l'attitude serait essentiellement préventive : se lever doucement et éviter les médicaments qui aggravent cette situation («*Primum non nocere*»).

CONCLUSIONS

Si vivre est un processus normatif, les exemples repris ici et qui sont empruntés à la physiologie cardio-vasculaire montrent que vieillir est aussi un processus normatif. En effet, l'organisme exploite ses ressources pour maintenir l'équilibre — l'homéostasie — à travers les modifications de la sénescence. Chaque atteinte fonctionnelle liée à l'âge s'accompagne d'une adaptation puisée dans la réserve homéostatique. Ces adaptations s'apparentent d'ailleurs à celles rencontrées dans les situations pathologiques. Si le processus de sénescence et le processus pathologique qui parfois s'y additionne sont bien distincts, il semble que les adaptations aux deux processus soient puisées dans le même registre de potentialités homéostatiques qui font la richesse de notre réserve fonctionnelle. Des différences fines existent, nous l'avons vu pour l'hypertrophie ventriculaire gauche.

Nous évoquions dans l'introduction la très large réserve fonctionnelle dont nous a doté l'évolution dans le but d'assurer une vitalité optimale des individus et donc une meilleure survie de l'espèce. Cette réserve fonctionnelle est à son maximum à la fin de la période de maturation et s'y maintient durant la période de maturité. Elle se réduit ensuite progressivement au cours de la phase de sénescence. Elle se réduit, d'une part par le fait même du mécanisme de sénescence mais aussi par le fait que des ressources homéostatiques sont sollicitées et utilisées pour adapter l'homéostasie à la sénescence. En matière de réserve fonctionnelle, un parallèle peut être fait entre un sujet jeune malade et un sujet vieillissant normal.

Chez le premier, un seul système est atteint de façon ample peut-être mais l'intégrité de la réserve fonctionnelle des autres systèmes qui sont en relation avec lui permet un maintien de l'équilibre homéostatique et une récupération rapide.

Le processus naturel de sénescence par contre atteint progressivement tous les systèmes avec une amplitude variable d'un système à l'autre et d'un sujet à l'autre. Vienne s'ajouter une maladie, la réponse sera tout autre chez le sujet âgé. En effet, le niveau de réserve fonctionnelle des autres systèmes est réduit.

Il reste tentant de dire que le nombre, la complexité et la généralisation des adaptations homéostatiques qui accompagnent le vieillissement sont des aspects positifs qui témoignent de la richesse de nos ressources. On pourrait même dire que les adaptations sont presque plus caractéristiques du vieillissement que les atteintes fonctionnelles dont le corollaire est trop facilement la déchéance.

Cette perspective optimiste met en effet en lumière une dynamique du vieillissement où la fragilité biologique liée à l'âge est le prix d'une complexité croissante des mécanismes d'adaptation, eux-mêmes déterminés par la marge de sécurité mise à notre disposition par le génome, lui-même modelé par l'évolution.

Cette perspective peut aussi influencer l'étude des mécanismes de vieillissement physiologique. En effet, pour chaque perte fonctionnelle que l'on peut mesurer, l'adaptation homéostatique qui l'accompagne peut aussi être recherchée et mesurée. D'ailleurs si l'on rapporte l'adaptation à la diminution fonctionnelle qu'elle compense, on peut observer une meilleure corrélation avec l'âge que pour la mesure de la perte fonctionnelle considérée isolément.

RÉFÉRENCES

FLEG J.L. (1986). *Alterations in cardiovascular structure and function with advancing age.* Am. J. Cardiol. 57 : 33c-44c.
* FRIES J. & CRAPO L.M. (1981). *Vitality and Aging. Implications of the rectangular curve.* W.H. Freeman and Company, San Francisco.
GERSTENBLITH G., FREDERICKSEN G., YIN F.C.P., FORTUIN N.J., LAKATTA E.G., WEISFELDT M.L. (1986). *Echocardiographic assessment of a normal adult aging population.* Circulation 56 : 273-278.
* LAKATTA E.G. (1990). «The aging heart», pp. 456-459. In : *M.C. Geokas moderator, The aging process.* Ann. Intern. Med. 113 : 455-466.
RODEHEFFER R.J., GERSTENBLITH G., BECKER L.C., FLEG J.L., WEISFELDT M.L., LAKATTA E.G. (1984). *Exercise cardiac output is maintained on advancing age in healthy human subjects : cardiac dilatation and increased stroke volume compensate for diminished heart rate.* Circulation 69 : 203-213.
SCHOCK et al. (1984). *Normal human aging.* The Baltimore Longitudinal Study on Aging. NIH Publication No. 84-2450.

---

* Revue d'intérêt général.

« Mieux respirer, mieux vivre »
Adaptation des pulmonaires chroniques

François SMEETS

LE PROFIL DE L'INSUFFISANT RESPIRATOIRE

Parmi les multiples affections qui peuvent frapper la personne âgée, il en est une, particulièrement fréquente et dévastatrice : la bronchite chronique et l'emphysème. Au-delà de 60 ans, elle frappe en effet 50 à 60 % de la population.

Habituellement, ces bronchopneumopathies chroniques obstructives (BPCO) sont la conséquence d'un tabagisme de longue durée : évoluant silencieusement pendant 20 à 30 ans, les symptômes se révèlent progressivement lorsque le fumeur atteint le « troisième âge ». A ce moment, le handicap respiratoire vient s'ajouter au vieillissement « naturel ». Non seulement ces patients sont handicapés sur le plan physique, mais bien souvent ont aussi des problèmes sur le plan psychosocial. Ils appartiennent la plupart du temps à une classe sociale moins favorisée, ils sont isolés (veufs, séparés), bloqués à la maison par manque de transport, totalement dépendants des parents et amis pour tous leurs déplacements. Ils peuvent avoir perdu leur emploi ou avoir été obligés de changer de poste avec des pertes brusques de salaires non préparées.

Pour beaucoup, la maladie qui les affecte signifie une retraite prématurée, une perte de contact avec les amis du milieu de travail, une omniprésence à la maison. A cela s'ajoute malheureusement un abandon de beaucoup d'activités parce qu'elles sont plus difficiles à réaliser qu'avant. Leurs capacités sexuelles sont fortement réduites. Ils sont anxieux en permanence, ont peur d'une «crise» et finissent par sombrer dans un état dépressif.

Malgré l'évidence, l'impossibilité d'effectuer les gestes courants de la vie de tous les jours est souvent niée par les patients ou attribuée à l'âge. Et pourtant, ces symptômes modifient profondément leur style de vie. Certains deviennent parfois tellement handicapés, déprimés et craintifs, qu'ils ne se souviennent même plus à quoi cela ressemble de vivre normalement.

Vu l'âge avancé, le caractère irréversible de leur maladie et les limitations plus ou moins grandes qu'elle leur impose, ces patients doivent affronter des adaptations et des ajustements fort difficiles (Paine & Make, 1986). A cause de la nature de la maladie, l'énergie même dont ils auraient besoin pour réussir ces modifications est très limitée.

Certains réussiront sans doute à vivre cette nouvelle expérience sans trop de problèmes. Mais pour d'autres, le désengagement deviendra une réaction inévitable. La différence tient parfois à peu de choses. Il est évident que les personnes qui ont eu la chance de connaître une vie professionnelle bien remplie, dont les moyens financiers ont permis l'apprentissage de loisirs et de toutes sortes d'activités culturelles pourront davantage faire face à la nouvelle vie qui s'impose à eux. Par ailleurs, certains individus sont parfois très heureux de cesser leur travail et de profiter d'une retraite bien méritée.

Malheureusement, la plupart des malades chroniques âgés n'ont jamais eu la chance de faire l'apprentissage du loisir. Bien plus, pour beaucoup, loisir est en fait synonyme de «perte coupable de temps». En ce qui les concerne, jamais un passe-temps ne saura justifier les heures qu'on y consacre et l'énergie qu'on y dépense. Pour le vieillard d'aujourd'hui, c'est en travaillant qu'une personne vivait pleinement sa vie. Heureusement cependant, quelques-uns n'ont pas ce problème et ce ne sont pas ces derniers qui exigent le plus d'attention de la part de l'équipe soignante.

Lorsqu'on cesse des activités à cause de l'âge avancé ou de maladies chroniques, on perd le contrôle de l'environnement. Le sentiment de perdre le contrôle des êtres et des objets qui vous entourent peut être causé par la diminution importante des capacités due à la maladie. Cette faiblesse de l'individu à faire face à la réalité quotidienne est souvent renforcée par une prise en charge exagérée de la part des proches et du personnel soignant.

Tout en voulant l'aider, ceux-ci lui enlèvent toute possibilité de décider de la séquence des événements de sa vie. Cette perte de contrôle de l'environnement engendre l'anxiété qui elle-même conduit à l'abandon. On comprend le désarroi dans lequel peut être plongé un individu dont l'entourage ne le laisse pas faire les activités qui lui donneraient encore l'impression d'avoir quelque influence sur son environnement. C'est comme lui dire qu'il n'a plus de valeur, de capacité.

Suite à la retraite qui lui est imposée, à cette non-familiarité avec le passe-temps ou les loisirs, et parfois à ce sentiment d'incapacité d'influencer les gens et les objets qui l'entourent, le malade chronique prend petit à petit du recul par rapport aux autres. Il est enclin à s'en désolidariser fonctionnellement et affectivement et à se laisser absorber dans ses propres problèmes et conditions de vie, au risque de devenir égocentrique et pas «commode».

Bien que les connaissances médicales leur permettent de vivre dans un état de relative autonomie, la qualité de leur vie laisse à désirer. Récemment, un patient que je venais de mettre sous oxygénothérapie au long cours me disait : «Si c'est pour aider ma santé, je vais cesser toute activité et m'asseoir». On peut se demander avec inquiétude à quoi sert la santé si on doit, pour la garder, abandonner toute vie active.

La plupart des maux dont les gens souffrent ne sont en effet pas des maux qui se guérissent, ce sont des maux qui les empêchent de fonctionner comme ils le souhaiteraient dans le milieu qui est le leur, dans les occupations qui sont les leurs. On a conscience de perdre la santé lorsqu'on ne peut plus vivre ce que l'on veut.

En général, un patient qui parle de sa maladie chronique, la définit en termes de limitations qui lui sont imposées. Qui n'a pas entendu un malade respiratoire se plaindre qu'il ne peut pas sortir, voir ses amis, qu'il étouffe lorsque la maison est pleine de parenté venue fêter Noël et Nouvel An, qu'il n'a rien à faire d'autre que de regarder par la fenêtre.

Ce n'est pas une maladie qui fait seulement mal car les plaintes s'estompent souvent d'elles-mêmes quand les patients peuvent faire des activités. Il suffit de voir le plaisir que trouvent ces patients BPCO à venir aux réunions de l'Association des Insuffisants Respiratoires (cf. plus loin) ou de participer aux activités de vacances organisées pour eux.

Face à un patient qui présente des dispositions à s'isoler, il y a un risque que l'inactivité prolongée se solde chez lui par une perte totale d'intérêt, de pouvoir et de désir de se concentrer et de communiquer. La maladie chronique et l'âge avancé sont source d'angoisse, d'agressivité et de bien d'autres réactions psychiques.

C'est ce type de malade auquel nous sommes confrontés quotidiennement. Ces patients évoluent par poussées aiguës entrecoupées de périodes stables. A mesure que la maladie progresse, les hospitalisations deviennent de plus en plus fréquentes et finissent par mener le patient en réanimation.

Devant un tel patient, l'attitude à prendre ne doit pas être de négation de la réalité en admettant les justifications du malade qui ne veut plus faire les efforts nécessaires. Tout aussi répréhensible serait une attitude de «donquichottisme» qui veut à tout prix faire bouger tout le monde.

LA RÉHABILITATION PULMONAIRE

Classiquement, le traitement des bronchopneumopathies chroniques obstructives (BPCO) comporte :
– la levée du bronchospasme par les bronchodilatateurs ;
– le traitement des complications infectieuses ou cardiaques.

Malheureusement, un tel traitement, même correctement suivi, ne lève pas la dyspnée qui reste le symptôme principal pour le patient. C'est en effet la sensation de dyspnée qui amène le patient à réduire son activité physique. Celle-ci, à son tour, entraîne une atrophie musculaire qui engendrera une plus grande fatigue et donc une réduction supplémentaire d'activité physique.

Le complément indispensable au traitement médical chronique est la réhabilitation pulmonaire, c'est-à-dire le traitement du symptôme dyspnée. Il est maintenant clairement démontré qu'une prise en charge globale du patient tant sur le plan physique que psychosocial peut améliorer de manière significative sa qualité de vie (Make, 1986).

Historiquement, la notion de «réhabilitation» fait allusion à des techniques permettant d'améliorer les aptitudes fonctionnelles de sujets atteints d'affections neuromusculaires. Elle a été définie en 1942 comme la «restauration d'un individu à son potentiel maximal dont il soit capable à la fois sur le plan médical, mental, émotionnel, social et professionnel».

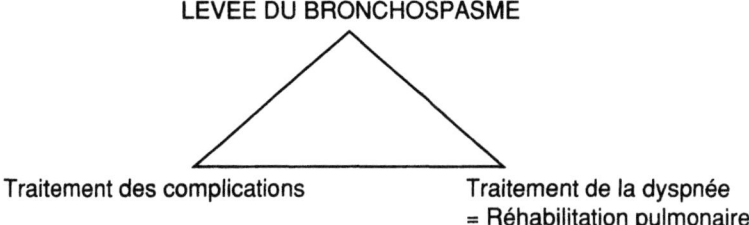

Cette définition n'est pas spécifique d'un seul organe : elle peut aussi s'appliquer à des affections respiratoires. La réhabilitation pulmonaire a été définie en 1974 par l'American College of Chest Physicians (Hodgkin & al., 1981) comme étant :

« un ART de la pratique médicale qui, sur base d'un diagnostic correct, d'une thérapeutique bien adaptée, d'un support émotionnel et d'une éducation du patient, formule un programme individualisé et multidisciplinaire tendant à stabiliser et même à inverser les processus physio- et psycho-pathologiques d'affections pulmonaires».

Un tel programme vise à amener le patient à son niveau de capacité fonctionnelle le plus élevé possible compte tenu de son handicap et de sa situation de vie.

MIEUX RESPIRER, MIEUX VIVRE

Le programme «*MIEUX RESPIRER, MIEUX VIVRE*» (Smeets & al., 1987) proposé sous forme d'une hospitalisation de 3 à 4 semaines, assure une prise en charge non seulement sur le plan physique, organique mais également sur le plan psychologique et social de manière à cerner le patient BPCO sous toutes ses facettes.

* Qui est candidat à une réhabilitation pulmonaire?*

Tout patient porteur d'une bronchopneumopathie chronique obstructive peut en principe être pris en considération pour une réhabilitation pulmonaire. Il faut cependant tenir compte des éléments suivants (Hodge-Hilton & al., 1984) :

1. Le patient est-il demandeur? Le degré de motivation constitue en effet un élément important de réussite.

2. Le patient est-il bien à l'état stable et quel est le degré de son handicap respiratoire?

3. Y a-t-il d'autres problèmes médicaux qui pourraient interférer avec la réhabilitation : troubles du rythme cardiaque non contrôlés, ischémie coronarienne, décompensation respiratoire aiguë, troubles nerveux cérébraux, troubles gastro-intestinaux majeurs, psychose, alcoolisme, cancer, toxicomanie?

4. De quel support familial bénéficie-t-il? Est-il marié, avec ou sans enfants, seul dans la vie, quelles sont ses relations sociales?

5. Quelle est la situation sociale et financière du patient : est-il en règle de mutuelle? etc.

* *Une équipe pluridisciplinaire*

Le médecin pneumologue est le responsable du patient, du diagnostic correct, de l'évaluation de la sévérité de la maladie. Il doit régulièrement, en cours de programme, adapter le traitement en fonction des progrès du patient.

En tant qu'éducateur, il doit prendre lui-même part à l'éducation du patient surtout en ce qui concerne les données relatives à la maladie et à son traitement. Comme le médecin reste pour la plupart des patients «l'Autorité Médicale», son rôle est d'insister auprès d'eux sur la nécessité d'une bonne compliance au traitement. Si le patient, par exemple, continue à fumer, le médecin devra peser de toute son autorité pour amener ce patient à cesser de fumer!

Aussi important que puisse être son rôle, le médecin n'est cependant qu'un des éléments de l'équipe qui a pris en charge le patient. L'infirmière de salle, le psychologue, la diététicienne, l'ergothérapeute, le kiné respiratoire, l'assistant social, le service de fonction respiratoire constituent les autres maillons de l'équipe qui entoure le patient (Hodgkin, 1986).

Face à toute cette «équipe qui lui veut du bien», le patient peut se sentir un peu désemparé. Il faut donc un *coordinateur* du programme : le plus indiqué est un(e) infirmier(e) de réhabilitation pulmonaire. Il (elle) constitue la véritable plaque tournante à laquelle se rallient tous les collaborateurs de l'équipe. Proche des patients, il (elle) devient vite leur confident(e) et veille à organiser au mieux tout le programme des patients. Tout ceci suppose par ailleurs un certain travail administratif qui nécessite un(e) secrétaire au sein de l'équipe.

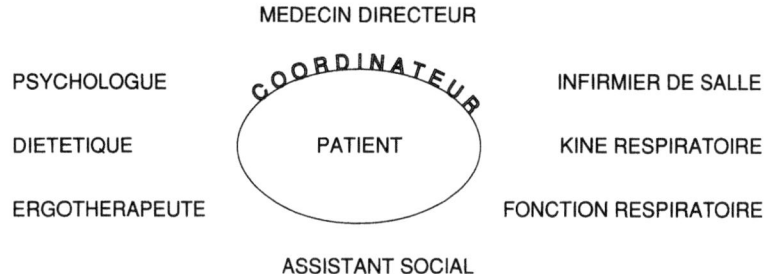

* **Un programme global**

Un programme de prise en charge globale destiné à améliorer la qualité de vie des patients BPCO (Harris, 1985 ; Smeets & al., 1988) se base sur 5 éléments.

1° L'éducation du patient à sa maladie

Pour toute maladie chronique, le succès thérapeutique dépend en grande partie de l'éducation du patient à sa maladie. L'objectif est d'améliorer la compliance au traitement. Chez les insuffisants respiratoires, le but est d'améliorer la capacité du patient à assumer sa condition et à augmenter sa part de responsabilité dans son propre traitement. Il doit devenir un membre actif de l'équipe médicale soignante. L'éducation permet, par ailleurs, d'améliorer les relations entre le patient et son médecin (Gilmartin, 1986).

Le programme éducatif « Mieux respirer, Mieux vivre » comporte dix séances d'information s'adressant au patient et à son conjoint. Ces réunions sont animées par les différents membres de l'équipe de réhabilitation pulmonaire sur les thèmes suivants : l'anatomie et la physiologie du poumon normal, la bronchite chronique, l'emphysème, l'asthme, la rééducation de la respiration, la relaxation, les problèmes diététiques, le tabagisme, l'oxygénothérapie au long cours, le traitement médicamenteux, le BPCO et sa vie de tous les jours, l'art de bien manger,... Ces animations font largement appel aux méthodes audio-visuelles et sont concrétisées dans un aide-mémoire lui rappelant par écrit tout ce qui lui a été enseigné oralement et en pratique (Guide du BPCO).

A côté de cette éducation « formelle » existe toute une éducation informelle qui s'exerce à tous les niveaux : infirmières de salle, kinésithérapeutes, médecins,... A tout moment, le patient doit pouvoir trouver aide et soutien chez chacun des membres de l'équipe de réhabilitation.

2° Rééducation de la respiration

* *Traitement physique - kiné respiratoire*

Les patients BPCO respirent le plus souvent d'une manière rapide, superficielle, inefficace qui favorise l'espace mort pulmonaire (c'est-à-dire l'espace qui n'est pas ventilé).

Il faut donc apprendre à inspirer lentement, profondément par le nez, en abaissant le diaphragme (en soulevant le ventre) et à expirer lentement, posément en pinçant les lèvres et en rentrant le ventre (Gimenez, 1983). Ces techniques doivent être assimilées et mises en pratique au repos et durant l'effort, l'inspiration se faisant avant l'effort et l'expiration (deux fois plus longue) pendant l'effort (respiration diaphragmatique et à lèvres pincées).

* *Les techniques de relaxation*

La relaxation est un processus autonome visant à une régulation tonico-émotionnelle optimale. Les techniques de relaxation permettent au patient de mieux gérer son stress, ses angoisses. Les différentes méthodes de relaxation sensibilisent le malade à son état de tension, état permanent mais perçu très confusément. Dans le traitement des affections broncho-obstructives, elles jouent un rôle important en permettant notamment un meilleur contrôle de la respiration en cas de crise et par conséquent une efficacité accrue en diminuant la fatigue des muscles respiratoires (Dudley et al., 1980).

Le training autogène de Schulz s'appuie sur des prises de conscience de phénomènes physiologiques et rationnels tels que la sensation de pesanteur, de chaleur, de relaxation cardiaque, d'activités respiratoires, etc.

La relaxation progressive de Jacobson. Cet auteur a démontré, dans les années vingt, que tout ce qui perturbe l'état de concentration chez l'homme provoquait un transfert d'énergie psychique au physique. Il existe une relation entre le lien émotionnel du patient et son degré de tension musculaire. Si la simple pensée de poser un acte suffit à provoquer une certaine tension neuromusculaire, cette tension va augmenter considérablement si une émotivité incontrôlée vient s'y ajouter : anxiété, peur, panique. On aboutit alors à des blocages, comme si le muscle était paralysé par un tonus exagéré : la technique de relaxation progressive permet de rendre leur capacité de réaction à des sujets jusque-là handicapés par leur hyperémotivité.

Le sujet seul apprend à contrôler sa relaxation. De plus, la méthode ne fait pas appel à une relation entre le corps et l'esprit : elle évite ainsi toute forme de dépendance d'un quelconque thérapeute. La seule nécessité est de se procurer le livre de Jacobson.

La sophrologie regroupe différentes techniques de relaxation. Chaque être humain a trois possiblités : rester au niveau de la conscience ordinaire, passer à la conscience pathologique ou surtout, passer au niveau sophrologique, baignant dans un état de grâce. Cette méthode ne peut malheureusement pas se pratiquer seul.

* *Ergothérapie*

L'application des techniques respiratoires aux actes de la vie de tous les jours (toilette, douche, repas, cuisine, travaux ménagers, etc.) permet d'économiser beaucoup d'énergie et de ne pas se fatiguer en gestes inutiles (Shanfield & Hammon, 1984). Ergothérapie ne signifie pas dans ce cas-ci «petits paniers en osier».

* *Oxygénothérapie au long cours*

Les patients BPCO hypoxémiques au repos ou à l'effort ou simplement la nuit nécessitent un traitement au long cours à l'oxygène (Petty, 1985).

Le programme de Réhabilitation Pulmonaire fournit toute l'instruction nécessaire pour une utilisation correcte de l'oxygène à domicile. La compliance du patient dépendra surtout de son degré de motivation, lequel est conditionné par l'information qu'il aura reçue sur l'utilité de l'oxygène au long cours. Les différentes formes de stockage d'oxygène sont étudiées de manière à adapter au mieux le système choisi : gazeux, concentrateur ou liquide.

3° La remise en condition physique

L'obstacle le plus important à surmonter chez le patient BPCO est la *peur de la dyspnée* et sa conséquence (Belman, 1986) : le patient évite toute activité qui pourrait provoquer la dyspnée.

T. Petty a parlé d'une «panique respiratoire» qui résulte de l'activité physique : l'essoufflement engendré par une activité physique entraîne un accroissement de la peur et secondairement une aggravation de la dyspnée en raison d'une respiration moins efficiente (Dudly & al., 1973).

En fait il faut casser le *cercle vicieux* :

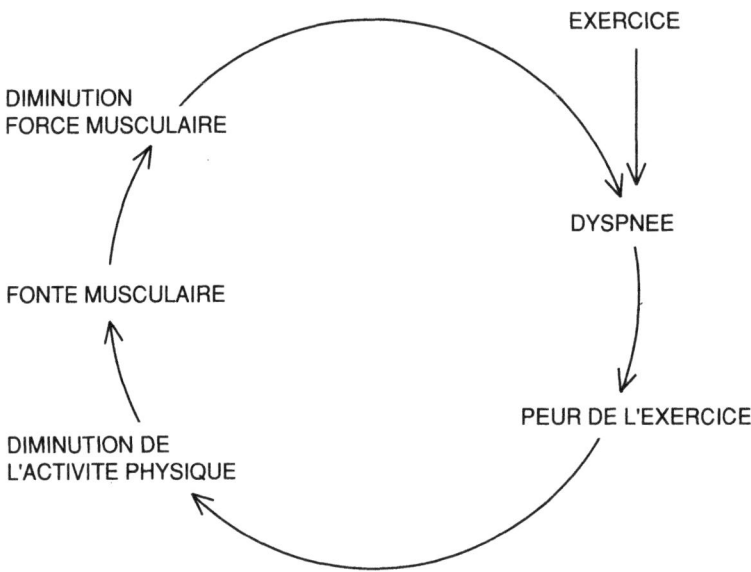

On peut déjà améliorer le patient simplement en le rassurant : en effet, l'essouflement à l'effort n'est pas dangereux. Il n'est qu'une réponse normale à une activité qu'il peut tolérer pendant un certain temps. En répétant cette activité dans un contexte sécurisant, «on peut amener le patient à vaincre» cette peur de l'essouflement à l'effort de la même manière qu'on peut se désensibiliser progressivement à certaines phobies.

Le programme de réentraînement physique à l'effort est individualisé, fait sur mesure pour chaque patient en fonction de sa tolérance subjective à l'effort. Les progrès sont soigneusement monitorisés et constituent ainsi un encouragement pour le patient. Les exercices peuvent se faire en salle ou à l'extérieur en fonction des conditions climatiques : marche, vélo, avirons, exercices de musculation, tonification de la musculature respiratoire, activités «sportives» : pétanque, volley-ball, parcours santé (adapté au handicap respiratoire), etc.

Bien que les mécanismes d'action restent peu clairs, il a été démontré qu'une remise en condition physique augmente la capacité à l'effort des patients BPCO. Il faut au moins 3 ou 4 séances de 30 à 45 minutes par semaine pour obtenir un effet positif (American College of Sports Medicine, 1973).

4° Le support psychosocial en cours de programme

Une affection chronique telle une BPCO entraîne nécessairement des changements dans la vie personnelle du patient mais aussi dans ses relations avec sa famille et son environnement (Sandhu, 1986). Non seulement les patients BPCO sont en lutte contre leur propre impuissance devant leur maladie, mais bien souvent, le médecin est dans la même situation : il se sent frustré, déçu de ne pas pouvoir contrôler ou guérir l'affection de son patient.

Le médecin doit néanmoins adopter une attitude positive, réconfortante et doit être un élément de support dans la vie de son patient, quelqu'un en qui le patient puisse avoir totale confiance. Ceci suppose un contact régulier, même lorsque le patient est à l'état stable et qu'il se sent bien. Le médecin ne doit pas minimiser la gravité de la maladie broncho-obstructive, mais il doit communiquer à son patient un espoir de stabilisation et de contrôle.

Le fait d'être atteint d'une maladie pulmonaire chronique ne veut pas nécessairement dire qu'il faut «abandonner» toute activité. Il faut aider le patient à restructurer ses activités tout en continuant à s'impliquer. Le style de vie doit s'adapter à la situation nouvelle. S'il faut «ralentir» un peu certaines activités, on peut «en faisant un petit effort» accomplir parfois bien plus que ce qu'on imaginait. «En faire un peu plus» augmente à la fois l'estime de soi et la confiance en soi (Petty & Nett, 1984).

Se fixer des *objectifs réalistes* est indispensable pour rétablir ce sentiment d'espoir, de contrôle et de confiance en soi chez le patient. Des objectifs réalistes basés sur l'état physique réel du patient vont accroître sa motivation et vont constituer un stimulant pour progresser. Le but du traitement sera d'aider le patient à gérer le mieux possible sa vie de tous les jours.

5° Support psychosocial au long cours

Une réhabilitation bien conduite peut apporter de profonds changements au point de vue activité physique et sociale : le patient peut devenir plus optimiste, améliorer son image de soi alors que sa fonction respiratoire ne change pas. Mais qu'advient-il de ces patients une fois le programme terminé, lorsqu'ils sont rentrés chez eux? (Smeets, 1991).

A ce moment, ils ne bénéficient plus du support de l'équipe et du groupe. Ils se retrouvent seuls à la maison, la situation est totalement changée. Si la famille ou le conjoint ont été intimement liés au programme de réhabilitation, le patient y trouvera un certain soutien.

Au début, le patient continuera probablement à faire «ses exercices» tous les jours. Mais après quelques temps, un sentiment de lassitude risque de s'installer avec perte de l'enthousiasme qu'il avait «au programme».

Une réhabilitation pulmonaire n'est pas un but en soi : l'objectif n'est pas «d'occuper» les patients pendant un certain nombre de séances à des exercices physiques ou à leur donner une «éducation à leur maladie» pour le plaisir de les instruire. Le but est de leur donner les moyens de restructurer leur vie en fonction de leur handicap, de mieux intégrer leur insuffisance respiratoire de manière à ce qu'elle devienne la moins gênante possible.

La réhabilitation pulmonaire ne s'arrête donc pas à la fin «d'un programme»; elle est un *processus continu pour toute la durée de vie*. C'est pourquoi il faut assurer à ces patients BPCO un support qui leur permette de maintenir leur enthousiasme pour une bonne condition physique.

L'ASSOCIATION DES INSUFFISANTS RESPIRATOIRES

L'ASSOCIATION DES INSUFFISANTS RESPIRATOIRES, asbl AIR*, est née en 1984 du dynamisme des patients broncho-emphysémateux ayant participé au programme de réhabilitation pulmonaire «MIEUX RESPIRER, MIEUX VIVRE» du Centre Hospitalier de Ste Ode. Depuis lors, cinq autres «Régionales» couvrant la Communauté Française ont vu le jour : la Montgolfière à Ottignies, Air Godinne, le Pulmonary Club à Baudour, Air Borinage à Warquignies et Air Charleroi.

L'Association est administrée conjointement par des patients, leurs médecins, kinés, infirmières ou infirmiers et par des représentants de la

---

* Association des Insuffisants Respiratoires (AIR) - Rue de la Concorde, 56 - 1050 Bruxelles. Tél. 02/5122936 - Fax. 02/5123273.

Fondation contre les Affections Respiratoires et pour l'Education à la Santé (FARES).

Créée à l'initiative de médecins, avec le concours des malades, l'Association des Insuffisants Respiratoires est en quelque sorte le prolongement naturel d'un effort de réhabilitation pulmonaire (Smeets et al., 1989). En effet, au cours d'un programme, le patient bénéficie d'une éducation à sa maladie, d'un réentraînement physique à l'effort, d'une rééducation de la respiration, mais dans un milieu artificiel, l'hôpital.

Au moment de son retour à domicile, il doit intégrer tout cet acquis dans sa vie de tous les jours. Il doit en quelque sorte passer de la théorie à la pratique. La participation à une Association de patients peut l'aider à faire ses «premiers pas» dans une réinsertion socio-familiale la plus normale possible. Cette association a plusieurs objectifs.

1° Education du patient à sa maladie

L'Association édite une revue mensuelle de 32 pages, le «JOURNAL DE L'AIR», qui constitue le bulletin de liaison entre les membres de l'Association et le véhicule permanent de l'information médicale. En tenant ses lecteurs au courant des développemens récents de la pneumologie et en rappelant périodiquement des informations plus pratiques sur les bronchopneumopathies chroniques obstructives, les rédacteurs espèrent induire des changements de comportements chez les patients et les amener à entretenir leur intérêt pour leur maladie chronique.

Le Journal vise à être, non seulement éducatif, mais aussi «divertissant» et attrayant. Il est à la disposition de tous les médecins soucieux d'améliorer la qualité de vie de leurs patients BPCO. Le Journal de l'AIR est en outre distribué «pour information» aux pneumologues belges intéressés par la réhabilitation pulmonaire et sert de lien avec les Associations de pneumologie européennes et américaines.

L'Association organise dans chaque régionale des conférences mensuelles assurées par des spécialistes venant des diverses institutions du pays et des experts dans le monde de la physiopathologie thoracique.

2° Activités physiques hebdomadaires

L'Association organise hebdomadairement des séances de gymnastique respiratoire et réentraînement physique à l'effort. Ces séances d'une heure se déroulent par petits groupes d'une douzaine de personnes, sous la conduite d'un(e) kiné.

3° Activités socio-culturelles et de loisir

Les activités sociales et de loisir sont indispensables pour l'équilibre de chacun de nous. Trop souvent les BPCO croient qu'ils ne sont plus capables de telles activités. Pour des raisons de maladie, d'âge, ils tendent le plus souvent vers le désengagement, l'isolement, la dépendance ou le sentiment d'inutilité.

En leur proposant des activités bien dosées et bien choisies en fonction de leurs goûts et de leurs intérêts, les patients respiratoires redécouvrent un débouché utile et revalorisant pour l'activité qu'ils sont encore capables de faire. Les humains en effet ne deviennent de véritables êtres humains qu'en fonctionnant dans une société, qu'en y occupant une place à laquelle ils attachent une certaine valeur.

Chacune des régionales organise régulièrement des activités de loisirs et de détente : goûters, promenades, visites de musées, activités culturelles (concerts, etc.). Le grand événement est cependant le « Rallye de l'AIR ». Tous les insuffisants respiratoires quel que soit leur handicap peuvent y participer. Le principe en est simple : des parcours de distance variable (quelques centaines de mètres à 5-6 km) sont proposés. Au moment de l'inscription, le patient choisit la longueur de son parcours et estime, en fonction de son rythme de marche habituel, le temps qu'il mettra à parcourir la distance choisie. Il laisse sa montre à l'inscription et effectue son parcours. Sera déclaré vainqueur celui dont le temps se rapprochera le plus du temps estimé. Cette formule permet à chacun de gagner, y compris les plus handicapés.

4° Voyages en groupe avec accompagnement médical

D'un mois à l'autre, les membres de l'Association prennent plaisir à se retrouver, s'encouragent et s'entraident mutuellement : ils échangent leurs impressions, commentaires, leurs joies ou leurs difficultés. C'est à l'occasion de ces contacts que les amitiés se nouent et que des projets d'avenir s'ébauchent.

Mais le patient BPCO, même « réhabilité », continue malgré tout à être inquiet lorsqu'il s'éloigne de son milieu habituel. C'est ainsi que bien souvent il hésite à partir en voyage, de peur d'avoir une « crise » alors qu'il se trouve loin de son médecin habituel ou de son centre de réhabilitation pulmonaire.

Comment alors faire voyager ces patients tout en gardant leur milieu sécurisant habituel ? L'Association a trouvé la solution : il suffit de prendre l'équipe médicale en voyage avec les patients ! C'est ce qui se fait depuis 1986 (Smeets, 1988). Voyager, rêve souvent impossible pour les insuffisants respiratoires est maintenant devenu réalité : l'AIR organise chaque année des voyages spécifiquement conçus pour ces patients, soit en avion, soit en car.

Ces voyages bénéficient, depuis le départ et pendant toute la durée du séjour, d'un encadrement médical comprenant médecin-pneumologue, kinésithérapeute et personnel infirmier. Tout le matériel médical indispensable aux soins courants ainsi que l'équipement nécessaire pour une réanimation ou une intervention d'urgence accompagnent le staff médical. Sur place, une gymnastique respiratoire en groupe est organisée tous les matins, le reste de la journée est libre.

A tout moment, les patients peuvent avoir recours à l'équipe médicale qui partage d'ailleurs toutes leurs activités.

En septembre 86, un premier groupe de 40 patients BPCO avec leurs conjoints, est parti en bus en Alsace pendant 4 jours. Leur fonction respiratoire était pour la plupart d'entre eux inférieure à 1 500 ml de VEMS. Deux d'entre eux étaient sous oxygénothérapie continue. La société AIR LIQUIDE avait fourni pour l'occasion de l'oxygène liquide. Ce «Liberator-Stroller» était le premier appareil à oxygène liquide introduit en Belgique (septembre 1986).

L'avantage principal de l'oxygène liquide (refroidi à -183 °C) est de permettre la déambulation grâce à de petits réservoirs portables (strollers) qui se remplissent sur un réservoir plus gros (liberator). Un litre de liquide correspond à 850 litres d'oxygène gazeux. Le faible volume de stockage de l'O_2 liquide autorise donc une grande autonomie (7 à 8 h) avec un petit réservoir portable pesant 4 kg.

Le prétexte du voyage était une rencontre avec un groupe de patients Alsaciens ayant suivi un programme de réhabilitation pulmonaire à Schirmeck. C'était l'occasion pour l'AIR d'opérer un jumelage avec les BPCO Alsaciens. Il n'y a pas eu le moindre problème médical : toutes les précautions ont été superflues, l'équipe médicale (deux médecins, deux kiné, un infirmier) n'a pas dû ouvrir sa trousse d'urgence.

En septembre 87, 36 patients BPCO et leurs épouses prenaient l'avion pour l'Ile de Hvar en Yougoslavie : quatre d'entre eux étaient oxygéno-dépendants. Au cours de ces 15 jours de vraies vacances, dans un vrai hôtel et non un hôpital ou centre de «cure», ces patients BPCO ont pu découvrir les joies des promenades le long du port, des visites de l'île en car, des excursions en mer, des petits restaurants «sympa», des soirées sur la terrasse de l'hôtel au son de l'orchestre. Un certain nombre de patients se sont même risqués à faire quelques brasses dans l'Adriatique, chose qu'ils n'avaient plus faite depuis des années et à laquelle ils n'osaient même pas penser!

Les oxygéno-dépendants participant à ce voyage ont obligé l'Association à prendre des dispositions particulières avec la SABENA pour avoir de l'oxygène à bord pendant le vol. Sur place, VITALAIRE a fourni le matériel d'oxygène liquide au départ de l'Italie, l'approvisionnement étant assuré sur place.

Depuis 1986, près de 250 insuffisants respiratoires et leurs épouses ont participé à un ou plusieurs voyages de l'Association. Les voyages en car les ont conduits en Alsace, en Forêt Noire (Allemage), à Annecy, en Auvergne. Près d'une centaine de patients ont pris l'avion vers l'île de Hvar en Yougoslavie. En 1991, des patients de l'AIR se rendront en Haute-Provence, aux Canaries et quelques-uns au Canada pour participer au Congrès de Pneumologie de langue française.

Le profil respiratoire de ces patients montre une importante composante obstructive. Le VEMS moyen est de 1100 ml avec des extrêmes allant jusqu'à 610 ml. Douze patients étaient sous oxygénothérapie en permanence. Malgré la lourdeur de la pathologie respiratoire, les voyages de l'AIR ne ressemblent nullement à une «cour des miracles». Les insufisants respiratoires, loin d'être affligés par leur handicap, sont au contraire de joyeux touristes en route avec les «gentils organisateurs» que sont leur médecin, kinésithérapeute et infirmier (Smeets, 1989).

Le succès remporté par ces voyages de groupe «accompagnés» montre clairement que les insuffisants respiratoires, malgré leur handicap, ont toujours envie de voyager. L'encadrement assuré pendant la durée du voyage constitue indiscutablement l'élément de sécurité qui les encourage à participer à de telles activités.

Ces voyages sont en quelque sorte l'aboutissement des longs efforts de réhabilitation pulmonaire entrepris par ces patients. Ils sont la preuve qu'une vie de loisirs est encore possible, même avec un handicap respiratoire à condition de s'y préparer physiquement et psychologiquement.

5° Voyages individuels

Ces voyages en groupe constituent souvent un premier pas vers des voyages individuels. Pour répondre aux problèmes que posent de tels voyages (où trouver un support médical spécialisé, l'approvisionnement en oxygène, comment choisir au mieux sa destination, les moyens de transport), l'AIR a pris l'initiative de créer sur le plan européen un réseau d'Assistance aux insuffisants respiratoires : EUROLUNG ASSISTANCE (Smeets, 1990).

Ce réseau a pour objectif :

– de participer sur le plan européen à l'organisation des vacances et des loisirs des insuffisants respiratoires et leur famille ;

– de favoriser le développement des possibilités de traitement et de support médical lors des déplacements dans les régions touristiques et les lieux de vacances ;

– d'encourager la création d'équipements de vacances accueillant les insuffisants respiratoires ;

– de développer l'information sur les problèmes posés par les vacances des insuffisants respiratoires en direction des Pouvoirs Publics, des Organismes Sociaux, des milieux touristiques et de l'opinion publique.

Le projet «EUROLUNG ASSISTANCE» bénéficie du support de la Section Education pour la Santé de la Société Européenne de Pneumologie (ERS) et regroupe à la fois des médecins-pneumologues privés, des hospitaliers et les organisations nationales s'occupant d'insuffisance respiratoire.

CONCLUSIONS

Une réhabilitation pulmonaire bien conduite peut apporter de profonds changements dans les activités physiques et sociales : le patient peut devenir plus optimiste, améliorer son image de soi alors que sa fonction respiratoire ne change pas.

Même s'il est souvent difficile de déterminer quelle partie du programme est responsable de l'amélioration (Petty, 1985), les effets bénéfiques après quelques semaines de programme sont multiples (Hodgkin, 1984) :

– augmentation de la capacité d'effort,

– facilitation des actes de la vie de tous les jours,

– diminution de la mortalité,
– amélioration de la qualité de vie,
– diminution de l'anxiété et de la dépression,
– possibilité de reprise du travail,
– tendance à une prolongation de survie,
– diminution du nombre d'hospitalisations.

Un programme de réhabilitation pulmonaire doit permettre au BPCO de retrouver un centre d'intérêt assez important pour qu'il puisse s'y accrocher psychiquement. C'est en quelque sorte une bouée de sauvetage, une carte qui lui permettra de poursuivre la partie.

Il lui est possible maintenant de « poursuivre la partie » à domicile. Une bonne organisation et surtout une bonne coordination de tous les intervenants peut réellement contribuer à améliorer la qualité de vie des insuffisants respiratoires.

Favoriser la resocialisation et la revalorisation du malade BPCO en tant qu'être humain est loin d'être « le glaçage du gâteau » comme on se plaît parfois à dire. C'est une nécessité criante. Acculés au pied du mur par la maladie, essayons au moins de mettre à profit au maximum les connaissances que l'Humanité a acquises afin d'améliorer la qualité de vie de ces gens.

Au-delà de la maladie, au-delà des limitations qu'elle impose, il y a un être humain, il y a un individu avec un intellect, un cœur et des émotions qui, habilement stimulés, pourront procurer de grandes joies et amener à une certaine qualité de vie (Mercier, 1986).

La possibilité de participer à nouveau à des activités sociales et de loisir n'est certainement pas étrangère à cette qualité de vie retrouvée. Il ne faut pas seulement ajouter des années à la vie mais donner de la vie aux années qui restent.

Ces résultats bénéfiques ne pourront cependant être acquis qu'au prix d'un effort personnel de réhabilitation. Les activités sociales et de loisir qui ont été décrites constituent l'aboutissement des longs efforts de réhabilitation que ces patients ont entrepris pendant des mois. Les voyages, notamment en avion, ne peuvent s'entreprendre en toute sécurité qu'avec des patients qui ont adopté une hygiène de vie nouvelle, où leur toilette bronchique quotidienne, leurs exercices respiratoires et leur activité physique quotidienne sont devenus une nouvelle habitude de vie.

Toute l'éducation du patient à sa maladie doit viser à lui rendre un maximum d'autonomie de manière à lui permettre de reprendre une vie socio-familiale la plus normale possible. C'est en intégrant toutes les techniques d'éducation et de réhabilitation que l'on pourra permettre au patient BPCO de se «libérer» et de «profiter de la vie» malgré le fardeau que constitue son handicap.

Un programme de réhabilitation pulmonaire ouvre la voie vers une meilleure qualité de vie. La participation à l'Association des insuffisants respiratoires contribue à entretenir cette qualité de vie.

RÉFÉRENCES

American College of Sports Medicine (1973). *Guidelines for graded exercise testing and exercise prescription.* Lea & Febiger, Philadelphia.
BELMAN M.J. (1986). *Exercise in chronic obstructive pulmonary disease.* Clinics in Chest Medicine, vol. 7, n° 4.
DUDLEY D., GLASER E.M., JORGENSOR B.N., LOGAN D.L. (1980). *Psychosocial concomitants to rehabilitation in COPD.* Part 1 : Psychosocial and psychological considerations. Chest 77 : 413-420. Part 2 : Psychosocial treatment. Chest 77 : 544-551.
DUDLY D.L., WERMUTH C., HAGIE W. (1973). *Psychosocial aspects of care in the COPD patient.* Heart Lung 2 : 389.
GILMARTIN M.E. (1986). *Patient and family education.* Clinics in Chest Medicine, vol. 7, n° 4 : 616-627.
GIMENEZ M. (1983). *Techniques et résultats de la kinésithérapie respiratoire dans les bronchopneumopathies chroniques obstructives.* Rev. Franc. des Maladies Respir. 11 : 523-543.
HARRIS P.L. (1985). *A guide to prescribing pulmonary rehabilitation.* Primary Care 12, n° 2 : 253-266.
HODGE-HILTON T., HERMANN D.W., HILLS R.L., FEENSTRA L., ARCHIBALD C. (1984). *Initial evaluation of the pulmonary rehabilitation candidate.* In : «Pulmonary Rehabilitation : guidelines to success». Hodgkin J.E. (Ed.), Butterworth Publs.
HODGKIN J.E., FARRELL M.J., GIBSON S.R. et al. (1981). *Pulmonary rehabilitation : official ATS statement.* Am. Rev. Resp. Dis. 124 : 663-666.
HODGKIN J.E., BRANSCOMB B.V., ANDHOLN J.D., GRAY L.S. (1984). *Benefits, limitation and future of pulmonary rehabilitation.* In : «Pulmonary Rehabilitation : guidelines to success». Hodgkin J.E. (Ed.), Butterworth Publ.
HODGKIN J.E. (1986). Organization of a pulmonary rehabilitation program. Clinics in Chest Medicine, vol. 7, n° 4.
MAKE B.J. (1986). *Pulmonary rehabilitation : myth or reality?* Clinics in Chest Medicine, vol. 7, n° 4.
MERCIER L. (1980). *Communication personnelle* (Hôpital Laval, Montréal).
PAINE R. & MAKE B.J. (1986). *Pulmonary rehabilitation for the elderly.* Clinics in Geriatric Medicine, vol. 2 : 313-355.
PETTY T.L. & NETT L.M. (1984). *Enjoying life with emphysema.* Lea & Febiger, Philadelphia.
PETTY T. (1985). *Long term out-patient oxygen therapy.* In : «Chronic obstructive Pulmonary Disease». Petty T. (Ed.), Lung biology in health and disease, vol. 28, Cl. Lenfant, M. Dekker Inc.
PETTY T.L. (1985). *Pulmonary rehabilitation.* In : «Chronic Obstructive Disease», Petty T., Lung Biology in Health and Disease, vol. 28, Cl. Lenfant, M. Dekker Inc.

SANDHU H.S. (1986). *Psychosocial issues in chronic obstructive pulmonary disease.* Clinics in Chest Medicine, vol. 7, n° 4.
SHANFIELD K. & HAMMON M.A. (1984). *Activities of daily living. In :* «Pulmonary Rehabilitation : guidelines to success». Hodgkin J.E. (ed), Butterworth Publ.
SMEETS F., BIERME C., BAILLY D., GOFFIN C., BASSEE D. (1987). *Breathing better, living better.* Pulmonary rehabilitation program. 6th Congress SEP.
SMEETS F., BIERME C., BAILLY D., GOFFIN C., BASSEE D., LAMBERT Ph., MORMONT I., DEBIERRE Ch., GOOSSE M.H., LECOCQ C. (1988). *Mieux respirer, mieux vivre (pulmonary rehabilitation program).* International Conference on Pulmonary Rehabilitation and Home Mechanical Ventilation.
SMEETS F. (1988). *Travelling with COPD patients.* SEP Congress, Budapest.
SMEETS F. (1989). *Proposal for a «European COPD network».* SEP Congress, Freiburg.
SMEETS F., MACHIELS J., GOFFIN C., LICOPE F., DUBOIS G. (1989). *Pulmonary rehabilitation : gateway to a better home-life.* World Congress on Home-Care, Rome.
SMEETS F. (1990). *Health Education Section SEP - EUROPEAN LUNG ASSISTANCE : an european network of travel assistance for COPD patients.* ARRD vol. 141, n° 4, A199.
SMEETS F. (1991). *Consensus conference : SEPC recommendations for pulmonary rehabilitation : education and psychosocial management.* «The European Respiratory Journal», in press.

Vieillissement et système immunitaire

Vincent GEENEN

L'organogenèse et l'homéostasie des êtres vivants dépendent de l'harmonie et de la coordination entre les principaux systèmes intercellulaires, les systèmes neuroendocrinien et immunitaire. Le processus naturel de la sénescence peut être considéré comme une diminution des facultés de contrôle de l'homéostasie et, dès lors, il peut affecter directement les capacités d'échange d'informations entre ces deux grands systèmes.

Sur le plan clinique, le vieillissement immunitaire se caractérise par un accroissement de la fréquence des maladies auto-immunes, de la sensibilité aux infections de toute nature, et de l'apparition de pathologies néoplasiques. Mais si différentes anomalies fonctionnelles immunitaires apparaissent avec l'âge, il est encore loin d'être établi qu'elles sont directement la cause de ces différentes pathologies.

Au cours des dernières années, les progrès de la biochimie moléculaire ont permis de mieux comprendre les mécanismes cellulaires intimes associés à l'immuno-sénescence (Makinodan et al, 1987; Thoman & Weigle, 1990; Homo-Delarche, 1990) et leur connaissance approfondie devrait permettre l'élaboration de nouvelles méthodes thérapeutiques pour tenter de renforcer les défenses immunitaires de la personne âgée.

DIFFÉRENCIATION LYMPHOCYTAIRE

Des auteurs ont récemment rapporté que la moelle osseuse d'individus âgés était moins efficace pour assurer la différenciation des cellules destinées au *compartiment lymphoïde*. Il semble que le vieillissement atteint en fait l'ensemble des cellules souches du compartiment lymphoïde, ainsi que les micro-environnements médullaires et thymiques responsables de la maturation définitive des *cellules B et T*. Le nombre absolu des cellules souches hématopoïétiques pluripotentielles semble normal, mais leurs potentialités prolifératives sont réduites ; une diminution de la production d'interleukine-3, une lymphokine intervenant dans la formation de « colonies » à partir de ces cellules souches, a d'ailleurs été observée par certains auteurs. Les études chez l'animal âgé indiquent que la différenciation des cellules lymphoïdes immunocompétentes est défectueuse principalement à cause d'anomalies de l'environnement, et en partie à cause d'une réduction des cellules pré-B et pré-T. On remarque par ailleurs une augmentation avec l'âge des cellules « nulles » (non T, non B), ainsi que des cellules immatures et de cellules T et B « mémoires ». L'atteinte de la communication hormonale entre la moelle osseuse et le thymus peut aussi contribuer à la diminution des précurseurs lymphoïdes T de la moelle.

VIEILLISSEMENT DE L'IMMUNITÉ CELLULAIRE

Modifications des organes lymphoïdes

Le thymus est l'organe lymphoïde primaire responsable de l'émergence de l'ensemble du répertoire des lymphocytes T, de l'induction de la tolérance de l'organisme vis-à-vis de son « soi » moléculaire et du phénomène de la « restriction antigénique » des cellules T, qui signifie qu'un lymphocyte T ne reconnaît son antigène que si celui-ci lui est présenté de manière adéquate par les protéines du complexe majeur d'histocompatibilité. Depuis longtemps, les chercheurs ont été fascinés par le parallélisme existant entre le vieillissement et ce qui a été appelé, peut-être à tort, l'involution thymique.

Une partie importante de la composante épithéliale thymique se caractérise par un phénotype immunocytochimique l'apparentant au système neuroendocrinien diffus. Le thymus atteint son développement maximum à la puberté puis il commence à involuer, d'abord au niveau de sa partie corticale riche en thymocytes immatures, et des amas de tissu graisseux remplacent progressivement le parenchyme thymique fonctionnel. Parallèlement, la fonction neuroendocrine de l'épithélium thymique diminue, ainsi qu'en témoigne la diminution des concentrations plasmatiques de différents peptides thymiques comme la thymopoïétine, la thymosine-α

1, la thymuline, ainsi que des concentrations intra-thymiques d'ocytocine et de neurophysine immunoréactives, deux polypeptides de la famille des gènes neurohypophysaires. S'il est encore difficile d'évaluer les conséquences de cette «involution» thymique sur les fonctions immunitaires, il est de mieux en mieux démontré que les causes de cette involution sont hormonales. En effet, il est possible de régénérer le thymus chez l'animal d'expérience par la castration, l'administration d'un agoniste du LHRH (facteur hypothalamique déclenchant la sécrétion d'hormone lutéinisante) capable d'induire une sidération fonctionnelle de l'axe hypothalamo-gonadotrope, l'administration d'hormones thyroïdiennes, ou encore l'implantation de cellules hypophysaires tumorales sécrétant de l'hormone de croissance et de la prolactine. Les facteurs de croissance tissulaire de type insulinique (IGFs) jouent certainement un rôle important dans le déclenchement et le maintien du développement thymique, et les acides ribonucléiques messagers de l'IGF-1 ont d'ailleurs été mis en évidence dans des thymus humains fœtaux. L'action thymotrope de l'hormone de croissance pourrait donc s'expliquer par l'induction d'une synthèse locale d'IGF-1. Enfin des travaux récents ont démontré l'expression importante du récepteur pour le facteur de croissance neuronale (NGF) au cours de l'ontogenèse dans les organes lymphoïdes primaires et secondaires (Enrfors et al., 1988). Si la source du signal NGF n'est pas encore connue avec précision (parenchyme thymique, cellules lymphocytaires ou macrophages?), ces observations constituent un argument supplémentaire en faveur du dialogue étroit entre les systèmes nerveux et immunitaire au cours du développement.

L'ensemble des expériences réalisées chez la souris démontre que la propriété du thymus de maintenir la gamme complète de différenciation des lymphocytes T est perdue relativement vite après la naissance, mais elle persiste néanmoins à un certain degré jusqu'à un âge avancé.

Au cours de la sénescence, il existe également une involution des organes lymphoïdes secondaires (rate, ganglions, plaques de Peyer, et autre tissu lymphoïde associé au tube digestif), mais celle-ci est certainement moins importante que l'involution thymique.

Le processus de différenciation des lymphocytes est affecté au cours de la vieillesse, secondairement à des modifications du micro-environnement mais aussi à une diminution des éléments précurseurs des cellules T au sein de la moelle osseuse. Le rôle des hormones thymiques dans l'émergence ou le maintien des *fonctions T périphériques* est encore loin d'être compris, mais de nombreuses études ont rapporté que la fonction des cellules T périphériques pouvait être améliorée in vivo et in vitro par la mise en présence de cellules T avec des peptides thymiques.

Modifications cellulaires

a) La majorité des études ont montré une diminution du pourcentage des cellules T, atteignant aussi bien la population des cellules T auxiliaires CD4+ que celle des cellules T cytotoxiques/suppressives CD8+; la différence entre personnes âgées et personnes jeunes n'atteint cependant pas 20 %, ce qui représente beaucoup moins que l'amplitude du déficit fonctionnel immunitaire du vieillard, et ne peut donc en constituer la cause unique. De manière générale, on peut admettre que la sénescence du système immunitaire s'accompagne d'une diminution de l'expression lymphocytaire de différents marqueurs de surface qui représentent autant de voies d'activation accessoires pour les lymphocytes T. Il est cependant établi qu'une réduction de l'expression du complexe CD3/récepteur de l'antigène (Ti) n'est pas une caractéristique du vieillissement immunitaire. En d'autres termes, même pendant la sénescence, les lymphocytes T conservent la machinerie moléculaire nécessaire pour reconnaître l'agent «étranger» («non soi»).

b) Les tests de prolifération lymphocytaire par différents mitogènes non spécifiques comme la phyto-hémagglutinine A (PHA), la concanavaline A (Con A) ou le mitogène du pokeweed (PWM) démontrent généralement une diminution significative de celle-ci. La synthèse d'interleukine-2 (IL-2) facteur de croissance des cellules T indispensable pour activer leur synthèse d'ADN, est diminuée chez l'homme âgé. Les mécanismes biochimiques sous-jacents de ce déficit ont en partie été élucidés. La synthèse d'IL-2 nécessite une activation de la cellule productrice à la fois par l'antigène (ou le mitogène) et par l'interleukine-1 (IL-1). La synthèse d'IL-1 par les monocytes circulants de personnes âgées est peu réduite et ne suffit pas à expliquer la nette réduction de la synthèse d'IL-2. L'élément le plus significatif contrôlant la quantité d'IL-2 synthétisée par les lymphocytes âgés est très probablement le nombre de précurseurs des cellules produisant cette lymphokine. Des études moléculaires ont confirmé que les lymphocytes de personnes âgées contenaient moins de messagers pour l'IL-2 et que leur nombre était également diminué par rapport à des populations lymphocytaires provenant de personnes jeunes. L'expression du récepteur pour l'IL-2 est également réduite chez les personnes âgées, de même que le nombre de cellules qui peuvent l'exprimer lors d'une activation. Ces données confirment dans une certaine mesure l'hypothèse selon laquelle les modifications fonctionnelles lymphocytaires de la sénescence sont plus souvent secondaires à une diminution du nombre des cellules réactives plutôt qu'à une réduction du degré d'activité de l'ensemble des cellules. Les mécanismes de transduction du message de l'IL-2 après sa liaison à son récepteur et son internalisation demeurent encore inconnus; l'activation de la protéine-kinase C (pkC) ne semble toutefois pas intervenir. Certaines études ont néanmoins suggéré l'existence d'un déficit à ce niveau qui pourrait limiter la capacité de réponse à l'IL-2.

c) La production de lymphokines autres que l'IL-2 est certainement affectée au cours de la sénescence mais n'a pas encore été l'objet d'études approfondies. Quelques études ont rapporté une réduction de la capacité de synthèse d'interferon γ qui pourrait contribuer à la diminution de résistance vis-à-vis des infections virales.

d) Les études consacrées aux phases précoces de l'activation des cellules T âgées sont encore peu nombreuses mais semblent indiquer uniformément un déficit touchant à la fois la mobilisation du Ca^{2+} intracellulaire, l'hydrolyse du phosphatidyl-inositol membranaire, et l'activation de la pkC qui constituent les étapes essentielles de la transduction lymphocytaire du signal antigénique. De plus, l'augmentation de la viscosité membranaire observée dans la sénescence pourrait également jouer un rôle déterminant.

VIEILLISSEMENT DE L'IMMUNITE HUMORALE

1) Le nombre absolu de *lymphocytes B* ne varie pas de manière significative avec l'âge, de même que la concentration sérique des immunoglobulines (Ig). L'étude du sérotype de celles-ci montre cependant une augmentation des *IgA* et des *IgG*, tandis que la concentration des *IgM* et des *IgE* surtout, diminue. Comme la fixation de l'*IgE* à son récepteur mastocytaire déclenche la libération d'histamine et l'apparition de phénomènes allergiques, la diminution des concentrations circulantes d'*IgE* — et, probablement, de la production d'*IgE* — pourrait intervenir dans la réduction des réactions atopiques observée chez la personne âgée.

2) Les taux d'*immuns-complexes* circulants sont supérieurs chez les personnes âgées par rapport à ceux des personnes jeunes. La conséquence pathologique précise de cette augmentation est encore indéterminée, mais certains arguments suggèrent que le dépôt accru de ces complexes chez le vieillard pourrait contribuer au développement d'in-

suffisances multi-organiques progressives et de lésions d'athérosclérose diffuses.

3) Certaines pathologies auto-immunes ont une incidence plus grande avec l'âge. C'est le cas notamment de la polyarthrite rhumatoïde, du syndrome de Sjögren ou de la thyroïdite de Hashimoto. Parallèlement, le taux de certains auto-anticorps augmente avec l'âge comme les anticorps anti-nucléaires, les anticorps anti-thyroïdiens, les anticorps dirigés contre les muscles lisses ou les cellules de la paroi gastrique, le facteur rhumatoïde,... Le mécanisme physiopathologique intervenant dans cet accroissement d'incidence des pathologies auto-immunes est probablement multiple et associe les perturbations hormonales du climatère, l'involution du thymus et de son action sur la tolérance immunitaire, la diminution des populations lymphocytaires à fonction suppressive, les mutations liées au vieillissement de l'architecture moléculaire des auto-antigènes, ainsi que l'accroissement de la fréquence des possibilités de mimétisme moléculaire entre des séquences peptidiques du «soi» et des fragments antigéniques du «non soi».

VIEILLISSEMENT DE L'IMMUNITÉ NON SPÉCIFIQUE

Les monocytes circulants/macrophages tissulaires et les polynucléaires sont les médiateurs cellulaires de l'immunité non spécifique. Le vieillissement ne modifie pas leur nombre tandis que les études portant sur une atteinte éventuelle de leurs fonctions au cours de l'âge sont relativement contradictoires et n'établissent pas de manière formelle une réduction de celles-ci, bien qu'une diminution de la fonction phagocytaire des macrophages de l'homme âgé ait été rapportée.

CONCLUSIONS

Le vieillissement affecte incontestablement les défenses immunitaires de l'individu et l'anomalie la plus fréquemment rapportée est une diminution des aptitudes fonctionnelles des cellules T, en particulier de type auxiliaire (CD4+). L'involution de la glande thymique est certainement corrélée à cette atteinte préférentielle des lymphocytes T, et l'influence neuroendocrinienne s'exerçant sur cette involution est un facteur à prendre en considération. Si les campagnes de vaccination constituent le corollaire de ces observations scientifiques le plus important à promouvoir sur les plans préventif et thérapeutique, si la mise au point de traitements immunostimulants sélectifs est un objectif important pour tenter de restaurer les défenses immunitaires de la personne âgée, il est néanmoins de plus en plus évident qu'un bénéfice thérapeutique significatif peut être envisagé en intervenant au niveau même du contrôle neuroendocrinien de la réponse immune. Dans cette perspective, des recherches cliniques examinant l'évolution des paramètres immunitaires lors de traitements par hormone de croissance recombinante (ou par des facteurs de croissance de type insulinique) permettront d'évaluer objectivement l'efficacité de ce type de stratégie thérapeutique.

RÉFÉRENCES

ENRFORS P., HALLBOOK F., EBENDAL T., SHOOTER E.M., RADEKE M.J., MISKO T.P., PERSSON H. (1988). *Developmental and regional expression of β-nerve growth factor mRNA in the chick and rat.* Neuron 1 : 983-986.
GEENEN V., ROBERT F., MARTENS H., FATEMI M., DEFRESNE M.P., BONIVER J., LEGROS J.J., FRANCHIMONT P. (1990). *Cellular and molecular aspects of the neuroendocrine immune dialogue in T-cell differentiation.* In : « Neuroendocrine Perspectives », vol. 9, RM Mac Leod, E.E. Müller (Eds.), Elsevier, New York, pp. 77-92.
GEENEN V., ROBERT F., ERICSSON A., PERSSON H. (1991). *Neuro-endocrinology of the thymus.* In : « Neuroscience Year, supplement to the Encyclopedia of Neuroscience », G. Adelman, B.H. Barry (Eds.), Birkhaüser, Boston (sous presse).
GEENEN V., ROBERT F., MARTENS H., BENHIDA A., DE FIGOVANNI G., DEFRESNE M.P., BONIVER J., LEGROS J.J., MARTIAL J., FRANCHIMONT P. (1991). *Biosynthesis and paracrine/cryptocrine actions of neurohypophysial-related peptides in the thymus.* Mol. Cell. Endocrinol. (sous presse).
HOMO-DELARCHE F. (1990). *Immunologie du vieillissement.* Dans : « Immunologie Animale », P.P. Pastoret, A. Govaerts, H. Bazin (Eds.), Médecine-Science, Flammarion, Paris, pp. 205-209.
MAKINODAN T., LUBINSKI J., FONG T.C. (1987). *Cellular biochemical and molecular basis of T-cell senescence.* Arch. Pathol. Lab. Med. 111 : 910-914.
THOMAN M.L. & WEIGLE W.O. (1990). *Cellular and subcellular bases of immuno-senescence.* Adv. Immunol. 46 : 221-261.

GLOSSAIRE

ATOPIE : manifestations cliniques des réactions d'hypersensibilité de type I (asthme, eczéma, conjonctivite,...).

HEMATOPOÏÈSE : ensemble des lignées de différenciation cellulaire conduisant de la cellule-souche pluripotentielle aux différentes composantes du sang complet. On distingue les lignées suivantes : érythropoïèse ou lignée rouge, granulopoïèse ou lignée blanche, thrombopoïèse ou ligne plaquettaire, lymphopoïèse ou lignée lymphocytaire.

HISTOCOMPATIBILITÉ : capacité d'accepter des greffes tissulaires ou d'organes entre individus.

HOMÉOSTASIE : tendance de l'organisme à maintenir ses constantes à des valeurs ne s'écartant pas de la normale.

IMMUN-COMPLEXE : produit de l'association antigène-anticorps ; ceux formés par la réaction auto-anticorps/auto-antigène interviendraient dans l'étiopathogénie de maladies auto-immunes.

IMMUNOGLOBULINE : protéine sécrétée par les plasmocytes (lymphocytes B complètement différenciés) et exerçant la fonction d'anticorps. Les Igs sont constituées de une ou plusieurs unités, elles-mêmes formées par deux chaînes lourdes (H) et deux chaînes légères (L). Chaque unité contient deux sites de liaisons à l'antigène. On distingue cinq types de chaînes H (μ, δ, γ, α, ϵ) intervenant dans la constitution de cinq sérotypes d'Igs (respectivement M, D, G, A et E).

LYMPHOKINE : molécule-signal de nature polypeptidique, servant de vecteur d'information entre les différentes populations cellulaires du système lymphoïde (par exemple, les interférons, les interleukines, le facteur de nécrose tumorale,...).

ORGANOGENÈSE : ensemble de phénomènes de prolifération et de différenciation cellulaires aboutissant à l'édification d'un organe.

TOLÉRANCE : absence d'activation immunologique spécifique vis-à-vis d'une séquence (auto)-antigénique, par délétion/lyse des clones cellulaires (auto)-réactifs ou par « anergie » clonale.

Vieillissement et potentialités endocriniennes

Jean-Jacques LEGROS

Le «vieillissement» est souvent considéré comme un vieillissement des potentialités sexuelles et par extension un vieillissement endocrinien, c'est-à-dire portant sur les «glandes à sécrétion interne» (les hormones) (Korenman & Morley, 1988). Et pourtant, si la perte de règles (l'aménorrhée) constitue le signe le plus évident de la ménopause chez la femme, il n'existe pas d'autres phénomènes permettant d'assurer que le fonctionnement des systèmes hormonaux diminue avec l'âge. Dans ce chapitre, nous envisagerons les principaux systèmes hormonaux et pour chacun d'entre eux, nous rappelerons brièvement leurs principales caractéristiques de fonctionnement avant de cerner quelles sont les modifications observées au cours du vieillissement.

LE VIEILLISSEMENT DES DIFFÉRENTS SYSTÈMES HORMONAUX

L'hypophyse

L'hypophyse située légèrement en-dessous du cerveau mais en contact direct avec celui-ci est considérée comme le «chef d'orchestre» du système endocrinien. C'est en effet celle-ci qui contrôle le fonctionnement de la plus grande partie des systèmes endocriniens, dits périphériques (gonades, thyroïde, surrénales) mais également par action directe, les systèmes de croissance, de contrôle de l'eau et de certains composants de la reproduction.

Dans l'espèce humaine, l'hypophyse est constituée de deux parties principales : la partie antérieure (antéhypophyse) provient d'un feuillet endodermique de l'embryon (celui-ci donnant par ailleurs le pharynx et le système digestif), la partie postérieure (posthypophyse, neurohypophyse) provenant d'un feuillet ectodermique (celui-ci donnant le système nerveux central), cette partie reste d'ailleurs attachée anatomiquement au cerveau. A la fin de la formation de l'embryon, les deux parties de l'hypophyse sont accolées l'une à l'autre et situées dans une loge osseuse en forme de selle (selle turcique) : l'hypophyse reste en contact anatomique étroit avec le cerveau via l'hypothalamus (partie basale du cerveau), soit grâce à un réseau sanguin capillaire (relation avec l'antéhypophyse), soit par un réseau nerveux direct (système hypothalamo-neurohypophysaire).

Ces rappels anatomiques permettent de comprendre deux éléments importants du vieillissement hypophysaire et endocrinien :

1. Le vieillissement du *cerveau* qui constitue donc un des organes de contrôle de l'hypophyse pourra entraîner des répercussions sur le vieillissement hormonal.

2. Le vieillissement des diverses parties de l'*hypophyse* peut être différent puisque l'on sait que ce vieillissement pourrait varier en fonction de l'origine embryonnaire de l'organe.

Nous envisagerons uniquement les modifications au niveau des deux hormones de l'antéhypophyse qui ne contrôlent pas d'autres glandes endocriniennes, à savoir l'hormone de croissance (STH) et la prolactine (PRL) ainsi que les modifications neurohypophysaires (Legros & Bruwier, 1982).

L'antéhypophyse

L'*hormone de croissance* est une hormone anabolisante. Cette hormone importante intervient non seulement sur la constitution des protéines mais son action lipolytique permet d'augmenter le taux plasmatique (acide gras libre), c'est-à-dire les substrats énergétiques. Elle est libérée en grande quantité chez l'enfant, lors de l'exercice musculaire mais aussi au début de la phase profonde du sommeil (stade III), et participe de façon prépondérante à sa croissance. Toutefois l'hormone de croissance reste présente chez l'adulte où elle est libérée, bien qu'en moindre quantité, sous l'influence de nombreux stimuli. Son rôle est moins bien défini chez l'adulte que chez l'enfant car un déficit au moment de la vie adulte entraîne peu de signes cliniques puisque les actions anabolisantes et lipolytiques sont prises en charge par d'autres hormones. Des actions favorables au niveau du squelette et peut-être au niveau du fonctionnement cérébral sont néanmoins possibles et font l'objet d'études en cours.

L'évolution de l'hormone de croissance au cours du vieillissement a fait l'objet de nombreuses controverses : les taux de base sont en moyenne plus bas chez les femmes ménopausées que chez les femmes adultes normalement réglées. Ceci pourrait s'expliquer par la carence en œstrogènes de la ménopause puisqu'on connaît l'action stimulante de ces stéroïdes gonadiques (voir plus bas) sur la synthèse de l'hormone de croissance.

Une sécrétion trop importante d'hormone de croissance au cours de la sénescence ne serait d'ailleurs pas favorable car il a aussi été démontré que les patientes présentant de l'arthrose, entre autres à la colonne (se traduisant par une néoformation osseuse para-articulaire), possèdent des valeurs d'hormone de croissance plasmatique statistiquement plus élevées qu'un groupe contrôle de même âge mais ne souffrant pas d'arthrose.

Ainsi on peut retenir que s'il existe au cours du vieillissement normal une légère tendance à la diminution de la synthèse de la libération de l'hormone de croissance de l'antéhypophyse, cette modification semble dans l'ensemble favorable puisqu'un déficit trop important aurait probablement des répercussions métaboliques, voire psychologiques, néfastes tandis qu'une hypersécrétion serait liée à une accélération des processus d'arthrose.

La *prolactine* est une hormone de composition proche de l'hormone de croissance. Comme son nom l'indique, elle est responsable, chez les mammifères, de la synthèse du lait en synergie avec d'autres hormones (œstrogènes, insuline). Son rôle dans le sexe masculin n'est pas connu mais on sait néanmoins qu'un excès de sécrétion de prolactine est très fréquemment accompagné d'une impuissance sexuelle. La prolactine est également présente chez les oiseaux, les poissons et les reptiles, où son rôle semble toujours en rapport avec la reproduction : intervention dans la régulation hydroélectrique du saumon et de l'anguille permettant la ponte en milieu de salinité différent, incitation à la fabrication du nid chez les oiseaux. Il s'agit donc d'une hormone aux actions importantes pour la survie de l'espèce, si pas pour la survie de l'individu. Elle possède une caractéristique supplémentaire intéressante, à savoir d'être, à l'état normal, inhibée par le cerveau grâce à la sécrétion d'une substance simple, un neuromédiateur, la dopamine.

Dès lors, toute atteinte de l'hypothalamus, qu'elle soit d'origine organique (destruction, tumeur, dégénérescence) ou d'origine fonctionnelle (prise de psychotropes, spécialement les neuroleptiques, médicaments donnés pour atténuer les nausées) s'accompagne d'une augmentation de la libération de prolactine. Chez la femme, ceci s'accompagne souvent d'aménorrhée (perte des règles, tension importante dans les seins) et parfois synthèse de lait (galactorrhée et peut-être une décalcification précoce du squelette). Chez l'homme, comme nous l'avons appris plus haut, l'hypersécrétion de prolactine s'accompagne d'impuissance sexuelle.

L'évolution de la prolactine sanguine au cours du vieillissement fait l'objet de nombreuses controverses : certains auteurs ont décrit des valeurs élevées que l'on pourrait attribuer à une dégénerescence des structures cérébrales de contrôle inhibiteur. En fait, il est apparu que, sauf exceptions, ces élévations étaient dues à la prise de différents médicaments souvent utilisés, parfois à tort, chez les personnes âgées. Il semble en effet que, en l'absence de tout traitement et de toute pathologie, les taux de prolactine aient plutôt tendance à diminuer avec l'âge, en particulier chez la femme. Cette diminution se fait parallèlement à la diminution des œstrogènes circulants (voir plus bas), l'un pouvant expliquer partiellement l'autre.

Cette diminution modeste de la fonction prolactinique au cours du vieillissement est probablement dénuée de toute effet délétère et pourrait au contraire se révéler favorable lorsque l'on connaît certains des effets de la prolactine, en particulier au niveau du squelette.

La neurohypophyse

L'hormone principale de la neurohypophyse est l'hormone antidiurétique (encore appelée vasopressine, ADH). Son rôle principal est d'agir sur le rein et d'entraîner ainsi une rentrée d'eau dans l'organisme. Un déficit en ADH s'accompagne donc d'une polyurie importante pouvant atteindre 20 litres par 24 heures (diabète insipide). Ces cas sont rares et secondaires à d'importantes destructions de l'hypothalamus ou de l'hypophyse. L'hormone antidiurétique est donc une hormone extrêmement importante pour le maintien du capital hydrique de l'organisme qui constitue, rappelons-le, près de 80 % du poids du corps !

Au cours du vieillissement, il existe une légère déficience de la fonction neurohypophysaire et donc de la sécrétion d'hormone antidiurétique ; par ailleurs, il existe également une diminution de capacité du rein à retenir l'eau en réponse à l'ADH. Certains patients âgés peuvent donc perdre progressivement leur capital hydrique et sont en danger de déshydratation. Dans certains cas toutefois, le « vieillissement » rénal est largement compensé par une hypersécrétion d'hormone antidiurétique et cette tendance à la déshydratation n'existe pas. Dans d'autres cas, au contraire, le vieillissement neurohypophysaire s'accompagne d'un vieillissement des organes centraux du contrôle de la soif (centre de la soif dans l'hypothalamus) et la tendance à la déshydratation est accentuée par un déficit de prise d'eau. Ces différents éléments (vieillissement rénal, vieillissement neurohypophysaire et vieillissement des centres de la soif) combinant leurs effets, on conçoit alors que la déshydratation et son cortège de manifestations cardio-vasculaires (hypotension, tachycardie) et comportementales (confusion) guettent le vieillard. Une hydratation régulière, réalisée de façon systématique et constituée d'une prise d'un litre à un litre et demi par jour environ, selon la tolérance cardio-circulatoire du patient, est en général indiquée à titre prophylactique.

La thyroïde

La glande thyroïde, située en avant de la trachée, au-dessus de la fourchette sternale, sécrète des hormones riches en iode (T4 = 4 atomes d'iodes, T3 = 3 atomes d'iode) dont les actions physiologiques sont nombreuses. Elle est nécessaire entre autres au développement du cerveau et du squelette chez l'enfant. La thyroïde est sous le contrôle de l'antéhypophyse par l'intermédiaire d'une hormone (thyréostimuline, TSH). Une fois l'âge adulte atteint, les hormones thyroïdiennes maintiennent le métabolisme basal à son niveau optimal et, en conséquence, le bon fonctionnement de la majorité des tissus de l'organisme. Une insuffisance en hormone thyroïdienne se traduit donc par un ralentissement psychomoteur, une fatigabilité anormale, une tendance à la perte des cheveux, aux ongles cassants,... Inversement, un excès de sécrétion se traduira par une nervosité anormale, une tendance à l'amaigrissement, une tachycardie,...

En dehors de circonstances pathologiques évidentes (hypothyroïdie par destruction progressive sous l'effet d'anticorps circulants, par exemple), il existe une tendance naturelle au cours du vieillissement à un certain ralentissement de la fonction hypophysothyroïdienne. Il est difficile de définir si cette tendance est due à une atteinte de la thyroïde (par exemple par l'action d'auto-anticorps) et est donc le reflet d'une pathologie « a minima » ou s'il s'agit d'un phénomène strictement physiologique et normal. Le diagnostic de l'hypothyroïdie de la personne âgée est souvent posé avec un certain retard car les signes apparaissent très progressivement et sont souvent interprétés par la famille et par le médecin traitant comme un vieillissement « normal ». Ce diagnostic peut être précisé sur base de tests précis consistant en prises de sang et imagerie médicale : il déclenchera un traitement fait d'hormones « naturelles » ou d'analogues qui doit être donné avec prudence, par paliers successifs en vue de régulariser les paramètres cliniques et biologiques. Dans ces conditions, un traitement bien donné peut transformer la vie d'une personne âgée.

A l'inverse, l'hypersécrétion thyroïdienne n'existe pas à l'état normal au cours du vieillissement ; il n'est cependant pas exceptionnel de découvrir des états d'hyperthyroïdie de la personne âgée qui étaient passés inaperçus, car les symptômes sont nettement moins marqués que chez les personnes plus jeunes. Parfois, seule une tachycardie (accélération du rythme cardiaque) et des insomnies peuvent attirer l'attention du médecin et s'amender totalement sous l'influence d'un traitement efficace.

D'une façon générale, on peut donc retenir que la fonction thyroïdienne diminue légèrement avec l'âge : ceci entraîne une légère diminution du métabolisme général de l'organisme et ne semble certainement pas défavorable. Il faut cependant que le médecin de famille soit attentif à ne pas négliger une hypothyroïdie franche ou une hyperthyroïdie peu symptomatique, dont les traitements peuvent parfois transformer les dernières années de vie d'un patient.

Les glandes surrénales

Les glandes surrénales, au nombre de deux, sont situées, comme leur nom l'indique, au-dessus des reins. Elles sont constituées d'une partie superficielle (corticale) sécrétant des hormones dérivées du cholestérol (les stéroïdes) et d'une partie médullaire sécrétant des neuromédiateurs. Nous nous limiterons ici à l'étude des hormones stéroïdiennes dont la plus importante est la cortisone : la synthèse et la libération de cette hormone sont sous la dépendance de l'hypophyse par l'intermédiaire d'un peptide appelé ACTH.

La cortisone est largement utilisée en thérapeutique pour son effet anti-inflammatoire mais le rôle physiologique de la cortisone est surtout métabolique : elle augmente le taux de sucre dans le sang et participe au maintien de la pression artérielle. Elle est libérée selon un mécanisme bien connu de « rétrocontrôle », tout déficit en cortisone entraînant une hypersécrétion compensatrice d'ACTH hypophysaire de façon à maintenir constantes les valeurs plasmatiques. En plus de ce mécanisme, il existe des fluctuations des taux de cortisone en fonction du moment de la journée : maximales le matin, minimales en début de nuit, et des libérations brutales en cas de « stress » physique (efforts musculaires importants, traumatisme) ou psychique (frayeur, préparation d'une action importante).

On considère donc en général que la cortisone constitue l'hormone permettant de lutter efficacement contre toute forme d'agression.

Le vieillissement ne s'accompagne pas de diminution de fonctionnement cortico-surrénalien, en particulier la réponse à différents stress est normale, voire même légèrement accrue. Par contre, la régulation fine du contrôle cérébral semble perturbée comme en témoignent les anomalies de la fluctuation circadienne (nuit, jour) de la sécrétion de cortisone. Ceci pourrait être rapproché des troubles du rythme veille-sommeil du vieillard et ne semble pas entraîner d'effet délétère.

Les gonades

Comme nous l'avons rappelé dans l'introduction, le vieillissement gonadique constitue certainement le signe le plus anciennement connu de l'involution hormonale de la sénescence : perte des menstruations chez la femme, diminution des capacités érectiles chez l'homme.

Rappelons tout d'abord que les gonades (testicules chez l'homme, ovaires chez la femme) sécrètent des hormones toutes dérivées du cholestérol, les stéroïdes sexuels : un est sécrété principalement chez l'homme (la testostérone) et deux chez la femme (les œstrogènes et la progestérone). Dans les deux sexes, la fonction des gonades est contrôlée par les deux mêmes hormones d'origine hypophysaire : la LH (responsable essentiellement des stéroïdes sexuels) et la FSH (impliquée plus spécifiquement dans le contrôle de la gamétogénèse, c'est-à-dire de la formation et de la maturation des spermatozoïdes et des ovules).

L'expression clinique du vieillissement étant différente dans l'un et l'autre sexe, nous envisagerons séparément la ménopause et le vieillissement masculin, parfois appelé « andropause ».

La ménopause

Chez la femme normale, la perte complète des cycles menstruels intervient à un âge variant de 45 à 55 ans ; elle est souvent précédée par une période de plusieurs années d'irrégularités menstruelles traduisant la préménopause. Cette perte progressive des cycles traduit essentiellement le déficit en progestérone, le stéroïde normalement sécrété en deuxième partie du cycle menstruel et dont la chute brutale dans le sang, observée lorsqu'il n'y a pas de fécondation, entraîne l'apparition des règles. En phase de préménopause, le déficit en progestérone dans les deux semaines précédant l'apparition normale des règles peut se traduire par des plaintes physiques (tension dans les seins, prise de poids fluctuante) et psychologique (irritabilité, agressivité,...).

Le déficit en œstrogènes n'est pas systématique car ces stéroïdes sexuels peuvent également être synthétisés par certaines cellules de l'ovaire qui restent fonctionnelles ou à partir d'hormones d'origine surrénalienne. Lorsqu'un déficit en œstrogènes existe, cela peut se traduire également par des troubles physiques (hypotrophie du système génital, ostéoporose) (voir plus bas) et psychiques (tendances dépressives, fatigabilité). Les troubles vaso-moteurs spécifiques de la ménopause («bouffées de chaleur») semblent également en relation en tout cas partielle avec ce déficit.

La ménopause trouve son origine dans un vieillissement de l'ovaire et non dans une sénescence hypophysaire comme en témoignent les valeurs plasmatiques élevées de FSH et de LH, qui constituent d'ailleurs un des bons signes du déclenchement de la ménopause chez une femme.

Une des questions qui se posent au médecin est de savoir s'il est opportun d'établir un traitement hormonal lors de la ménopause. Une attitude consiste à «laisser faire la nature» et ne pas intervenir. Une autre, à prévoir une thérapeutique dite cyclomimétique associant des œstrogènes et de la progestérone selon un schéma permettant de reproduire un cycle menstruel pratiquement normal.

Pour prendre une décision, il faut être conscient du fait que, dans une certaine mesure, l'apparition de la ménopause est un fait dont l'ampleur récente est due à l'importante prolongation de la durée de vie obtenue ces deux derniers siècles par les améliorations de l'hygiène et de la médecine. Il est intéressant de savoir que peu d'espèces animales, à l'exception des cervidés, connaissent une ménopause «physiologique».

Il paraît donc logique que le médecin assure les conséquences de ce qu'il a créé, et, pour permettre un confort optimal de cette importante prolongation de la vie, puisse suppléer aux carences hormonales qui en résultent. Cette supplétion doit cependant être cyclomimétique et sous surveillance gynécologique au moins annuelle. Elle peut durer une dizaine d'années et permet de retarder l'apparition de l'ostéoporose post-ménopausique responsable du tassement vertébral; de plus, par son action sur le système génital, elle permet d'éviter les problèmes gynécologiques parfois responsables de modifications importantes de la sexualité fémine.

Le vieillissement gonadique masculin : l'andropause ?

Par analogie avec la ménopause, certains médecins ont décrit un phénomène de vieillissement gonadique chez l'homme, parfois appelé andropause. Le vieillissement gonadique masculin ne s'accompagne toutefois d'aucun phénomène aussi évident que l'arrêt des règles chez la femme et il est difficile d'établir un parallèle entre les deux évolutions.

Les valeurs d'hormones masculines (testostérone) sont en moyenne en diminution progressive au-delà de 50 ans, mais il s'agit d'un phénomène très hétérogène : certains vieillards conservent en effet à plus de 80 ans des valeurs d'adultes jeunes tandis que certains hommes de 40 ans voient déjà leurs valeurs plasmatiques diminuer. Ici encore, il s'agit d'un phénomène périphérique (donc testiculaire) et non hypophysaire puisque les valeurs plasmatiques d'hormones hypophysaires sont accrues lorsqu'il existe un déficit en testostérone. Il est d'ailleurs possible que ce vieillissement gonadique, en tout cas à son début, soit plus lié à des problèmes pathologiques mineurs qu'à un procesus strictement naturel : ainsi des atteintes vasculaires minimes facilitées par la sédentarité, le tabagisme, les excès alimentaires pourraient-elles expliquer certains vieillissements gonadiques «prématurés».

Sur le plan de la sexualité, les modifications décrites sont également très variables d'une personne à l'autre : des études statistiques démontrent néanmoins une diminution significative, pratiquement linéaire de la fréquence des rapports sexuels au-delà de 30 ans. Il semble toutefois plus important d'insister sur la qualité de ces rapports : en effet, si les capacités d'érotisation et d'érection s'émoussent progressivement, la latence de l'éjaculation s'accroît, ce qui permet un rapport de plus longue durée et parfois plus satisfaisant. Dès lors, si une impuissance sexuelle apparaît au-delà de 50 ans (chute du désir sexuel, chute de l'érection), il ne faut pas considérer cela comme un phénomène normal mais au contraire demander une exploration médicale complète qui contrôlera l'absence de cause organique (troubles vasculaires artériels ou veineux, atteintes neurologiques, atteintes endocriniennes), soit testiculaire, soit diabétique ou thyroïdienne et/ou psychologique (dépression secondaire à la mise à la retraite par exemple).

En effet, l'arsenal thérapeutique, tant chirurgical sélectif que médical, s'est considérablement amélioré ces dernières années et peut certainement modifier, de façon parfois spectaculaire, la qualité de vie largement au-delà de ce qu'il est convenu d'appeler le troisième âge (Maure, 1983).

Si l'on peut donc être résolument optimiste et volontariste quant au maintien d'une sexualité satisfaisante jusqu'à un âge avancé, il faut toutefois être prudent quant aux possibilités de procréation. En effet, on sait depuis de nombreuses années que l'âge de la future maman peut être un facteur responsable d'anomalies chromosomiques de l'enfant (en particulier la trisomie 21, mongolisme) : il importe d'être prudent au-delà de 35 ans et d'envisager une analyse chromosomique par ponction amniotique. L'âge du géniteur (le père) a par contre été longtemps considéré comme dénué d'effets sur d'éventuelles malformations : des études récentes tendent au contraire à démontrer que l'âge du père joue un rôle presque aussi important sur l'incidence des malformations de l'enfant que l'âge de la mère. Au-delà de 45 ans, il existe, chez l'homme également, un vieillissement des gamètes et le conseil génétique est tout aussi indiqué pour un père de plus de 45 ans que pour une mère de plus de 35 ans.

On le voit, le vieillissement gonadique existe, il est surtout marqué au niveau de la gamétogénèse (maturation et formation des ovules et des spermatozoïdes), mais peut aussi s'accompagner de diminution de la synthèse de la testostérone. Il est parfois utile, voire nécessaire de suppléer ces carences hormonales, en particulier au début de la ménopause chez la femme. Une sexualité épanouie reste néanmoins possible largement au-delà du troisième âge pour autant que les mesures hygiéno-diététiques correctes aient été maintenues ; ceci ne doit toutefois pas faire négliger les dangers d'une procréation au-delà de la quarantaine pour chaque parent potentiel.

Les hormones du métabolisme phospho-calcique

La régulation du métabolisme phospho-calcique est sous la dépendance d'un double système hormonal constitué d'une part de la vitamine D synthétisée dans la peau et transformée en substance active dans le foie et le rein et, d'autre part, de la parathormone synthétisée par les glandes parathyroïdes (au nombre de quatre de part et d'autre des lobes thyroïdiens). Ces deux systèmes hormonaux maintiennent un taux de calcium constant dans le sang en améliorant la résorption de celui-ci à partir du tube digestif et des urines mais aussi en le mobilisant, à la demande, à partir du système osseux. D'une façon générale, on peut dire qu'il n'y a pas de déficit important de ces deux systèmes hormonaux au cours du vieillissement.

Les concentrations en parathormone (hormones parathyroïdiennes) tendent au contraire à augmenter légèrement avec l'âge tandis que, à l'inverse, le métabolisme de la vitamine D tend à diminuer.

Par contre, une diminution de la masse squelettique globale (ostéoporose) est constamment observée avec l'évolution de l'âge (Franchimont et al., 1990). On distingue l'ostéoporose de type I qui apparaît essentiellement chez la femme dans les premières années suivant la ménopause et se traduit surtout par une perte d'os spongieux (présent dans la partie centrale de l'os) et qui se traduit par un tassement, voire des fractures de vertèbres. Le développement de ce type d'ostéoporose semble essentiellement en rapport avec un déficit en stéroïde gonadique, en particulier les œstrogènes, et peut donc être prévenu partiellement par une prescription précoce d'hormones stéroïdiennes sexuelles selon le mode cyclomimétique décrit plus haut.

A côté de cette décalcification relativement précoce et presque spécifique du sexe féminin, on distingue l'ostéoporose de type II ou ostéoporose sénile, qui atteint, dans une même proportion l'homme et la femme plus tardivement. Cette perturbation, qui se manifeste surtout par une perte de la partie extérieure de l'os (corticale) et qui est responsable des fractures des os longs, en particulier de la fracture du col du fémur, trouve son origine, semble-t-il, dans une diminution de l'apport de calcium en rapport avec un déficit en vitamine D et peut-être un déficit alimentaire. Un apport de calcium suffisant dans l'alimentation, éventuellement sous forme de comprimés, associé parfois à la prescription de vitamine D ou d'analogues, ainsi que le maintien d'une activité physique régulière, sont autant de facteurs permettant de retarder cette évolution.

La tendance à la diminution de la quantité et de la qualité du système osseux au cours du vieillissement est donc certaine et inéluctable : différentes mesures hygiéno-diététiques (exercices musculaires, régime riche en calcium) voire hormonales ou médicamenteuses permettent toutefois de retarder largement cette évolution et de diminuer dès lors les risques de fracture.

Le pancréas endocrinien

La principale hormone du pancréas endocrinien est certainement l'insuline, sécrétée par les cellules β des îlots de Langerhans ; cette hormone permet entre autre l'entrée du glucose dans les cellules musculaires pour être utilisé comme substrat énergétique et dans les cellules adipeuses pour être transformé en graisse de réserve.

Le déficit de l'action de l'insuline se traduira par une augmentation du taux du sucre dans le sang (hyperglycémie) et par l'apparition de sucre dans les urines avec en conséquence, une augmentation du volume uriné (diabète sucré). Ce déficit peut porter soit sur la sécrétion de l'insuline elle-même (diabète de type I, tendance à l'amaigrissement, pathologie fréquente surtout chez le jeune), soit sur l'activité de l'insuline au niveau des cellules musculaires, parfois secondaire à des excès alimentaires (diabète de type II, souvent chez les personnes mûres, tendance à la prise de poids).

Le taux de glucose dans le sang augmente de façon significative avec l'âge, mais il s'agit d'un phénomène très peu marqué et sans signification pathologique réelle. Lorsque l'on réalise des épreuves de tolérance au glucose, on constate que cette tolérance diminue légèrement chez les individus normaux âgés, non pas à cause d'une diminution de la sécrétion d'insuline, mais plutôt suite à une moindre sensibilité des récepteurs des tissus périphériques à cette hormone (Forette, 1982). Le diabète franc tend cependant à augmenter avec l'âge puisqu'aux Etats-Unis, 16% des personnes de 60 ans sont diabétiques, cette proportion atteignant 26% à l'âge de 85 ans. L'éclosion de ce diabète est favorisé par des aspects génétiques mais aussi par des circonstances hygiéno-diététiques, en particulier un excès de glucides dans l'alimentation, la sédentarité (diabète de type II). Ce trouble hormonal doit être traité d'abord par prescriptions diététiques, ensuite par médicaments, voire par injection d'insuline. La personne âgée ressent moins bien que la personne jeune le manque de sucre (hypoglycémie) et une dose trop importante d'insuline donnée tous les jours pourrait induire des hypoglycémies profondes endommageant parfois définitivement les cellules nerveuses. L'équilibration d'un patient diabétique âgé doit donc tenir compte de cette particularité et être particulièrement prudente suivant l'adage « le mieux est l'ennemi du bien ».

La prudence dans la prescription de la dose d'insuline ne doit cependant pas amener le moindre retard au traitement par cette hormone : en effet, le déficit en insuline s'accompagne d'amaigrissement, de tendance aux infections, de fatigabilité importante, de dépression et ces symptômes régressent dès les premiers jours suivant le début de la thérapeutique par insuline. De plus, ce déficit en insuline peut également entraîner une déshydratation progressive qui, comme nous l'avons vu plus haut, sera mal ressentie par le patient âgé (diminution de la sensation de soif) et l'amènera éventuellement à un état grave de déshydratation (coma hyperosmolaire) s'accompagnant de perturbations métaboliques majeures, parfois irréversibles.

On le voit, des modifications glucidiques sont donc minimes chez les personnes âgées normales. La prévalence du diabète est toutefois plus importante chez les personnes âgées que chez les personnes jeunes et le traitement de celui-ci doit être commencé sans retard car si les complications à long terme du diabète sont moins à craindre étant donné l'espérance de vie moyenne des patients, les complications immédiates peuvent être graves et entraîner un décès prématuré.

CONCLUSIONS

Il existe des modifications certaines des fonctions endocriniennes au cours du vieillissement de l'individu. Certaines de celles-ci sont inéluctables, comme la ménopause chez la femme, et doivent parfois faire l'objet d'une suppléance hormonale limitée et bien contrôlée.

Pour la grande majorité des systèmes hormonaux toutefois, ces modifications sont modérées si l'individu a conservé des habitudes alimentaires et physiques équilibrées.

Un déficit hormonal important peut parfois être observé chez la personne âgée mais il s'agit alors d'une vraie «maladie» analogue à celle présente chez les individus plus jeunes.

L'âge ne constitue certainement pas une excuse pour ne pas traiter ce type de maladie car un traitement efficace, basé essentiellement sur la prescription de doses appropriées d'hormones naturelles (ou proches des hormones naturelles), permet souvent d'améliorer très considérablement le confort de vie.

RÉFÉRENCES

FORETTE B. (1982). *Diabètes et faux diabètes séniles.* In : «Gérontologie Biologique et Clinique», F. Bourlier (Ed.), Flammarion Médecine Paris, pp.213-219.
FRANCHIMONT P., FONTAINE M.A., REGINSTER J.Y. (1990). *Investigations hormonales des ostéoporoses primitives.* Annales d'Endocrinologie, Paris. Soumis pour publication.
KORENMAN S.G. & MORLEY J.E. (1988). Aging. In : «Year Book of Endocrinology» 1988, Meducation Foundation, pp.93-121.
LEGROS J.J. & BRUWIER M. (1982). *Vieillissement des systèmes de contrôle : les glandes endocrines.* In : «Gérontologie Biologique et Clinique», F. Bourlier (Ed.), Flammarion Médecine Paris, pp.63-80.
MAURE H. (1983). *La cinquantaine au masculin.* Calman-Levy, Paris, 248 p.

Plasticité et restauration de la fonction nerveuse

Monique SOFFIÉ
&
Philippe VAN DEN BOSCH DE AGUILAR

Le panorama des phénomènes liés au vieillissement dans le système nerveux se présente sous une triple perspective.

Une perspective organique d'abord, car le système nerveux, comme les autres systèmes de l'organisme, est soumis aux différents processus biologiques qui accompagnent le vieillissement. Il pourra ainsi subir des modifications à tous ses niveaux d'organisation, depuis la structure de ses molécules constitutives élémentaires jusqu'aux réseaux complexes de neurones qui supportent les fonctions cérébrales supérieures.

Une perspective d'intégration ensuite, car sa position en interface avec le monde extérieur (réception, appréhension et réponses) et avec le monde intérieur (par action directe sur les autres organes ou par l'intermédiaire des systèmes endocrinien et immunitaire) en fait un système clé dans la régulation des flux d'informations qui traversent l'organisme. Il garantit ainsi le maintien de la cohérence des relations que les systèmes d'informations établissent entre eux pour gérer l'homéostasie de l'organisme.

Une perspective comportementale et psychique enfin, car dépositaire de l'individualité, le système nerveux est le support de l'histoire de l'organisme qui évolue avec le temps dans le cadre de son environnement.

On peut, dans chacune de ces perspectives, identifier et définir des phénomènes involutifs liés au vieillissement et une multitude de travaux ont déjà été consacrés à leur analyse. Ces travaux sont toutefois d'une aide mineure dans l'interprétation et la compréhension du vieillissement nerveux lui-même. Un constat des détériorations a pu être dressé sans que leurs agents inducteurs ne soient actuellement connus, ni même soupçonnés, et on peut sans doute attribuer notre ignorance à la position particulière du système nerveux, couvrant à la fois les champs somatiques et psychiques de l'organisme. De cette position naissent les ambiguïtés. Le vieillissement somatique agit-il sur l'involution nerveuse ou, au contraire, la dégradation nerveuse fonctionne-t-elle comme une horloge biologique pour déterminer l'involution somatique? Situé à la confluence des stimulations reçues par l'organisme, la susceptibilité du système nerveux est-elle dépendante de l'état des récepteurs ou, au contraire, l'involution nerveuse entraîne-t-elle une diminution des niveaux de réception?

Dans les deux cas, ces processus conduisent à l'isolement de l'organisme dans son environnement. Contrairement aux autres tissus, le tissu nerveux perd chez l'adulte ses capacités de division et donc de renouvellement cellulaire. Cette particularité qui devrait « a priori » le rendre plus vulnérable aux altérations suppose l'existence de mécanismes spécifiques de résistance, absents dans les cellules somatiques; lesquels?

De plus, deux questions essentielles restent posées pour le système nerveux, comme pour les autres systèmes. Dans les manifestations du vieillissement, quelle est la part du processus biologique et celle des pathologies qui l'accompagnent? Comment distinguer les processus intrinsèques (innés) du vieillissement des processus extrinsèques (acquis) qui sont susceptibles de le moduler?

Ces ambiguïtés voilent toute tentative d'interprétation globale du vieillissement du système nerveux, qui se présente à l'observateur dans la perspective où lui-même se place, une image peut en révéler une autre car, ainsi complémentaires, leur perception dépend du regard du spectateur.

LE VIEILLISSEMENT DU SYSTÈME NERVEUX : LES DÉGRADATIONS

L'involution qui affecte le tissu nerveux au cours du vieillissement se manifeste essentiellement par des pertes et des altérations de ses constituants cellulaires ainsi que par des accumulations de produits « anormaux » ou de déchets, ce qui entraîne évidemment des perturbations dans la fonction nerveuse. Mais il n'est pas certain que l'ampleur des perturbations fonctionnelles soit forcément liée à l'extension des dégradations organiques et différents paramètres peuvent intervenir en modulant la gravité de l'involution : la localisation des dégradations, le niveau de susceptiblité et de résistance des structures aux altérations, les mécanismes de plasticité et de restauration,... L'évaluation globale de la fonction du système nerveux vieillissant sera donc le reflet d'un ensemble de phénomènes dynamiques dont la signification et les conséquences dans le processus du vieillissement seront variables en fonction du lieu et du temps de leur apparition. Quelles sont les principales dégradations qui apparaissent dans le système nerveux âgé ?

Au niveau macroscopique, la dégradation la plus évidente est l'atrophie du cerveau. Si le poids moyen du cerveau humain a augmenté depuis un siècle parallèlement à la taille, au cours de la vie il diminue toutefois d'environ 2 % par décennie à partir de 50 ans (Miller et al., 1980). Mais il existe cependant de grandes variations individuelles, observées tant à l'autopsie qu'au scanner. Cette atrophie cérébrale est surtout imputable à la réduction de la substance blanche, plus marquée (11 %) que celle de la substance grise (2 à 8 %). Une augmentation du volume des ventricules accompagne l'atrophie cérébrale.

Au niveau microscopique, la raréfaction des neurones au cours du vieillissement touche préférentiellement certaines régions tandis que d'autres sont épargnées (Figure 1).

Par exemple, les cortex cérébral et cérébelleux, le putamen, le locus niger, le locus cœruleus, les cornes ventrales de la mœlle sont très touchés alors que les corps mamillaires, les noyaux du tronc cérébral et le noyau dentelé ne subissent pratiquement aucune raréfaction. Au niveau des cortex, les aires associatives sont plus touchées que les aires primaires et dans l'hippocampe, carrefour de multiples voies d'associations, la perte neuronale est d'environ 25 % entre la 5e et la 9e décennie et porte surtout sur les cellules pyramidales (Hauw, 1987).

Cette perte cellulaire conduit à la soustraction progressive de modules dans le ruban cortical, diminuant ainsi ses possibilités d'associations intra- et interhémisphériques. La perte neuronale peut être associée à une augmentation locale de la population des cellules, qui soutiennent la fonction neuronale (cellules gliales) et à une hypertrophie de leurs prolongements, ce qui conduit à une transformation du tissu nerveux efficace pour la conduction des stimulations vers un tissu nerveux inerte et silencieux.

La morphologie du neurone lui-même est modifiée avec l'âge. La taille du corps cellulaire diminue, surtout celle des grands neurones qui peut représenter une réduction de 10 à 30 % (Terry et al., 1987). Au niveau des prolongements, les premières études réalisées mettaient en évidence une perte focale des épines dendritiques (Scheibel et al., 1975) et cette fragmentation dendritique avait été interprétée comme le prélude à la dégénérescence neuronale (Figure 2).

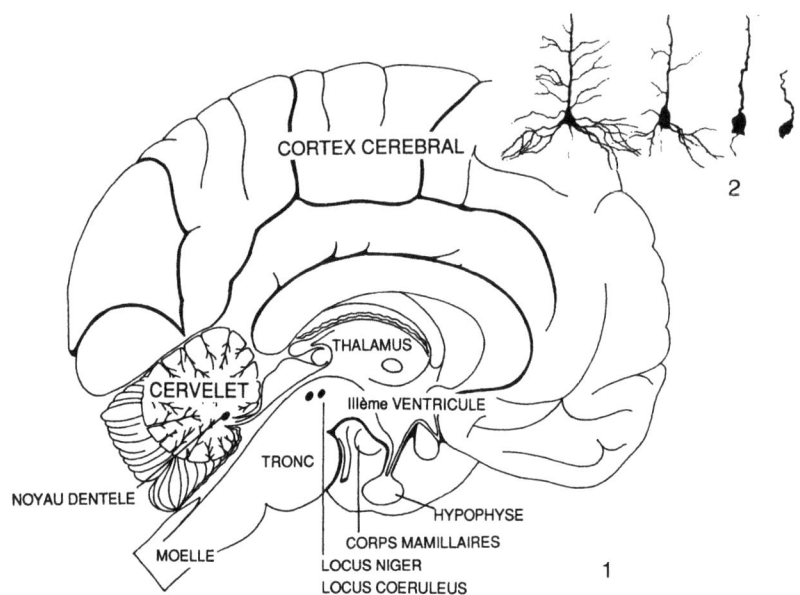

Figure 1. — *Localisation des régions cérébrales.*
Figure 2. — *Exemple de fragmentation dendritique au niveau du cortex.*

Les études récentes n'ont pas confirmé ces premiers résultats. Dans certaines régions au moins (neurones pyramidaux dans l'hippocampe), l'arbre dendritique est plus développé dans le cerveau âgé et les dendrites sont significativement plus longs et plus ramifiés; une réduction de l'arborisation dendritique n'est observée que dans le cerveau très âgé (90 ans et plus) (Coleman & Flood, 1987). Ces données laissent supposer l'existence de deux populations cellulaires dans le cerveau vieillissant, l'une en voie de dégénérescence et l'autre en croissance. La perte neuronale entraînerait la croissance des dendrites des cellules en survie tandis que la perte des contacts induirait la rétraction de l'arborisation dendritique.

Différentes lésions caractéristiques marquent le tissu nerveux vieillissant.

> Les dégénérescences neurofibrillaires sont faites de dépôts de fibrilles pathologiques dans le corps cellulaire des neurones et parfois dans leurs prolongements. Ces fibrilles sont constituées de filaments associés par paires et enroulés en hélice (paired helical filaments ou PHF). La nature exacte de ces filaments et leur genèse restent énigmatiques (Brion, 1990).
>
> Les lipofuscines sont des inclusions cytoplasmiques à contenu hétérogène qui envahissent les neurones, la glie et les parois vasculaires. Elles sont de nature lysosomale et

résulteraient de la peroxydation de lipides insaturés. Comme elles s'accumulent progressivement avec l'âge, en concentration variable selon les régions, elles sont parfois considérées comme l'indice le plus marquant du vieillissement nerveux. Cependant, aucune donnée ne permet actuellement d'établir que leur présence nuit au bon fonctionnement cellulaire.

Les plaques séniles sont des structures extracellulaires qui apparaissent au sein du tissu nerveux, particulièrement dans l'hippocampe. Typiquement, la plaque sénile comporte un centre amorphe fait de protéines anormales (amyloïde) entouré de prolongements cellulaires axonaux non myélinisés en dégénérescence. Des cellules gliales, des cellules à activité macrophagique et parfois de petits vaisseaux participent à la constitution de la plaque. La séquence de formation des plaques n'est pas connue. D'une part, l'agglomération de prolongements et leur dégénérescence pourraient être suivies de l'amyloïdogenèse, mais d'autre part, un dépôt d'amyloïde (origine?) pourrait entraîner secondairement la dégénérescence des prolongements qui l'entourent. Le gène codant pour l'amyloïde a été identifié sur le chromosome 21, mais les facteurs qui déterminent son expression sont inconnus.

Les dégradations qui accompagnent le vieillissement cérébral sont aussi observées dans le cerveau de patients atteints de démence sénile de type Alzheimer (DSTA) (Hauw et al., 1989). Si la nature des lésions est identique, leur incidence peut augmenter considérablement et leur localisation peut être modifiée. Les dégénérescences neurofibrillaires et les plaques séniles, plus nombreuses, envahissent le cortex et certains noyaux de la base du cerveau. Mais ce qui caractérise la DSTA est l'extrême variabilité individuelle de l'extension des lésions; ainsi des cas authentiques de DSTA peuvent être dépourvus de toute dégénérescence neurofibrillaire corticale.

Il faut noter qu'aucune des altérations observées au cours du vieillissement nerveux, même si elles y sont manifestement liées, n'est exclusive de ce phénomène et elles sont reconnues dans certaines pathologies (les syndromes parkinsoniens post-encéphalitiques, le complexe Sclérose Amyotrophique Latérale-Parkinson de l'île de Guam, la démence pugilistique et la trisomie 21 ou mongolisme). On doit donc les considérer comme l'expression du dérèglement de certains mécanismes de contrôles intrinsèques soumis à l'action modulatrice de facteurs extérieurs et non pas comme le seul résultat d'un programme de dégradation inéluctablement lié au vieillissement nerveux. Mais l'identification de ces facteurs extérieurs pourra fournir des clés d'interprétation du processus d'altération nerveuse au cours du vieillissement et de la pathogenèse de la démence sénile.

Dans l'ensemble, les lésions qui marquent le vieillissement et la DSTA sont relativement bien caractérisées d'un point de vue morphologique et on peut s'attendre, dans les prochaines années, à la reconnaissance des programmes génétiques associés à ces lésions. Un premier pas a déjà été accompli par l'identification du gène codant pour le développement de protéines anormales (amyloïde). Dans cette perspective, avoir ainsi établi le lien entre le gène et la structure rend la position du cytologiste relativement confortable. Il n'en est pas de même dans les autres disciplines, où les approches effectuées par les biochimistes, physiologistes, neurologues et psychologues conduisent à un inventaire de dégradations, dûment constatées et validées par de nombreuses études, mais sans que des corrélations significatives puissent être établies actuellement entre les dégradations, leurs impacts sur la fonction nerveuse et leurs inducteurs potentiels. De façon générale, tous les paramètres étudiés (métabolites, médiateurs,...) sont reconnus être déficitaires et les fonctions examinées (conduction, mémoire,...) moins performantes dans le système nerveux âgé. A la bourse des cerveaux, la cote du cerveau âgé est certainement à la baisse! L'identification des causes de la DSTA reste aussi problématique.

De nombreuses hypothèses ont été proposées : un déficit en neuromédiateur, l'acétylcholine principalement, associé ou non à une baisse de substance trophique dont la plus connue est le Nerve Growth Factor (NGF) identifié par Levi-Montalcini & Hamburger au milieu du siècle ; l'intervention d'agents toxiques (aluminium) ; un trouble du métabolisme du glucose ; un vieillissement exagéré ; une prédisposition génétique... Toutes les perspectives explorées jusqu'à présent ont conduit à des impasses, de même que les tentatives thérapeutiques ont été des échecs.

Si l'on sort du cadre purement organique, un autre scénario du vieillissement nerveux pourrait cependant être proposé. Il ne prétend pas être plus explicatif, ni plus valide, mais tente simplement de fournir des bases à d'autres hypothèses de travail. Comme dans les autres organes, les cellules constitutives du système nerveux sont soumises à un déterminisme génétique qui limite leur durée de vie potentielle. Cependant, ce déterminisme ne s'exerce réellement que durant la neurogenèse où la plupart des cellules nerveuses ayant accompli un ou plusieurs cycles de divisions seront éliminées tandis que seules les cellules nerveuses ayant établi des contacts entre elles et avec les organes cibles survivront chez l'adulte. L'insertion dans le réseau nerveux, qui entraîne l'inhibition de la capacité de division et donc de prolifération, induit dans la cellule nerveuse une potentialité de résistance qui lui permettra d'assurer la continuité de ses fonctions durant toute la vie de l'organisme. Cette résistance pourrait être expliquée par le fait que la cellule nerveuse possède un potentiel d'expression génétique plus important que les cellules somatiques (Sutcliffe & Milner, 1984), même si tout de ce potentiel n'est pas exprimé, ce qui lui confère un caractère embryonnaire persistant à l'état adulte.

La survie et la fonction neuronales dépendent d'un apport de substances trophiques, libérées par les organes cibles périphériques, qui envahissent le réseau neuronal de façon centripète. Ceci implique que les neurones sensoriels et effecteurs, qui représentent environ 10 % de la population neuronale totale, étant situés à proximité des sources trophiques sont les moins vulnérables. Par contre, dans les niveaux supérieurs de hiérarchies neuronales, depuis la moelle jusqu'au cortex, qui représente 90 % de la population neuronale, la vulnérabilité est d'autant plus grande que le niveau est élevé. A ces niveaux, l'apport en substances trophiques sera d'autant plus faible que la source est éloignée et qu'elles seront plus diluées au cours de leur progression dans les méandres du réseau. Ceci peut expliquer les altérations observées au cours du vieillissement qui touchent d'abord et de façon drastique les territoires dévolus aux fonctions d'associations, hiérarchiquement supérieurs, tandis que les autres territoires sont atteints plus tardivement. La dégradation des territoires d'association, liée à une souffrance ou à la nécrose cellulaire, provoque l'apparition d'effets toxiques qui peuvent agir dans le réseau, soit par action directe, soit en antagonisant les effets trophiques. L'action toxique progressera de façon centrifuge, de proche en proche, augmentant ainsi la vulnérabilité du réseau. Le maintien de la survie et de la fonction neuronales au cours du vieillissement peut alors être compris comme le résultat d'une balance entre actions trophiques et toxiques et l'altération neuronale comme un déséquilibre en faveur des actions toxiques.

Dans cet équilibre, la stimulation des organes périphériques joue un rôle déterminant. D'une part, elle stimule la libération de substances trophiques et enrichit donc le réseau, et d'autre part, en privilégiant les voies porteuses de la stimulation, elle limite l'effet de dilution permettant un apport relativement plus important aux niveaux hiérarchiquement plus élevés. La stimulation au sens large, qui couvre les rapports que l'organisme entretient avec son environnement, c'est-à-dire son comportement, peut alors être comprise comme un élément structurant, donneur d'informations, du réseau neuronal. A partir de cette évidence, le vieillissement, qui est la manifestation biologique de l'augmentation de la longévité, peut être interprété comme un processus de thésaurisation des informations au niveau de l'espèce. Dans une perspective évolutive, il peut être considéré comme un mécanisme d'adaptation de l'espèce humaine dépourvue de spécialisation particulière et de niche écologique propre, destiné à augmenter son potentiel de survie par une appréhension plus large de son environnement. Dépositaire du registre des informations reçues au cours de la vie, le système nerveux disposera d'une gamme de possibilités d'appréhension d'autant plus étendue que la longévité est grande.

La structuration du réseau neuronal par les champs d'information constituera donc un mécanisme de résistance, à acquisitions extrinsèques, qui s'opposera aux processus de dégradation déterminés intrinsèquement et la détérioration liée au vieillissement sera d'autant plus importante que l'information du vivant est plus faible. Le fait que le registre d'informations soit spécifique à chaque personne, tant en qualité qu'en quantité, peut expliquer la grande variabilité individuelle des manifestations du vieillissement, celles-ci étant liées à l'histoire de chaque organisme.

Certaines ambiguïtés dans l'interprétation du vieillissement nerveux peuvent être levées si l'on tient compte de deux paramètres : le caractère structurant des stimulations pour le réseau neuronal et le flux de substances trophiques modulé par ces stimulations. On doit admettre que le vieillissement somatique est un phénomène primaire et que le vieillissement nerveux dépend de son déroulement, le processus sera donc essentiellement centripète. De façon caricaturale, le cerveau vieillit par le corps interposé. Ceci implique que l'altération des récepteurs et des effecteurs, interfaces du système nerveux avec l'environnement, sera un événement déterminant dans l'induction de la dégradation neuronale. Envisagés en tant qu'éléments complémentaires et indissociablement liés dans l'exécution des fonctions vitales, le versant somatique de l'organisme apparaît ainsi le plus vulnérable et le versant nerveux le plus résistant. La plus grande résistance des cellules nerveuses peut sans doute être attribuée au fait qu'elles ne peuvent se multiplier chez l'adulte. En préservant leur potentiel génomique proche des capacités embryonnaires, celui-ci leur confère des aptitudes particulières de compensation et de lutte contre les processus de dégradations. Une de ces aptitudes est représentée par les lipofuscines, structures qui piègent les radicaux libres nocifs. Cependant, le maintien de ces aptitudes nécessite impérieusement la stabilité des relations entre les neurones et leurs organes cibles, relations qui ont été établies au cours de la neurogenèse et qui, à ce moment, ont déterminé la survie des neurones et leur spécificité dans le réseau neuronal adulte.

Ce scénario situe le vieillissement nerveux dans un double équilibre :

– l'équilibre entre le système nerveux et le corps, les deux étant soumis simultanément à l'action du temps et de ses processus involutifs;

– l'équilibre entre les phases de développement et de maturité, où l'action du temps s'exerce successivement pour tramer l'histoire de l'individu et constituer son éventail de capacités fonctionnelles.

C'est dans les limites de ces équilibres que le système nerveux pourra réaliser ses potentialités au cours du vieillissement, par le jeu de la plasticité et des régénérations.

LE VIEILLISSEMENT DU SYSTÈME NERVEUX : LES COMPENSATIONS

Le tissu nerveux, assailli par un double processus de dégradation, un processus interne dont la source est génomique et un processus externe qui résulte des agressions de l'environnement, subit une dérive de ses fonctions. Celles-ci s'adapteront aux situations nouvelles ainsi créées afin de sauvegarder la qualité des processus vitaux. Cette adaptation est le reflet des potentialités du tissu nerveux et le résultat des mécanismes de plasticité et de régénérations qu'il met en œuvre pour maintenir sa structuration au niveau cellulaire et l'adéquation des comportements au niveau de l'individu. La cohérence des systèmes d'information qui règlent l'homéostasie de l'organisme peut ainsi être maintenue de façon prioritaire au travers de la mouvance des processus dégénératifs et régénératifs qui marquent son évolution au cours du temps.

Nous aborderons cette réponse du tissu nerveux à ces deux niveaux d'expression, comportemental et cellulaire, les deux étant intimement liés par leurs réalisations dans l'individu.

En accord avec Paillard (1976), nous entendons par plasticité nerveuse les modifications observables du comportement qui relèvent de modifications structurales durables du réseau de connexion nerveuse. Cette définition rejoint celle proposée par Konorski en 1961, qui définit la plasticité cérébrale comme une possibilité adaptative du système nerveux central ; ce dernier étant capable de modifier sa propre organisation structurale et son fonctionnement en réponse aux événements externes de l'environnement. On distingue en général (revue dans Will et al., 1985) plasticité développementale et plasticité adaptative. On comprend immédiatement que la première notion s'adresse aux transformations structurales du système nerveux au cours du développement, alors que la seconde s'adresse au système nerveux mature. C'est évidemment cette dernière notion qui intervient lorsque l'on parle de plasticité et vieillissement. La plasticité adaptative implique à la fois les récupérations des modifications du système nerveux central et du comportement liées à l'âge, et les changements survenant après une atteinte cérébrale qu'elle soit d'origine lésionnelle, tumorale ou dégénérative. Si le concept de plasticité est souvent évoqué, il importe de souligner, comme le signalent certains auteurs, son peu de spécificité, le terme étant descriptif sans notion d'explication quant aux processus mis en œuvre. Le terme de plasticité est général et peut être utilisé pour illustrer la majorité des changements du système nerveux central ou du comportement.

Déjà en 1947-1949, Hebb signalait dans ses travaux que des rats élevés comme des animaux de compagnie avaient des performances meilleures dans des apprentissages que des rats élevés en laboratoire.

A partir des années 60, une série de travaux (revue dans Gottlieb, 1978; Rosenzweig & Bennett, 1976) ont montré que l'environnement sensoriel et social pouvait modifier à la fois les capacités d'apprentissage et de mémoire ainsi que l'état du système nerveux central des rats. Les premières études étant réalisées pendant la période de développement de l'animal, l'hypothèse d'une accélération de la maturation par les stimulations sociales, sensorielles et/ou motrices (milieux enrichis) et d'un retard de maturation par l'absence de stimulations de l'environnement (milieux appauvris) avait été émise pour expliquer les différences comportementales, neurochimiques et structurales. Très vite, d'autres travaux ont montré que si le système nerveux était doué d'une plus grande plasticité, plus précisément d'une plus grande capacité de réorganisation pendant son stade de développement, des modifications durables pouvaient encore être observées à l'âge adulte jusques et y compris à un âge avancé. Par ailleurs, l'exposition aux stimuli devait être plus longue chez l'adulte que chez le jeune, et, plus que la durée totale d'exposition aux stimuli, c'étaient le renouvellement et le contact direct avec ceux-ci qui importaient. En conséquence, les apprentissages renouvelés et la formation de nouvelles mémoires induits par les modifications du milieu seraient l'élément primordial expliquant les effets bénéfiques des environnements enrichis sur le système nerveux central (revue dans Rousseau-Lefèvre, 1977).

Des effets bénéfiques de l'environnement sur l'apprentissage, la mémoire et le système nerveux ont également été montrés chez d'autres rongeurs comme la souris et le hamster, chez les chats, les primates non humains et l'homme (revue dans Rosenzweig & Bennett, 1976; Cotman & Nieto-Sampedro, 1985; Brailowsky et al., 1991).

Les principales compensations cérébrales décrites chez l'homme et l'animal âgés concernent essentiellement l'augmentation du poids cortical, d'une part, et l'accroissement de l'arborisation dendritique, du nombre de synapses par neurones, du rapport RNA/DNA dans le cortex, l'hippocampe et le cervelet d'autre part.

Enfin, chez l'animal, des modifications électrophysiologiques ont été décrites au niveau de l'hippocampe. Plus précisément les stimulations de l'environnement seraient capables de ralentir le déclin plus rapide de l'efficience synaptique à long terme (LTE), c'est-à-dire la capacité de gérer les stimulations, généralement observé au cours du vieillissement.

Ces différentes modifications ne sont pas indépendantes les unes des autres. L'augmentation de l'arborisation dendritique fournit la place pour la formation de nouvelles synapses. Cette formation est associée à une augmentation de la synthèse protéique. Toute cette activité neuronale accrue requiert de l'énergie, énergie qui est notamment fournie par la création de nouveaux capillaires sanguins. L'apport énergétique serait un des principaux problèmes chez l'individu âgé, l'apport de glucose et d'oxygène ainsi que l'augmentation du flux sanguin étant peu marqués chez le sujet âgé en raison de ses altérations vasculaires, pulmonaires et cardiaques. La survie neuronale dépendrait également de facteurs neurotrophiques dont le plus connu est le NGF.

Comme nous l'avons signalé plus haut, l'arborisation dendritique des neurones parahippocampiques, plus importante chez des sujets âgés de 70 ans que chez des individus de 50 ans, serait une réaction compensatoire à la perte neuronale associée à la sénescence. Cette compensation serait affectée par la pathologie vasculaire, par le stress et associée à l'augmentation concomitante des hormones stéroïdes. Elle disparaîtrait dans le cas des démences séniles et à l'âge très avancé d'environ 90 ans. Dans le même ordre d'idées, Cassel (1981) décrit un nouveau plexus de fibres moussues ou «bourgeonnement» dans l'hippocampe d'individus de 80 ans, phénomène également observé après lésion chez un individu de 40 ans. Il semblerait toutefois que la capacité de bourgeonnement post-lésionnel diminue avec l'âge.

Si l'on considère les fonctions cognitives chez l'homme, l'exercice intellectuel serait un facteur important pour le maintien de l'efficacité cérébrale. L'individu âgé qui a conservé une activité intellectuelle, maintient mieux son intelligence et son intégralité cérébrale (Bennett & Rosenzweig, 1979).

Des déficits d'orientation et de mémoire spatiale ont souvent été décrits et seraient essentiellement liés à la nouveauté de la tâche. La difficulté d'orientation des sujets âgés serait minime dans un environnement familier. Les performances de joueurs d'échecs âgés entraînés sont légèrement inférieures à celles des sujets jeunes entraînés mais supérieures à celles des sujets jeunes novices ou peu entraînés (revue dans Beatty, 1988).

Chez les rongeurs âgés, différentes études ont montré des effets bénéfiques de l'environnement social et sensoriel, de l'apprentissage et de l'exercice physique sur la plasticité cérébrale et comportementale. Les animaux ont été soumis à différentes épreuves comportementales, après avoir été placés dans des environnements enrichis pendant des durées variables (11 à 509 jours) et à des âges différents, tantôt avant l'âge adulte (1 mois), tantôt à un âge avancé (20 à 32 mois). Les épreuves comportementales étaient, soit des apprentissages inverses, soit des labyrinthes complexes comme le labyrinthe de Stone également apelé 14T (séquence aléatoire de 14 virages à gauche ou à droite), le labyrinthe de Hebb-Williams (Figure 3a) dans lequel l'animal doit apprendre différents chemins, ou le labyrinthe de Lashley qui consiste à franchir plusieurs couloirs transversalement (Figure 3b). Toutes ces épreuves sont complexes mais n'exigent pas l'utilisation de cartes spatiales ou cartes cognitives (voir définition plus loin).

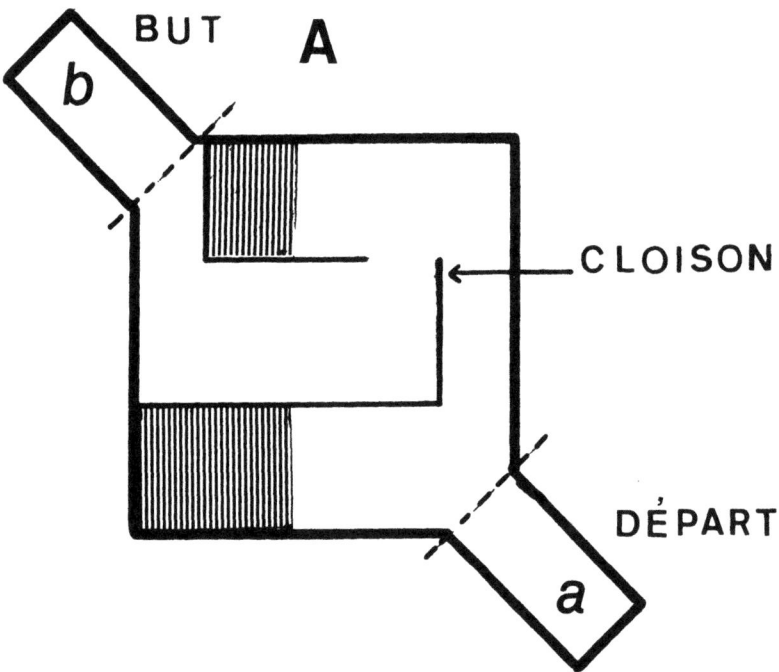

Figure 3a. — *Labyrinthe de Hebb-Williams. Dans ce test, l'animal doit se rendre de (a) vers (b) pour obtenir une récompense (nourriture ou boisson). Le chemin à emprunter est modifié régulièrement et devient de plus en plus complexe. La configuration des barrières change lorsque les animaux ont atteint le but une dizaine de fois (adapté de Will & Stein, 1987).*

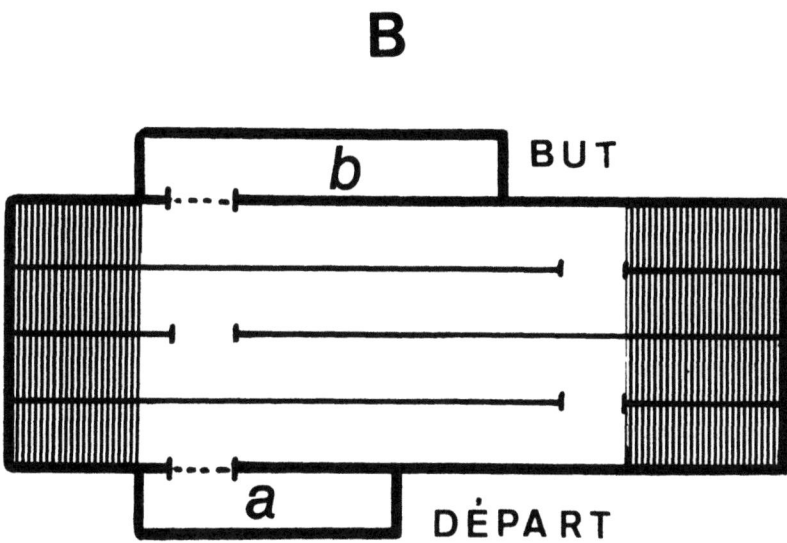

Figure 3b. — *Labyrinthe de Lashley. Dans ce test, l'animal doit se rendre du point de départ à l'arrivée en passant par les 3 portes. La réponse correcte consiste à effectuer le trajet court, c'est-à-dire à traverser le couloir transversalement. Tout passage par les zones hachurées est comptabilisé comme erreur (repris de Lashley & Ball, 1929).*

Comme le montre le Tableau I, les environnements enrichis peuvent encore exercer un effet bénéfique sur l'apprentissage et le système nerveux central même s'ils sont d'une durée courte et s'ils sont appliqués à un âge avancé. Il semblerait toutefois que les différents stimuli présents dans les milieux enrichis n'aient pas une importance équivalente. Gardner et al. (1975) font une distinction entre environnement perceptif et environnement social, les deux étant généralement présents et dès lors couplés dans les milieux enrichis classiques. Les stimuli perceptifs, tels que les stimuli visuels à distance, seraient importants pour l'orientation spatiale. Ces stimuli seraient responsables de l'effet bénéfique exercé par les milieux sur le comportement exploratoire chez les animaux jeunes. L'environnement social exercerait lui un effet bénéfique sur la consolidation mnésique.

Par ailleurs, des rats âgés sont capables de résoudre une tâche spatiale complexe s'ils ont été soumis à cette tâche à un âge précoce. La généralisation à d'autres apprentissages spatiaux n'est pas évidente. Comme nous l'avons décrit pour les humains, le caractère de familiarité serait primordial et persisterait même après une absence d'entraînement de 10

Tableau 1 – Incidence des environnements enrichis (EC) de durées variables sur le système nerveux central (SNC) et l'apprentissage de rats (*) ou souris (**) sénescents.

Age début EC (mois)	Durée EC (jours)	Apprentissage (effets bénéfiques)	SNC	Références
25	138		épaisseur cortex frontal et occipital ↑↑	Diamond et al. 1985 (*)
32	70		épaisseur cortex ↑	Van Gool et al. 1987 (*)
22	60	Labyrinthe de STONE (14T)	flux sanguin cérébral =	Goldman et al. 1987 (*)
20	150	Labyrinthe de LASHLEY	RNA/cellule ↑	Warren et al. 1982 (**)
1	509	Labyrinthe de HEBB-WILLIAMS	Poids cortical ↑	Cummins et al. 1973 (**)
32	11 (nuits)		LTE hippocampe ↑	Sharp et al. 1987 (*)
10	360	Apprentissage inverse (shuttle-box)		Doty 1972 (*)

(↑ augmentation; = pas de changement)

mois. Ces éléments plaident en faveur d'un effet favorable de l'apprentissage sur la mémoire à long terme mais non sur l'acquisition d'une nouvelle tâche spatiale (Beatty, 1988; Beatty et al., 1985; Bierley et al., 1986). Le même phénomène a été dégagé après administration de NGF. Fischer et al. (1987) ont montré que le NGF améliorait la rétention et non l'acquisition de la performance spatiale (labyrinthe aquatique de Morris) des rats âgés.

Cummins et al. (1973) ont examiné l'effet d'un apprentissage (Hebb-Williams) après un séjour de 509 jours dans un environnement enrichi. Les résultats montrent que l'apprentissage surimposé à l'enrichissement ne modifie pas le poids cortical des animaux âgés. Le même apprentissage avait, en revanche, un effet bénéfique chez les rats du même âge élevés isolément. Ces résultats plaident en faveur d'une adaptation nerveuse limitée à un maximum, maximum qui serait déjà atteint par la phase enrichissement seule (Figure 4).

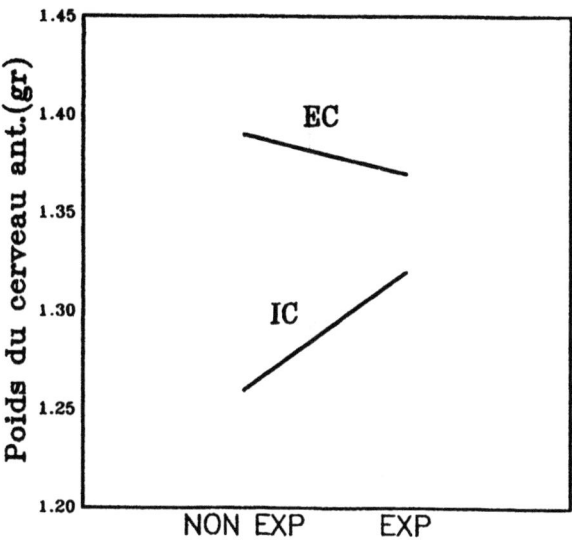

Figure 4. — *Effets de l'apprentissage (animaux expérimentés «EXP» et animaux non expérimentés «NON EXP») et de l'environnement (conditions enrichies «EC» et conditions d'isolement «IC») sur le poids du cerveau antérieur des rats (adapté de Cummins et al., 1973).*

L'importance de l'exercice physique a également été analysée. Il est clair qu'un animal vivant dans une cage plus grande avec un grand nombre d'objets se déplacera plus qu'un animal dans une cage petite et vide. Il semble que les déplacements moteurs seuls soient loin de provoquer l'ensemble des effets centraux induits par les milieux (Black et al., 1987). Certaines études ont en effet souligné l'importance d'associer une oxygénation (exercice en plein air couplé à l'exercice moteur) pour observer un effet bénéfique sur la mémoire et l'apprentissage. Des travaux réalisés chez l'homme ont ainsi mis en évidence un raccourcissement du temps de réaction chez le sujet âgé après une séance d'exercice physique en plein air.

Les effets des environnements enrichis sont différents de ceux induits par la manipulation intensive des animaux (handling). Nous avons vu que les environnements enrichis exercent un effet bénéfique même s'ils sont appliqués à un âge avancé. Le handling, qui agirait comme un agent stressant, serait bénéfique pour l'animal de laboratoire jeune. Cet effet favorable serait dû aux modifications cérébrales consécutives à la libération de corticostérone. Cette libération massive précoce donnerait à l'animal une plus grande adaptabilité aux stress ultérieurs. En revanche, le « handling » appliqué à un âge avancé aurait un effet défavorable. Flaherty et al. (1977) soulignent le paradoxe entre ces données obtenues chez l'animal et les idées communément admises en psychiatrie de l'effet à long terme d'un traumatisme précoce. Ce paradoxe pourrait, à notre avis, provenir de l'assimilation fallacieuse entre handling ou petit stress répété et traumatisme.

Nous avons vu que les stimulations des environnements enrichis induisent la formation de nouvelles synapses. Selon Cotman et Nieto-Sampedro (1982), la création de nouvelles synapses serait le support de la plasticité comportementale. Black et al. (1987) de leur côté, se basant sur les résultats de Greenough (1985) déclarent que les connexions synaptiques sont hautement impliquées dans la rétention d'un apprentissage. Parallèlement, une diminution du nombre et du turnover des synapses ainsi que des troubles mnésiques ont souvent été décrits chez l'homme et l'animal âgés.

Il semblerait toutefois que toutes les structures cérébrales ne soient pas également touchées par l'âge. Nous avons vu que l'hippocampe est une des structures cérébrales qui dégénèrent le plus vite et nombre de travaux (revue dans O'Keefe & Nadel, 1978) ont souligné l'importance de cette structure pour l'utilisation de stratégies spatiales, stratégies complexes qui supposent une orientation par rapport aux différents stimuli présents dans l'environnement (carte spatiale ou carte cognitive) et se différencient dès lors des stratégies simples de route ou de guidage qui consistent à répéter une même séquence motrice ou à aller vers un stimulus discernable à distance. Nous avons vu que l'acquisition de nouvelles tâches spatiales est perturbée chez l'homme et le sujet vieillissant et que ce type précis d'apprentissage est peu modifiable par l'environnement.

Récemment Sharp et al. (1987) ont montré que la phase d'enrichissement augmentait la LTE des rats âgés mais que ces derniers manifestaient un déclin plus rapide de la LTE que les contrôles pendant la phase qui suit l'enrichissement. Rappelons qu'auparavant Barnes & McNaughton (1985) avaient montré un parallélisme entre l'acquisition et l'oubli d'une tâche spatiale et la LTE hippocampique. Ces auteurs ont en effet observé à la fois un oubli plus rapide de l'apprentissage spatial et une chute plus rapide de la LTE chez l'animal âgé après stimulation électrique. Sharp et al. proposent dès lors un parallélisme entre les stimulations électriques et les stimulations induites par les environnements enrichis. De nombreux travaux, outre le parallélisme avec la dégénérescence des structures hippocampiques, ont souligné un déclin de la fonction cholinergique dans le cerveau antérieur (revue dans Bartus et al., 1982) et même une atrophie des neurones cholinergiques dans le noyau magnocellulaire, le « septum-bande diagonale » et les corps striés (revue dans Fischer et al., 1987). Une relation entre les déficits cholinergiques et l'acquisition d'une tâche spatiale (Watts et al., 1981; Soffié et al., 1986) a par ailleurs été établie. En administrant du NGF, Fischer et al. (1987) et Hefti et al. (1989) ont montré une amélioration de la mémoire spatiale, et une compensation partielle de l'atrophie des corps cellulaires des neurones cholinergiques chez des rats âgés.

Ces données suggèrent que la récupération n'est pas totale au cours du vieillissement. Ces éléments rejoignent ceux que nous avons signalés plus haut, à savoir qu'il y a une récupération cérébrale et comportementale chez l'homme et l'animal âgés mais que cette récupération est en réalité une compensation partielle. Selon Marshall (1984) on observerait le développement de stratégies qui permettent de contrecarrer la perte de capacité, en d'autres termes la manière d'arriver au but serait différente. Dans le même ordre d'idées, on a montré que les environnements enrichis ont surtout un effet bénéfique chez l'animal âgé quand il s'agit d'apprentissages complexes qui peuvent être résolus de différentes façons (labyrinthe Hebb-Williams par exemple). Les stimulations induites par les milieux favoriseraient dès lors principalement le recours à des stratégies alternatives. De plus, les effets bénéfiques observés sur les performances ne seraient pas indépendants de la réduction des réactions émotionnelles exagérées qui sont un obstacle à tout apprentissage. Enfin, la récupération comportementale observée par l'apprentissage, les milieux enrichis ou après l'administration de substances trophiques (NGF) favoriserait la rétention mais ne toucherait pas la prise d'informations spatiales.

LE VIEILLISSEMENT DU SYSTÈME NERVEUX : LA PLASTICITÉ NEURONALE

Du fait de l'importance du développement sur la plasticité comportementale, la base des mécanismes de la plasticité nerveuse doit être cherchée, de façon peut-être paradoxale, au cours des étapes de la formation et de la mise en place des circuits neuronaux. Quatre grandes phases peuvent être identifiées au cours du développement du système nerveux :

– la neurogenèse proprement dite, durant laquelle les cellules primitives (neuroblastes) se divisent et se différencient en neurones fonctionnels ;

– la phase de migration des neurones différenciés vers leur site propre dans le circuit neuronal ;

– la formation du circuit, qui s'établit peu à peu par l'émission des prolongements nerveux, d'abord transitoires puis permanents, et l'établissement de contacts entre ces prolongements et leurs cibles ;

– enfin, durant la synaptogenèse, les contacts supportent la transmission des informations, ce qui structure les voies nerveuses fonctionnelles chez l'adulte.

L'analyse des processus de la neurogenèse et de la migration, absents dans le système nerveux adulte (sauf rares exceptions), sortirait de notre propos. Par contre, ceux qui sous-tendent la formation et le maintien du circuit neuronal, ainsi que la synaptogenèse, sont directement liés à la fonction neuronale adulte. Pour maintenir sa fonction, un neurone adulte doit non seulement survivre mais aussi, par le biais de ses prolongements, sauvegarder ses contacts au sein du circuit. La dégradation des fonctions au cours du vieillissement, comme nous l'avons souligné, repose essentiellement sur ces deux mécanismes, la mort neuronale et la perte de contacts, qui entraînent l'apparition de zones silencieuses dans le circuit nerveux. La régénération ne sera efficace que dans les conditions favorables au maintien de la survie neuronale, à la croissance des prolongements et à la spécificité des contacts qu'ils établissent entre eux, conditions comparables à celles qui régissent le développement du système nerveux.

La survie neuronale est régulée par des facteurs neurotrophiques (Varon, 1985; Rohrer, 1990). Ces substances protéiques sont libérées par les organes cibles (cellules musculaires, glandulaires ou structures nerveuses), captées et internalisées par les terminaisons axonales et transportées de façon rétrograde jusqu'au corps cellulaire du neurone où elles exercent leurs actions. Elles sont responsables presque exclusivement de la survie neuronale au cours du développement du système nerveux ; mais chez l'adulte, la survie dépend aussi d'autres substances trophiques dont le NGF, libérées localement par les cellules gliales environnantes. Le NGF est présent dans différents tissus, nerveux ou non, mais en quantité importante dans les glandes salivaires, ce qui a permis son identification. Il exerce ses actions sur des cibles spécifiques du système nerveux central et périphérique, par exemple, les neurones cholinergiques et les cellules ganglionnaires.

> Sa structure chimique est déterminée, son récepteur est identifié et le gène responsable de sa synthèse a été cloné. Trois autres substances ont été reconnues. La première est extraite du cerveau de porc (Brain Derived Growth Factor ou BDGF) et est active sur des structures nerveuses périphériques. La deuxième est présente dans les territoires nerveux oculaires d'embryons d'oiseaux (Ciliary Neurotrophic Factor ou CNTF) et est active sur les structures nerveuses de l'œil et l'innervation périphérique des oiseaux. La troisième est présente dans les muscles et favorise la survie des neurones moteurs chez les oiseaux. Ces substances ne sont pas les seules impliquées dans la survie neuronale et d'autres peuvent intervenir, souvent de façon coopérative. Leur identification est encore loin d'être achevée. On peut les classer en trois catégories. Le premier groupe:

des substances de faible poids moléculaire, dont la plus importante est le pyruvate, leurs actions seraient contrôlées par les cellules gliales (astrocytes) et dans cette régulation métabolique, cellules nerveuses et gliales travaillent en partenaires obligatoires. Le deuxième groupe : des protéines à action neuronotrophique présentes dans le sang (la catalase dans les érythrocytes), dans des extraits cellulaires de tissu nerveux ou musculaire et dans le liquide recueilli dans des sites de lésion du système nerveux central ou périphérique. Le troisième groupe : des substances qui exercent une action toxique sur les cellules nerveuses et donc inhibent leur survie, les radicaux libres par exemple ; elles accompagnent, dans les mêmes extraits tissulaires, les substances trophiques et de ce fait, l'effet toxique ou trophique d'un extrait n'est souvent déterminé que par sa teneur particulière en l'un ou l'autre type de substance et par leurs dilutions respectives.

La notion de survie cellulaire supportée par l'apport de substances et d'agents trophiques peut être examinée sous une autre perspective. Ces substances ne détermineraient pas la survie elle-même mais inhiberaient le déclenchement des processus qui conduisent à la mort neuronale. En leur absence, les cellules produiraient des protéines « tueuses », effectuant ainsi un véritable suicide. Cette action serait accomplie par la dégradation de phosphatidylinositol, un lipide membranaire, et une augmentation du calcium intercellulaire.

La croissance et l'extension des prolongements, qui permettent l'organisation des circuits nerveux, sont sous le contrôle de mécanismes complexes. Ils nécessitent d'abord le maintien de la survie et des capacités de croissance du neurone. Ainsi, les facteurs de survie sont directement impliqués dans la formation des prolongements et leurs effets spécifiques sur l'un ou l'autre de ces processus sont souvent difficiles à distinguer. Mais ils ne suffisent pas et un neurite en croissance doit bénéficier d'un environnement favorable conditionné tant par des substances présentes dans le milieu où il croît que par le substrat qui supporte sa croissance (Hurtado et al., 1987; Heuschling et al., 1988; Knoops et al., 1991). Des extraits tissulaires de système nerveux ou de muscles sont actifs sur la croissance des neurites, de même que des substances purifiées, comme la thyroxine, l'AMP cyclique et les gangliosides. L'existence dans le substrat de molécules de type laminine, associées à des protéoglycans, est aussi une condition favorable à la croissance. De plus, la progression des neurites pourrait être guidée par des molécules couvrant la surface des cellules nerveuses et de certaines cellules gliales, les NCAM (Neural Cell Adhesion Molecules) qui, en créant des liens entre elles, facilitent les groupements de prolongements et leur guidage.

Les mécanismes qui assurent la spécificité des connexions entre les neurones au sein du réseau lui-même ou entre les neurones et leurs organes cibles sont encore hypothétiques. La création des structures et des grandes voies de transit du système nerveux dépendent du déterminisme de la neurogenèse. Dans ce processus pourraient intervenir des molécules de « reconnaissance » permettant le groupement par affinités des prolongements impliqués dans le traitement des mêmes informations. Mais une certaine souplesse existe et des facteurs de l'environnement, tant cellulaires qu'extérieurs peuvent moduler la neurogenèse. L'orientation des prolongements dans une direction privilégiée peut être réalisée selon deux modes. Dans le premier, la structure à innerver (nerveuse ou organe cible) est une source de facteurs hautement attractifs pour les neurites qui se dirigent alors vers le lieu de production. Des substances trophiques, comme le NGF, peuvent aussi agir comme facteur d'attraction. Dans le second, la progression des neurites n'est permise que dans une voie privilégiée, caractérisée par un substrat favorable, tandis que les abords de cette voie ont des propriétés répulsives. Dans ce cas, les neurites sont engagés, comme dans un tunnel, dans la seule direction qui leur est permise. L'atteinte de la structure à innerver conduit à la formation de contacts synaptiques, généralement surnuméraires et transitoires dans un premier temps, qui seront stabilisés par la mise en fonction de la voie nerveuse dans le circuit neuronal (mécanismes?). De plus, il semblerait, et ceci a été démontré pour le système nerveux autonomique (Purves et al., 1988), que la mise en contact soit déterminante dans la régulation de la morphologie et de l'extension des prolongements nerveux des neurones présynaptiques.

Au cours du développement, la mise en place du système nerveux peut se comprendre schématiquement comme l'expression de deux processus complémentaires et antagonistes. D'une part, un processus extensif et envahissant, déterminé génétiquement, de prolifération cellulaire et de formation de prolongements. Il conduit à une surproduction cellulaire et à une exploration plus ou moins erratique des territoires corporels par les prolongements nerveux. D'autre part, un processus structurant, issu des territoires à innerver qui, par l'action de substances trophiques et l'établissement des contacts, crée les circuits fonctionnels et soustrait les éléments surnuméraires et perturbants. Dans ce processus intervient l'action des relations que l'organisme entretient avec son environnement, qui prennent alors toute leur importance dans la création du potentiel neuronal qui existera chez l'adulte.

Les bases des potentialités de régénération du système nerveux au cours du vieillissement doivent être cherchées dans ce second processus.

Comme nous l'avons vu ci-dessus, l'action bénéfique de certaines conditions de l'environnement sur la structuration du système nerveux a été largement démontrée chez l'animal par l'analyse de l'expression de la plasticité comportementale (Mohammed et al., 1990; Brailowsky et al., 1991). Agir sur cette capacité est une possibilité offerte dans l'expérimentation animale mais peut poser des problèmes d'application chez l'homme, car elle nécessite la reconnaissance des modalités de stimulations efficaces. A moins d'agir, mais de façon non spécifique, sur le cerveau en développement afin d'augmenter au départ le potentiel disponible. Dans ce cas, la fenêtre possible pour une telle action est ouverte pendant la période d'établissement des contacts synaptiques, les deux premières années de la vie.

Sans préjuger de l'effet éventuel de stimulations présentes dans l'environnement, le tissu nerveux âgé semble présenter spontanément des phénomènes de formation de nouveaux prolongements. Ces phénomènes ont été décrits tant dans le système nerveux central que périphérique chez l'animal et dans certains territoires cérébraux chez l'homme (Coleman & Flood, 1987; Goemaere-Vanneste & van den Bosch de Aguilar, 1987). Ils seraient induits par les pertes neuronales, ce qui stimulerait les neurones survivants à former de nouveaux prolongements en réponse à cette réduction locale des afférences, et/ou par des facteurs trophiques, peut-être libérés par les cellules gliales activées par les nécroses cellulaires. Le devenir de ces processus de régénération reste problématique. Dans des conditions expérimentales, où une lésion est faite sur une voie nerveuse dans un cerveau âgé, la régénération peut progresser et aboutir à une restitution fonctionnelle, au moins pour certaines voies catécholaminergiques (Phelps & Sladek, 1984). Mais les conditions expérimentales s'écartent considérablement des conditions présentes dans le cerveau âgé où les phénomènes de nécrose sont progressifs et les processus de régénération qui y sont liés, sporadiques et à extension locale. On peut raisonnablement émettre l'hypothèse suivante. Dans un territoire soumis à une raréfaction neuronale, les neurones survivants bénéficient d'un apport proportionnellement plus important de substances trophiques, d'une part par les afférences de ce territoire et, d'autre part, localement de la part des cellules gliales. Sous cette stimulation, ils manifestent, comme ils l'ont fait durant le développement embryonnaire, une capacité de régénération et ils forment de nouveaux prolongements. Ce processus est sans doute fonctionnellement voué à l'échec. En effet, le territoire qui devrait être innervé par les nouveaux prolongements ne reçoit plus de fibres et n'est donc plus émetteur de substances attractives et de guidage et il est d'autant moins producteur de ces substances que le cerveau est âgé (Azmitia, 1987). De plus, l'environnement est enrichi en substances toxiques, originaires des neurones en nécrose et envahi par des astrocytes réactifs qui forment un cal de cicatrisation, véritable barrière pour la progression de neurites, tandis que leurs prolongements peuvent phagocyter les bourgeons dendritiques immatures ou non engagés dans une synapse. Cette capacité de régénération semble être perdue dans le cas de démence sénile et les processus de régénération décrits dans le gyrus dentatus dépendent de l'intégrité de l'innervation cholinergique de l'hippocampe (Coleman & Flood, 1987).

D'autres facteurs interviennent aussi dans l'environnement neuronal pour moduler les possibilités de régénération (Schwartz, 1987). Des facteurs hormonaux, comme un taux de corticostérone élevé qui freine le bourgeonnement des neurites ou des hormones sexuelles qui influencent la survie cellulaire ainsi que des facteurs de la réaction immunitaire comme les lymphokines qui pourraient favoriser la régénération.

LA PLASTICITÉ NERVEUSE AU COURS DU VIEILLISSEMENT : LES VOIES D'APPROCHES

Si le vieillissement du système nerveux est compris comme un processus dynamique de dégradation et de régénération évoluant en équilibre avec le corps et l'histoire de l'organisme, l'éveil de ses potentialités de restauration peut être réalisé par deux approches.

La première consiste à freiner les dégradations, mais il faudrait pour cela d'abord identifier les processus qui déterminent la mort cellulaire, l'installation des altérations comme les PHF et les plaques séniles ainsi que l'évolution du vieillissement normal vers la pathologie de la démence, et ensuite mettre en œuvre les moyens de les combattre. La seule intervention possible actuellement est de favoriser, par des influences externes, la structuration du réseau. Des stimulations appropriées, libérations de substances trophiques, pourront le rendre plus résistant à la dégradation et faciliter les transferts de fonctions. Cette démarche permettrait de sauvegarder et d'optimaliser les fonctions intactes en agissant sur la plasticité neuronale. Cette perspective ne relève pas d'une approche organique mais fait appel à l'ensemble des moyens dont disposent les sciences neurologiques, psychologiques, sociologiques,... pour maintenir une insertion appropriée de l'organisme humain dans son environnement.

De tels moyens sont déjà d'application dans les rééducations fonctionnelles du cerveau (Seron & Laterre, 1982) et les études comportementales chez l'animal peuvent ouvrir de nouvelles perspectives.

La seconde consiste à favoriser les régénérations. Dans ce cas, les grandes bases du processus sont connues à partir d'études faites sur le développement du système nerveux. Ici aussi les facteurs de structuration sont essentiels. Mais à cette action globale sur l'organisme doivent s'ajouter des actions ponctuelles visant à améliorer les performances de la régénération. A ce niveau organique, l'exploration des phénomènes biologiques est en plein essor et certains des paramètres sont déjà connus.

L'utilisation de substances neurotrophiques ou activatrices de régénération peut être envisagée. Leur application locale permettrait de restaurer les circuits nerveux déficients à condition qu'une partie de ceux-ci restent intacts. A défaut de pouvoir utiliser des substances purifiées, on peut administrer des implants ou des homogénats tissulaires, qui sont donneurs de substances ou de cellules programmées pour les produire, comme des fibroblastes sécréteurs de NGF (Rosenberg & al., 1988). Il faut souligner cependant qu'il est illusoire d'espérer recréer des circuits nerveux par implantation de fragments embryonnaires tant que les substances de reconnaissance et de ciblage ne seront pas identifiées. De plus, les conditions de survie et de régénération sont spécifiques pour chaque territoire nerveux et, si certaines conditions sont ubiquitaires, les conditions proprement locales commencent seulement à être décryptées chez l'animal (Heuschling et al., 1988; Knoops et al., 1991).

L'administration, en périphérie de l'organisme, de substances trophiques peut aussi être envisagée. On pourrait ainsi enrichir le réseau et le structurer en utilisant les voies nerveuses comme moyens de transport et de diffusion. Une telle intervention, peu ou faiblement traumatique, éviterait les problèmes liés à l'existence de la barrière hémato-encéphalique. De plus, elle constituerait sans doute un moyen privilégié d'agir à la fois sur la viabilité du réseau neuronal et, par le renforcement de ses relations avec les organes cibles, sur sa structuration. Les relations neuro-endocriniennes et neuro-immunitaires pourraient être envisagées dans la même perspective. Les trois systèmes présentent de nombreux mécanismes communs et travaillent en étroite coopération pour harmoniser les rapports de l'organisme avec son environnement. Le processus du vieillissement pourrait être exacerbé par la dérive de leurs relations.

Nous sommes loin de pouvoir transférer chez l'homme les quelques données obtenues actuellement par l'expérimentation animale. Mais l'évidence de la conservation des potentialités de plasticité et de régénération dans le système nerveux âgé permet un espoir certain.

RÉFÉRENCES

AZMITIA E.C. (1987). *A serotonin-hippocampal model indicates adult neurons survive transplantation and aged target may be deficient in a soluble serotoninergic growth factor.* Ann. N.Y. Acad. Sci. 495 : 362-377.

BARNES C.A. & Mc NAUGHTON B.L. (1985). *An age comparison of the rate of acquisition and forgetting of spatial information in relation to long-term enhancement of hippocampal synapses.* Behavioral Neurosci. 99 : 1040-1048.

BARTUS R.T., DEAN R.L., BEER B., LIPPA A.S. (1982). *The cholinergic hypothesis of geriatric memory dysfunction.* Science 217 : 403-416.

BEATTY W.W., BIERLEY R.A., BOYD J.G. (1985). *Preservation of accurate spatial memory in aged rats.* Neurobiol. Aging 6 : 219-225.

BEATTY W.W. (1988). *Preservation loss of spatial memory in aged rats and humans : implications for the analysis of memory dysfunction in dementia.* Neurobiol. Aging 9 : 557-561.

BENNETT E.L. & ROSENZWEIG M.C. (1979). *Brain plasticity, memory and aging.* In : «Physiology and Cell Biology of Aging». Aging - vol.8, Cherchin A. & al. (Eds.), N.Y. Raven Press, pp. 141-150.

BIERLEY R.A., RIXEN G.J., TROSTER A.I., BEATTY W.W. (1986). *Preserved spatial memory in old rats survives 10 months without training.* Behav. Neurol. Biol. 45 : 223-229.

BLACK J.E., GREENOUGH W.T., ANDERSON B.J., ISAAC K.R. (1987). *Environment and the aging brain.* Can. J. Psychol. 41 (2) : 111-130.

BRAILOWSKY S., STEIN D.G., WILL B. (1991). *Les dépannages du cerveau.* Pour la Science, Belin, pp. 205.

BRION J.P. (1990). *Molecular pathology of Alzheimer amyloid and neurofibrillary tangles.* Seminars in The Neurosciences 2 : 89-100.

CASSELI M. (1981). *The number of cells in the striatum pyramidal of the rat and human hippocampal formation.* Ph.D. Thesis University, Bristol, England.

COLEMAN P.D. & FLOOD D.G. (1987). *Neuron numbers and dendritic extend in normal aging and Alzheimer's disease.* Neurobiol. Aging 8 : 521-545.

COTMAN C.W. & NIETO-SAMPEDRO M. (1982). *Brain function, synapses renewal and plasticity.* Ann. Rev. Psychol. 33 : 371-401.

COTMAN C.W. & NIETO-SAMPEDRO M. (1985). *Progress in facilitating the recovery of function after central nervous system trauma.* Ann. N.Y. Acad. Sci. 457 : 83-104.

CUMMINS R.A., WALSH R.N., BUDTZ-OLSEN O.E., KONSTANTINOS T., HORSFALL C.R. (1973). *Environmentally induced changes in the brains of elderly rats.* Nature 243 : 516-518.

DELAERE P. & HAUW J.J. (1987). *Le «Nerve Growth Factor» : un espoir pour le traitement de la maladie d'Alzheimer.* Neuro-Psy 2 : 55-58.

DIAMOND M.C., JOHNSON R.E., PROTTI A.M., OTT C., KAJISA L. (1985). *Plasticity in the 904-day-old male rat cerebral cortex.* Exp. Neurol. 87 : 309-317.

DOTY B.A. (1972). *The effects of cage environment upon avoidance responding of rats.* J. Gerontol. 27 (3) : 358-360.

FISCHER W., WICTORIN K., BJORKLUND A., WILLIAMS L.R., VARON S., GAGE F.H. (1987). *Amelioration of cholinergic neuron atrophy and spatial memory impairment in aged rats by nerve growth factor.* Nature 329 : 65-68.

FLAHERTY C.H., HAMILTON L.W., GANDELMAN R.J., SPEAR N.E. (1977). *In :* «Learning and memory». Rand Mac Nally College Publis. Chicago, pp. 284-287.

FLAMENT-DURAND J. & BRION J.P. (1989). *Dementias in aged people : the neuro-pathological point of view. In :* «Innovative Trends in Psychogeriatrics». Interd. Top. Gerontol. Karger, vol.26, pp. 55-62.

GARDNER E.B., BOITANO J.J., MANCINO N.S., D'AMICO D.P. (1975). *Environmental enrichment and deprivation : effects on learning, memory and exploration.* Physiol. Behav. 14 : 321-327.
GOEMAERE-VANNESTE J. & VAN DEN BOSCH DE AGUILAR Ph. (1987). *Etude des fibres nerveuses périphériques au cours du vieillissement chez le rat.* La Cellule 74 : 263-283.
GOLDMAN H., BERMAN R.F., GERSHON S., MURPHY S.L., ALTMAN H.J. (1987). *Correlation of behavioural and cerebrovascular functions in the aging rat.* Neurobiol. Aging 8 : 409-416.
GOTTLIEB G. (1978). *Early influences. In :* «Studies on the Development of Behavior and the Nervous System». Vol.4, N.Y. Academic Press.
GREENOUGH W.T. (1985). *The possible role of experience-dependent synaptogenesis, or synapses on demand, in the memory processes. In :* «Memory Systems of Brain». Weinberger, Mc Gaugh & Lynch G. (Eds.), N.Y. Guilfort Press, pp. 77-103.
HAUW J.J. (1987). *Vieillissement cérébral normal et pathologique.* Acquis neuro-anatomiques. Fondation Nationale de Gérontologie.
HAUW J.J., DUYCKAERTS C., DELAERE P., LAMY C., HENRY P. (1989). *Alzheimer's disease : neuropathological and etiological data.* Biomed. & Pharmacother. 43 : 469-482.
HEBB D.O. (1947). *The effect of early experience on problem solving in maturity.* American Psychologist 2 : 306-307.
HEBB D.O. (1949). *The Organization of Behaviour.* N.Y. John Wiley and sons.
HEFTI F., HARTIKKA J., KNUSEL B. (1989). *Function of neurotrophic factors in the adult and aging brain and their possible use in the treatment of neurodegenerative diseases.* Neurobiol. Aging 10 : 515-530.
HEUSCHLING P., DE PAERMENTIER F., VAN DEN BOSCH DE AGUILAR Ph. (1988). *Topographical distribution in the adult rat brain of neurotrophic activities directed to central nervous system targets.* Developm. Brain Res. 38 : 9-17.
HURTADO H., KNOOPS B., VAN DEN BOSCH DE AGUILAR Ph. (1987). *Rat sciatic nerve regeneration in semipermeable artificial tubes.* Exp. Neurol. 97 : 751-758.
KNOOPS B., HUBERT I., HAUW J.J., VAN DEN BOSCH DE AGUILAR Ph. (1991). *Axonal growth and astrocyte migration from co-cultured septal and hippocampal slices into fibrin-fibronectin containing matrix of peripheral regeneration chambers.* Brain Res. 540 : 183-194.
KONORSKI J. (1961). *The physiological approach to the problem of recent memory. In :* «Brain Mechanisms and Learning». Fessard A., Gerard R.W., Konorski J. & Delafresnaye J.F. (Eds.) Blackwell, Oxford.
LASHLEY K.S. & BALL J. (1929). *Spinal conduction and kinesthesic sensitivity.* J. Comp. Psychol. 9 : 71-101.
MARSHALL J.F. (1984). *Brain function : neural adaptations and recovery from injury.* Ann. Rev. Psychol. 35 : 277-308.
MILLER A.K.H., ALSTON R.L., CORSELLIS J.A.N. (1980). *Variations with age in the volumes of gray and white matter in the cerebral hemispheres of man : measurements with an image analyser.* Neuropathol. Appl. Neurobiol. 6 : 119-132.
MOHAMMED A.K., WINBLAD B., EBENDAL T., LARKFORS L. (1990). *Environmental influence on behavior and nerve growth factor in the brain.* Brain Res. 528 : 62-72.
O'KEEFE J.O. & NADEL L. (1978). *The Hippocampus as a Cognitive Map.* Clarendon Press, Oxford.
PAILLARD J. (1976). *Réflexion sur l'usage du concept de plasticité en neurobiologie.* J. Psychol. 1 : 33-47.
PHELPS C.J. & SLADEK J.R. (1984). *Plasticity of catecholaminergic neurons in aged rat brain : reinnervation and functional recovery of the axotomy.* Brain Res. Bull. 13 : 727-736.
PURVES D., SNIDER W.D., VOYVODIC J.T. (1988). *Trophic regulation of nerve cell morphology and innervation in the autonomic nervous system.* Nature 336 : 123-128.
ROHRER H. (1990). *The role of growth factors in the control of neurogenesis.* Eur.J. Neurosci. 2 : 1005-1015.
ROSENBERG M.B., FRIEDMAN T., ROBERTSON R.C., TUSZYNSKI M., WOLFF J.A., BREAKEFIELD X.O., GAGE G.H. (1988). *Grafting genetically modified cells to the damaged brain : Restorative effects of NGF expression.* Science 242 : 1575-1578.

ROSENZWEIG M.R. & BENNETT E.L. (1976). *Neural Mechanisms of Learning and Memory.* Cambridge Mass, MIT Press.
ROUSSEAU-LEFEVRE D. (1977). *Modifications de la plasticité comportementale par l'environnement : mise en évidence d'un syndrome de dysinhibition.* Thèse de Doctorat en Psychologie, Université Catholique de Louvain.
SCHEIBEL M.A. & SCHEIBEL A.B. (1975). *Structural changes in the aging brain. In* : «Clinical, morphologic and neurochemical Aspects in the aging Nervous System». Brody H., Harman D. & Ordy J.M. (Eds.), Aging, vol.1, N.Y., Raven Press, pp. 11-37.
SCHEIBEL M.E., LINDSAY R.D., TOHIYASU U., SCHEIBEL A.S. (1975). *Progressive dendritic changes in the aging human cortex.* Exp. Neurol. 47 : 392-403.
SCHWARTZ M. (1987). *Molecular and cellular aspects of nerve regeneration.* CRC Rev. Biochem. 22 : 89-110.
SERON X. & LATERRE E.C. (1982). *Rééduquer le cerveau.* Ed. P. Mardaga , 285 pp.
SHARP P.E., BARNES C.A., Mc NAUGHTON B.L. (1987). *Effects of aging on environmental modulation of hippocampal evoked responses.* Behav. Neurosci. 101 (2) : 170-178.
SOFFIE M., BRONCHART M., LEBAILLY B. (1986). *Scopolamine-induced deficits in acquisition of a complex spatial learning.* Physiol. Behav. 37 : 79-84.
SUTCLIFFE J.G. & MILNER R.J. (1984). *Brain specific glue expression.* T.I.B.S. 3 : 95-99.
TERRY R.D., DE TERESA R., HANSEN L.A. (1987). *Neocortical cell counts in normal human adult ageing.* Ann. Neurol. 21 : 530-539.
VAN GOOL W.A., PRONKER H.F., MIRMIRAN M., UYLINGS H.B.M. (1987). *Effect of housing in an enriched environment on the size of the cerebral cortex in young and old rats.* Exp. Neurol. 96 : 225-232.
VARON S. (1985). *Factors promoting the growth of the nervous system.* Discuss. Neurosci. II (3) : pp.62.
WARREN J.M., ZERWECK C., ANTHONY A. (1982). *Effects of environment enrichment on old mice.* Dev. Psychobiol. 15 (1) : 13-18.
WATTS J.R., STEVENS R., ROBINSON C. (1981). *Effects of scopolamine on radial maze performances in rats.* Physiol. Behav. 26 : 845-851.
WILL B. & STEIN D. (1987). *La récupération après lésion cérébrale. In* : «Le Cerveau». Pour la Science, Paris, pp. 178-190.
WILL B., SCHMITT P., DALRYMPE-ALFORT J. (1985). *Brain plasticity, learning and memory : historical background. Conceptual perspective. In* : «Brain Plasticity, Learning and Memory». Will B., Schmitt P. & Dalrympe-Alfort J. (Eds.), N.Y. Plenum Press, pp. 1-11.

Vie affective, psychodynamique et vieillissement

Philippe MEIRE

Rendre compte de ce que l'on appelle indûment «la psychologie de la personne âgée» et a fortiori de son vécu (dont le propre est d'être largement indicible), représente une gageure et un défi que nous nous garderons bien de relever.

Cependant, ce domaine est tellement encombré de préjugés et de stéréotypes qu'il apparaît souhaitable de faire le point sur les relations complexes entre vie affective et vieillissement, dans la perspective de cet ouvrage sur les potentialités des personnes âgées.

En effet, chacun a son idée de ce qu'est ou devrait être le vécu de la personne vieillissante, en fonction de ses expériences et de ses présupposés, les idées oscillant le plus souvent entre le pôle du misérabilisme morbide et celui de l'angélisme béat.

Depuis l'antiquité, le vieillissement est régulièrement appréhendé tantôt comme une catastrophe irrémédiable pour les individus, tantôt comme une phase exceptionnelle de mûrissement et de sagesse. A titre anecdotique, chez les Grecs les idées extrêmes alternent du pessimisme de Socrate à l'optimisme de Platon pour revenir à la méfiance d'Aristote. De même, chez les Romains, Cicéron vieillissant célèbre son propre état dans le «De Senectute» alors que Térence et Sénèque redoutent cet état de maladie incurable que serait la vieillesse.

Cette attitude se retrouve de nos jours aussi bien dans le découragement fataliste de la confusion si fréquente entre le processus de sénescence et la sénilité pathologique que dans le déni de l'impact du vieillissement sur le physique et le psychique.

Avant tout, il nous faut soutenir deux affirmations pour lutter contre les amalgames et les simplifications abusives :
– la personne âgée n'existe pas ;
– le vieillissement est avant tout un concept biologique.

« La » personne âgée n'existe pas

Le stéréotype de « la » personne âgée est le premier à combattre avant d'envisager toute approche psychologique du vieillissement.

Tout d'abord, il serait absurde d'essayer de décrire de manière uniforme les nombreux membres d'un groupe aussi varié que celui des personnes de 60 ou 65 ans (suivant les conventions en vigueur) à 90 ans et plus, soit parfois plus de 30 ans de vie... Oserait-on imaginer de même un portrait psychologique de la personne entre 0 et 30 ans ?

Ensuite, même si l'on nous objecte la possibilité de distinguer des catégories comme les septuagénaires et les octogénaires (ou bien comme le proposent les anglo-saxons : les « young old », les « old old » et les « very old »), il faut remarquer que les caractéristiques éventuelles de ces groupes sont très fluctuantes en raison des rapides évolutions médicales et psycho-sociales et sont, dès lors, très mal connues. Les vieux d'hier ne sont pas ceux d'aujourd'hui ou de demain.

Enfin et surtout, les circonstances de la vie et les choix personnels viennent s'ajouter aux particularités biologiques pour faire du vieillissement un processus hautement différentiel et chaque être humain devient de plus en plus unique et original. S'il est possible, quoique relatif, de décrire les particularités psychologiques de l'enfant de trois ans, il est inconcevable d'envisager une « psychologie-type » de cet âge que l'on dit étrangement le troisième et, parfois, le quatrième.

Nous verrons d'une manière constante que la personnalité antérieure est beaucoup plus déterminante que l'âge de la personne. Le qualificatif « âgé » occupe souvent une place disproportionnée par rapport à l'information qu'il véhicule et induit trop facilement une vision biaisée par occultation d'autres caractéristiques bien plus instructives (le sexe, la profession antérieure, l'état de santé, le niveau socio-culturel,...). Chaque fois que nous utiliserons cette inévitable expression de «personne âgée»; il faudra tenir compte de ces réserves.

Le «vieillissement» est avant tout un concept biologique

La notion de vieillissement est issue des constatations biologiques sur la vie et la mort. Au niveau de l'organisme vivant, le vieillissement est caractérisé par un déclin des fonctions vitales, même si ce déclin peut être partiellement compensé par différents mécanismes de régulation homéostatique, décrits dans la première partie de cet ouvrage. Par cette dimension biologique, l'être humain participe au vieillissement généralisé comme effet du temps sur les systèmes vivants.

Cependant, au niveau de l'être humain en tant que personne, c'est-à-dire en tant qu'émergence d'une articulation bio-psycho-sociale, il peut être équivoque, voire dangereux, d'employer le même terme pour désigner son inscription dans la temporalité. *Stricto sensu*, la personne vieillit-elle? Oui, si l'on entend par là qu'elle s'inscrit dans la durée et qu'elle évolue ou s'accomplit... Non, si l'on confond les niveaux logiques et qu'on importe, sans critique, la notion biologique du déclin. Le primat de la pensée biologique semble souvent entraîner systématiquement une conception déficitaire des autres champs.

Certes, il ne saurait être question de faire l'économie de ce Réel inéluctable du vieillissement et de la mort auquel chacun s'affronte. La personne est directement concernée et «affectée» par le vieillissement biologique. Cependant, les temporalités de l'organisation sociale et, surtout, de l'organisation psychique sont différentes de celle de l'organisation vivante. Si l'on parle, par extension, de vieillissement psychique ou de vieillissement social, il s'agit de phénomènes bien distincts du vieillissement biologique.

Ces raisons nous font penser qu'il faut utiliser avec une certaine réserve des expressions comme psychologie de «la personne âgée» ou de la «vieillesse». Ces deux expressions laissent par trop suggérer qu'il y aurait un état psychique caractéristique de la vieillesse biologique. C'est pourquoi nous essaierons d'aborder autrement la question des relations entre la vie affective et le processus du vieillissement, dans une compréhension psychodynamique et une perspective développementale.

LES TÉMOINS INDIRECTS DE LA VIE AFFECTIVE

Il n'est pas facile de conceptualiser l'expression «vie affective» qui est presque un pléonasme puisque l'affectivité est l'expérience fondamentale de l'être vivant et de son rapport au monde, avant toute conceptualisation. Toute vie est caractérisée par la tension entre une autonomie qui se construit par rapport à un monde que l'organisme vivant définit comme étant «son» milieu, en s'en distinguant (Pichot, 1980).

Le vécu est dans cette tension, dans ce rapport caractérisé par le «sentir» et le «se mouvoir» (cf. l'émotion comme «ex-movere»). Dans l'écart entre l'individu et son monde, il y a affect, tension ou pathos... Comme à tout autre âge, l'affectivité est donc ce vécu de base, ce contact avec le monde que nous ne pourrons décrire qu'au travers de ses manifestations indirectes.

Dans la première partie, nous ferons appel aux témoins indirects de la vie affective à travers les études psycho-sociales, les tests psychologiques et les enseignements de la clinique.

Dans une seconde partie, nous tenterons de comprendre la dynamique et les potentialités de ces phénomènes à travers les modèles psychanalytiques et développementaux.

Les études psycho-sociales

De nombreux chercheurs, surtout anglo-saxons, ont cherché à décrire et à comprendre les manifestations psycho-sociales du vieillissement, à travers un certain nombre de «théories» (Hetu, 1988; Mishara & Riedel, 1984). Nous mettons le terme «théorie» entre guillemets dans la mesure où ces descriptions ne constituent pas vraiment des théories au sens d'un véritable modèle explicatif ou compréhensif. Il s'agit plutôt de l'accentuation de divers facteurs que nous avons regroupés en quatre thèmes correspondant à quatre positions majeures et complémentaires :

1° avec l'âge, la personne se replie sur elle-même;

2° avec l'âge, la personne évolue et cherche de nouveaux rôles;

3° avec l'âge, la personne ne change guère;

4° l'âge est un facteur secondaire par rapport aux conditions sociales.

La «théorie» du désengagement

Cette théorie postule que le vieillissement s'accompagne de signes de désengagement réciproque de la société et de l'individu, par rapport à leurs interactions habituelles (rôles professionnels et sociaux). Suivant les tenants de cette hypothèse (van der Horst, 1949), il existerait une tendance à la diminution du niveau d'interaction sociale tant par la fréquence que par le degré d'implication. Cependant, ce concept de désengagement social est extrêmement flou et variable. En effet, une personne peut se désengager socialement pour se consacrer plus à son intériorité et se retrouver, en fait, très engagée dans sa nouvelle activité tout en ayant, momentanément ou non, réduit le niveau de ses interactions sociales.

Ces auteurs reconnaissent d'ailleurs que certaines personnes ne se désengagent guère soit par vitalité, soit par angoisse devant la perspective de perte de rôles et de statuts. Le désengagement semble de plus en plus souvent ne concerner que des personnes très âgées («very old» ou quatrième âge) plutôt que l'ensemble des personnes vieillissantes.

En outre, la question reste de savoir s'il s'agit d'un phénomène passif en raison de la pression sociale ou si la personne âgée se désengage activement par perte de motivation. Processus réel ou stéréotype culturel supplémentaire ?

En fin de compte, les réactions de désengagement social apparaissent comme une des modalités possibles au cours du vieillissement. Elles sont surdéterminées par une série de facteurs, qui seront soulignés dans les autres «théories» :
– l'histoire du sujet et sa personnalité antérieure ;
– le sentiment qu'a (eu) le sujet d'exercer un contrôle possible, une relative maîtrise sur ses conditions de vie sociale en fonction de son état de santé et de sa situation socio-économique ;
– la perception intuitive du temps qui lui resterait à vivre : le désengagement est plus fréquent chez les personnes très âgées ou chez des personnes convaincues de ne plus vivre très longtemps (antécédents familiaux, problèmes graves de santé ou convictions irrationnelles...).

Ainsi, nous réalisons que l'âge chronologique ne constitue le plus souvent qu'un facteur partiel et indirect de désengagement social.

Fondamentalement, il faut aussi approfondir cette notion de désengagement social qui apparaît singulièrement ambiguë. Elle peut recouvrir aussi bien un abandon et un repli passif qu'une recherche d'accomplissement et d'achèvement de soi dans un mouvement d'intériorité.

On voit ici les limites et les dangers des approches empiriques décrivant les manifestations sociales au cours du vieillissement lorsqu'elles en infèrent plus ou moins explicitement des conclusions quant à la vie affective de la personne âgée. Ces données doivent être interprétées à travers des modèles compréhensifs.

Des phénoménologues comme Minkowski (1951) ont souligné le désir de sens et de cohérence face à la perception de son histoire comme vécue et au sentiment de ce qu'on n'aura plus le temps d'achever au niveau de l'action. Ainsi, le dés-engagement des interactions sociales peut-il être aussi bien l'indication d'une «anesthésie» affective et d'un vide dépressif que le témoin d'un engagement croissant dans la symbolisation et la construction de sens.

Comme le souligne Ricœur, la vie humaine est non seulement dans l'action mais aussi dans le récit qu'on en fait pour soi et pour les autres, afin de donner sens et continuité à son histoire. Chacun écrit en quelque sorte le roman de sa vie tout en la vivant et, dans cette perspective, le temps de la vieillesse apparaît comme le pressentiment de la fin du roman. Ce n'est plus le moment d'introduire de nouvelles actions ou de nouveaux personnages mais plutôt celui de rassembler les chapitres épars, les récits inachevés pour leur donner sens et cohérence (Malherbe, 1987).

Il est indéniable qu'il existe souvent, avec l'avance en âge, un besoin de rassembler, de transmettre et de synthétiser son expérience de vie à travers des récits, des mémoires, un attrait pour la philosophie ou la religion. L'apparent désengagement social peut correspondre à cet engagement croissant dans la symbolisation qui est aussi œuvre de socialisation mais à long terme, loin de tout activisme. Elle est œuvre de patience et ponctuée de silences et de points de suspension car la fin du roman accentue l'indicible et la mort immanente, celle qui est déjà présente dans nos vies par nos limites et nos altérations. La dimension de désengagement prend ainsi une toute autre perspective qu'un supposé défaut de motivation.

Les «théories» de l'activité et des changements de rôle

En réponse à l'hypothèse du désengagement, d'autres auteurs (Atchley, 1980) vont insister sur la fréquence et l'importance du maintien d'activités valorisées par la personne âgée. Le vieillissement serait accompagné par la découverte de nouveaux rôles ou, en tout cas, de nouveaux moyens pour conserver les anciens rôles.

Incontestablement, cette dimension «active» du vieillissement est de plus en plus présente, peut-être en réaction au concept de «personne âgée» qui a pu représenter une sorte de statut vide et angoissant pour un groupe minoritaire et dévalorisé (à l'image du statut de «chômeur» par exemple). En effet, le manque de rôles et d'activités signifiantes pour la personne, peut mener à une perte de but et d'identité, un état d'«anomie».

On pourrait associer à ce besoin d'identité les «théories de la sous-culture» et du «groupe minoritaire» qui se rejoignent pour décrire un ensemble de normes et conventions propres à la constitution d'une identité dans un groupe plus ou moins marginal de la société. Tout comme il existe des modes ou des conventions caractéristiques du groupe «adolescents», il existerait en fonction des époques et des cohortes (groupes de personnes nées vers la même époque) différentes, des règles et des modes propres au groupe «troisième âge».

En contraste avec des époques antérieures dominées par d'autres stéréotypes, il se propage actuellement une idéologie activiste du vieillissement : il faut rester dans le coup et occuper son agenda... Effectivement, le sentiment d'identité est renforcé par l'accomplissement de rôles implicitement ou explicitement reconnus par la société. En vieillissant, les besoins restent fondamentalement les mêmes : nous avons tous besoin d'une image positive de nous-même, confirmée par les autres.

Cependant, il serait dangereux de voir se développer une idéologie de l'activisme dans le domaine gérontologique. Une activité et un rôle ne sont valorisants que s'ils ont un sens pour la personne. Il y a aussi des activités insignifiantes, au sens propre, souvent appelées «occupationnelles» et qu'il faut se garder de vouloir imposer.

Abandonner certaines activités ou certains rôles peut aussi être libérateur pour la personne. Plusieurs études montrent qu'il n'y a pas de liaison claire entre le nombre d'activités des personnes âgées et leur satisfaction de vie, sinon au niveau des activités consacrées à des contacts amicaux ou affectifs.

Si nous sommes convaincus des potentialités affectives au cours du vieillissement, nous pensons que c'est à la personne âgée de découvrir ou de prolonger des rôles, formels ou informels, qui soient signifiants pour elle, plutôt qu'imposés par la pression sociale.

Plusieurs études mettent d'ailleurs en évidence les nombreux rôles assumés par les personnes âgées en particulier vis-à-vis de leurs enfants et petits-enfants (écoute, conseils, éducation, aide pratique, administrative ou financière,...). Des initiatives diverses dans les domaines éducatifs, caritatifs ou socio-culturels émanent de plus en plus souvent du dynamisme propre des personnes âgées, sans attendre qu'ils ne leur soient proposés de manière plus ou moins paternaliste ou dévalorisée par la société. Cette activité est le plus souvent à l'image de la personnalité et de son histoire comme le rappelle la «théorie» suivante.

La «théorie» de la continuité

«La fin de notre vie est conforme à notre vie. Chaque homme parcourt le chemin qui mène à la vieillesse et à la mort conformément à son existence.» (van der Horst, 1949).

Plus lapidairement, Ajuriaguerra (le père de la psychogériatrie genevoise) avait lancé le désormais célèbre : «On vieillit comme on a vécu».

Cette dimension de continuité a été régulièrement soulignée. Ainsi, des chercheurs (Woodruff & Birren, 1972) ont montré que des sujets interrogés à 25 ans de distance, ne montraient guère de différences dans leurs réponses à des tests de personnalité (alors qu'ils croyaient avoir répondu autrement la première fois...).

Les études longitudinales ont montré que les humains ne changent pas de manière systématique ou identique au cours du vieillissement.

Les chercheurs des études longitudinales de Kansas City concluent (Neugarten, 1968) : «l'individu vieillit selon un «pattern» (modèle) qui a une longue histoire et qui se maintient en s'adaptant jusqu'à la fin de sa vie». Ainsi, il y a à la fois continuité et changement : la personnalité peut être décrite comme un système vivant, susceptible d'adaptation et d'évolution. La survenue d'une modification importante du caractère ou de la personnalité est d'ailleurs classiquement reconnue comme étant un signal d'alarme, pour le (psycho)gériatre, d'une décompensation pathologique probable.

L'évolution psychologique au cours du vieillissement d'un sujet donné ne peut se comprendre que sur base de sa personnalité antérieure et du type d'environnement que le sujet a constitué autour de lui. Les styles de personnalité, établis à la maturité, constituent les meilleurs indices de l'ajustement futur au vieillissement. Ils tendent même à devenir de plus en plus caractéristiques : ils se révèlent ou s'accentuent. Malraux disait : «Toute vieillesse est un aveu...» s'opposant ainsi, pour une fois, à De Gaulle et son tristement célèbre : «Toute vieillesse est un naufrage...».

Ces observations rejoignent la conviction intime de bien des personnes âgées qui nous disent ressentir ce sentiment de continuité au cœur de leur existence et être souvent déconcertées par l'importance que les autres attribuent aux changements, d'autant plus contrastants, de leur corps ou de leurs rôles sociaux.

Nous reviendrons plus loin sur une compréhension dynamique de cette intuition de permanence, si souvent décrite par des écrivains comme Beauvoir, Mauriac, Gide et tant d'autres.

Les « théories » du milieu social

En complément aux hypothèses sur la permanence de la personnalité, bien des sociologues ont mis en évidence l'importance des facteurs socio-économiques dans les modalités du vieillissement. Il faut éviter d'attribuer à un supposé « vieillissement psychique » des différences notables liées à l'environnement social.

Il a été bien démontré que les gens ne vieillissent pas au même rythme suivant leur condition sociale, leur profession et leur logement. Selon la théorie socio-économique du vieillissement, l'expérience de la vieillesse est pénible quand on est pauvre et gratifiante quand on est riche. Il s'agit, en quelque sorte, d'une théorie de la continuité sociale, complémentaire à la continuité psychologique.

Guillemard (1981) a ainsi étudié les retraités français issus des différentes classes sociales. Elle en conclut que « les pratiques sociales des personnes âgées expriment cette longue chaîne de déterminismes sociaux qui en ont progressivement élaboré leurs contours ». Les différences entre les styles de retraite confirment largement la théorie socio-économique suivant laquelle la société fabrique différents types de vieillards, en fonction de l'organisation du travail.

Au terme de cette revue des approches psycho-sociales du vieillissement, il ressort donc clairement que l'âge chronologique ne joue qu'un rôle secondaire et indirect (par le biais des changements qui lui sont le plus souvent associés) dans l'évolution de la personnalité et de la vie affective au cours du vieillissement.

L'évolution de tests de personnalité

Les études psychométriques de la personnalité confirment cette impression d'une grande stabilité dans le temps.

Les questionnaires de personnalité

Parmi les questionnaires de personnalité, l'Inventaire Multiphasique de Personnalité du Minnesota (M.M.P.I.) est largement répandu. Poitrenaud (1982) fait une revue complète des différents résultats et de leurs limitations liées à l'âge, la situation ou la pathologie dans les groupes étudiés.

Il constate une accentuation artificielle de la «triade névrotique» (échelles de dépression, d'hypocondrie et d'hystérie), par l'existence de problèmes somatiques venant interférer avec les réponses à ces questionnaires. L'échelle d'hypomanie est retrouvée, à plusieurs reprises, inférieure à la norme tandis que des résultats contradictoires sont obtenus pour l'échelle d'introversion sociale. Finalement, il conclut à une absence de modification notable avec l'âge, y compris dans la dimension dépressive (les changements constatés n'étant sans doute que le reflet de changements physiologiques).

Les questionnaires de stabilité émotionnelle indiquent que celle-ci n'est pas sensiblement différente de celle des adultes jeunes : elle serait même améliorée. Par contre, les résultats aux questionnaires d'extraversion montrent tous une tendance à l'introversion avec l'âge. Mais cette tendance survient déjà entre 20 et 50 ou 60 ans; elle ne continue pas par la suite. Au contraire, chez les sujets très âgés (plus de 80 ans), il y aurait même une remontée de l'extraversion. Toutefois, dans ces classes d'âge élevé, il faut se méfier d'un phénomène de sélection (petit groupe de «survivants» aux caractéristiques particulières) qui pourrait justifier ces résultats...

Les questionnaires de satisfaction de vie (satisfaction face à la vie présente et face à l'ensemble de la vie) ne montrent pas de modification notable avec l'âge. Malgré la survenue de problèmes de santé ou d'autres difficultés, les personnes âgées interrogées estiment leur vie aussi satisfaisante qu'auparavant, probablement par adaptation anticipative de leurs attentes : leur vieillesse se passe mieux qu'ils ne l'avaient pensé (par rapport à d'autres ou à ce qu'ils avaient craint).

Les tests projectifs

Les tests projectifs, comme le test de Rorschach, ont été l'occasion de controverses. En effet, tout comme pour les tests cognitifs, des problèmes méthodologiques se sont posés : notamment par le fait de ne pas tenir compte de l'effet de cohorte en pratiquant des études transversales, en confondant ainsi des groupes socio-culturels et des générations de vie très différents. Les premières études concluaient à des restrictions intellectuelles et affectives alors que des études plus rigoureuses ont permis de conclure que le vieillissement n'était pas en lui-même un facteur influençant les réponses à ce test, en dehors peut-être d'une tendance à la restriction du champ relationnel chez les plus âgés (plus de 85 ans).

De l'ensemble de ces études psychométriques, Poitrenaud (1982) conclut : «finalement, il ne semble pas que, dans le domaine caractériel et affectif, l'âge soit un facteur déterminant du changement... en tout cas, nettement moins que dans le domaine cognitif».

Cette conclusion nous conduit à la confrontation avec les enseignements de la clinique psycho-gérontologique, en particulier de la fréquence des troubles affectifs avec l'âge.

Les enseignements de la clinique

L'affectivité de la personne vieillissante peut s'étudier à divers niveaux de la clinique psychogériatrique (Muller, 1969; Ferrey & Le Goues, 1989; Leger et al., 1989; Simeone & Abraham, 1984).

Nous ne nous attarderons pas sur les syndromes psycho-organiques, car ils relèvent d'une pathologie spécifique, plus fréquente aux âges avancés. Il faut cependant rappeler que les états déments (repris souvent sous d'autres termes comme les états séniles, la sclérose cérébrale, la maladie d'Alzheimer,...) ne touchent que 5 % des personnes de plus de 65 ans : la toute grande majorité des personnes âgées ne seront donc pas atteintes même si beaucoup vivent dans l'angoisse de ces affections. Il est à noter cependant que de plus en plus de chercheurs s'intéressent désormais aussi au maintien et aux particularités de la vie affective chez les personnes souffrant de ces pathologies.

Cette partie sera donc consacrée aux enseignements de la clinique quant aux difficultés affectives au cours du vieillissement.

Les états dépressifs

Un des stéréotypes adultomorphes concernant le vieillissement consiste à penser qu'avec la conjonction fréquente à cet âge de problèmes somatiques et sociaux, les personnes âgées doivent toutes être déprimées. Il y a d'ailleurs des similitudes physiologiques entre l'état de dépression vitale et les caractéristiques de la sénescence (ralentissement psychomoteur, modifications de l'appétit et du sommeil, perturbations neuro-endocriniennes...). De nombreux facteurs biologiques, physiologiques, psychologiques et sociaux rendent donc *a priori* l'éventualité d'une dépression plus probable chez la personne âgée.

Tout indique cependant qu'il n'en est rien. Nous avons déjà vu que les niveaux de satisfaction de vie ne se modifient guère avec l'avance en âge. De même, il est tout à fait surprenant de constater que la prévalence des états dépressifs est plutôt inférieure chez la personne âgée que pour le reste de la population adulte. Or il s'agit de chiffres de prévalence (nombre de cas existant durant une période donnée), chiffres qui devraient être élevés chez les personnes âgées de par l'existence de cas de durée prolongée. Les chiffres d'incidence (nombre de nouveaux cas sur une période donnée) sont malheureusement beaucoup plus difficiles à obtenir sur le plan épidémiologique.

Parmi les états dépressifs, on distingue :

– les épisodes dépressifs majeurs (les dépressions vitales, endogénomorphes ou maladies dépressives) dont la prévalence est évaluée à 2 ou 3 % contre 4 à 5 % chez l'adulte plus jeune;

– les symptômes dépressifs ou dysphoriques qui, chez la personne âgée, ont une prévalence assez comparable à celle des plus jeunes (10 à 20 % environ).

Ces chiffres posent de gros problèmes méthodologiques et varient beaucoup d'une étude à l'autre. La tendance observée ne va pas dans le sens d'une fréquence accrue de la dépression avec l'âge : un tel constat soulève des questions intéressantes sur la « résistance » des personnes âgées à l'état dépressif. Le taux très élevé de suicides chez les personnes âgées (en particulier chez les hommes) — avec des moyens radicaux — semble infirmer cette hypothèse. On ne peut cependant lier directement dépression et suicide dans la mesure où un certain nombre de suicides paraissent liés à un constat rationnel de « mort sociale ou systémique » et ne s'inscrivent pas dans un contexte de véritable dépression majeure. Plusieurs facteurs doivent être envisagés :

– Les aînés sont des « survivants » par sélection naturelle, les grands dépressifs étant déjà décédés auparavant par suicide mais aussi de diverses maladies ou accidents. Plusieurs études longitudinales vont dans ce sens, établissant une corrélation entre l'état de dépression ou de dépréciation subjective de l'état de santé et la mortalité.

– Les personnes âgées souffrent de dépressions « masquées » ou « non dites » qui ne sont pas mises en évidence par les enquêtes épidémiologiques. Une série de symptômes attribuables à l'état dépressif (ralentissement, troubles d'attention et de mémoire, douleurs, insomnies, perte d'appétit,...) sont trop souvent imputés à l'âge et restent sans aide thérapeutique. En outre, chez un certain nombre de personnes âgées, la dépression semble s'enliser dans la corporéité et se marque uniquement par des plaintes physiques sans plainte thymique.

– Des états dépressifs sont classés dans les enquêtes épidémiologiques parmi les troubles cognitifs ou psycho-organiques car cette pathologie est à l'avant-plan : un tiers des syndromes démentiels sont accompagnés d'un état dépressif.

– Enfin, outre ces hypothèses pessimistes, il est permis de se demander si un certain nombre de personnes âgées ne sont pas arrivées à une capacité de sublimation, de sagesse ou de «consentement» leur permettant d'affronter les changements importants imposés par l'âge sans présenter de décompensations dépressives majeures. Toutefois, ceci doit être avancé avec une grande prudence. Il est en effet facile de supposer aux personnes âgées une plus grande capacité de sublimation pour ne pas trop s'en préoccuper : l'expérience clinique montre que si la possibilité de sublimer peut se développer au cours de l'existence, elle n'est jamais acquise et certainement pas par le simple fait d'avancer en âge...

Quoi qu'il en soit, les décompensations dépressives chez les personnes âgées sont moins fréquentes qu'on ne l'imagine généralement et apparaissent surtout liées à quatre facteurs beaucoup plus importants que l'âge chronologique :
– la santé;
– la situation sociale;
– la personnalité antérieure;
– la qualité relationnelle.

Murphy (1986) a montré que ces épisodes dépressifs survenaient le plus souvent dans le contexte d'une affection physique importante, surtout si elle touche l'indépendance motrice de la personne (problèmes orthopédiques et neurologiques) ou si elle survient dans le décours de la perte d'une relation de confiance ou d'intimité. Selon son étude, le risque de développer une dépression dans l'année pour les personnes âgées était de 10 % environ. Pour ceux qui étaient en bonne santé, sans problème social majeur et sans événement touchant la vie relationnelle, le risque était seulement de 2,5 % alors que la présence d'un seul de ces facteurs faisait passer le risque à 16 % et la présence des trois facteurs réunis était associée à une dépression dans un cas sur deux. Mais la vulnérabilité à ces stress s'avérait largement liée à des traits de personnalité anciens et à un manque d'estime de soi : les aléas de la vieillesse fonctionnent comme des révélateurs.

En conclusion, les modifications physiologiques au niveau du cerveau sénescent ne semblent donc pas déterminer, à elles seules, la survenue d'états dépressifs au cours du vieillissement.

L'anxiété

Comme pour les états dépressifs, il est difficile, en cette matière, d'évaluer l'incidence (survenue de nouveaux cas) et plus aisé d'étudier la prévalence qui intègre l'ensemble des cas nouveaux et chroniques existants sur une période donnée.

On peut rendre compte de la prévalence de l'anxiété chez la personne âgée de deux manières différentes :

– De manière directe, par les enquêtes épidémiologiques. Celles-ci ont révélé qu'environ 10 à 15 % des personnes âgées de plus de 65 ans souffrent de symptômes d'anxiété suffisamment sévères pour justifier une intervention médicale. Ce chiffre n'est pas supérieur à celui de la population générale...

– De manière indirecte, par la consommation de tranquillisants. Une étude réalisée par les « Mutualités Socialistes de Wallonie » a montré que 47 % des femmes de 70 ans consommaient des anxiolytiques. Mais la plupart en tant que somnifères, ce qui rend en fait toute appréciation difficile.

En outre, le rôle de l'inhibition dans la symptomatologie anxieuse chez la personne âgée est particulièrement important et trompeur. L'inhibition est un processus actif qui se traduit à divers niveaux :

– Inhibition physique : réduction de l'activité physique, fatigue anormale, asthénie matinale...

– Inhibition psychique : difficultés d'idéation et d'expression, troubles de la mémoire et de la concentration, ruminations et fatigue psychique anormale...

– Inhibition sociale : isolement et fuite des autres, réduction des activités, diminution de l'affirmation de soi, difficulté à entreprendre des projets, malaises dans les lieux publics...

Tous ces symptômes, retrouvés dans les états anxieux et/ou dépressifs sont trop souvent perçus comme signes d'un déficit et attribués, à tort, à la sénescence (vieillissement physiologique) ou à la sénilité sans en reconnaître leur origine anxieuse et, partant, sans les traiter. Ceci entraîne un défaitisme dangereux de la part du patient et de son entourage.

En conclusion, si les états dépressifs ou anxieux sont insuffisamment reconnus et traités chez la personne âgée, ils ne paraissent pas fondamentalement plus fréquents que chez les autres adultes.

Les difficultés affectives au quotidien

Face aux épreuves inévitables du vieillissement, la plupart des personnes âgées montrent donc de grandes capacités d'adaptation et ne décompensent pas de façon majeure sur le plan affectif.

Ces constatations ne doivent cependant pas faire oublier que la plupart d'entre elles sont confrontées à un moment ou l'autre à des difficultés qui ont des liens directs avec leur vécu affectif. Parmi ces difficultés, retenons les plus fréquentes telles qu'elles nous sont rapportées par les personnes elles-mêmes :

– Une sensation de ralentissement, de fatigabilité et de baisse de vitalité. Ces phénomènes ne doivent pas être systématiquement rapportés à un état dépressif, surtout chez les personnes très âgées, et semblent le corrélat inévitable du vieillissement biologique même s'ils peuvent être largement atténués par le maintien d'une activité physique suffisante (rôle de l'exercice et de l'entraînement).

– Un sentiment de fragilité et d'insécurité, lié aussi bien à des problèmes somatiques (troubles de l'équilibre, de la vue, de l'ouïe) qu'à des problèmes sociaux (insécurité actuelle, rythme de vie,...), les rendant plus dépendantes des autres dans la vie quotidienne.

– Des difficultés de mémoire et de concentration qui sont étudiées dans une autre partie de l'ouvrage. Soulignons cependant les relations de causalité circulaire entre les troubles cognitifs et les difficultés affectives. Si les pertes de mémoire entraînent un regain d'anxiété, les aléas de la vie affective peuvent entraîner un certain nombre d'oublis soit par défaut d'intérêt pour des informations insignifiantes, soit par inhibition de souvenirs plus ou moins désagréables : la psychanalyse nous a montré que les oublis ne sont pas toujours anodins ou absurdes...

– De fréquents troubles du sommeil. Ils correspondent à des modifications physiologiques comme des réveils nocturnes plus fréquents et plus prolongés, diminuant la sensation de qualité du sommeil. Des plaintes d'insomnie sont parfois liées à une tentation de refuge dans le sommeil, à l'image d'autres régressions possibles, pour retrouver la sécurité et la fusion primordiales. Il faut ajouter que l'activité onirique ne diminue que très progressivement et reste variée : parfois heureuse ou compensatoire, parfois anxieuse, à l'image de la vie affective.

– Des modifications éventuelles dans les relations avec les autres, caractérisées par une tendance au repli et au conservatisme. Il y a souvent une attitude d'idéalisation du passé, vraisemblablement protectrice face au sentiment de fragilité déjà évoqué. Souvent encore, un sentiment de solitude lié à l'impression de ne pas compter et d'être inutile, révélant une ancienne et profonde incertitude quant à l'identité et à la valeur personnelle (Balier, 1973). Cependant, de façon très inattendue, le sentiment de solitude ne semble pas plus répandu que chez les adultes plus jeunes.

– Des difficultés dans la réalisation d'une vie de couple : par isolement, conflits conjugaux ou problèmes sexuels. Nous reviendrons dans la deuxième partie sur la place de la sexualité dans une perspective psychodynamique du vieillissement. Notons déjà qu'à un niveau strictement biologique, la fonction sexuelle décroît comme toutes les autres fonctions physiques, surtout si elles ne sont pas entraînées. Le sexe mâle est particulièrement vulnérable à cet égard puisque près d'un quart des hommes ont des problèmes de puissance vers l'âge de 60 ans et près de la moitié vers 70 ans.

Malgré ces indéniables difficultés, les personnes vieillissantes portent témoignage de remarquables capacités adaptatives. Elles sont décrites dans le chapitre rédigé par A. Gommers : «Dynamismes et stratégies adaptatives chez la personne âgée». Nous tenterons ici d'en analyser les modalités affectives.

POUR UNE COMPRÉHENSION DE LA VIE AFFECTIVE ET DE SES POTENTIALITÉS AU COURS DU VIEILLISSEMENT

Nous ne pouvons en rester au stade d'une description des phénomènes affectifs chez la personne âgée. Si nous voulons l'aider et l'accompagner lors de ses difficultés éventuelles, il nous faut recourir à des modèles de l'organisation psychique comme régulation du rapport à soi et au monde, ce qui est l'essence même de la vie affective.

La dimension biologique

Le vieillissement biologique entraîne, bien sûr, de nombreux effets *indirects* par les répercussions affectives de troubles physiologiques venant accroître un sentiment de fragilité, d'incertitude ou de dépression (difficultés sensorielles, altérations des fonctions cognitives, autres problèmes de santé...). Il entraîne aussi de nombreuses conséquences sociales et symboliques sur l'image de la personne âgée, telle qu'elle sera finalement inscrite culturellement chez elle-même et chez ses proches (involution, déficit, déclin...). A l'occasion d'examens médicaux, il y a parfois un usage intempestif d'expressions ou de prescriptions évoquant le déficit, non sans conséquence pour le narcissisme du patient âgé.

Existe-t-il par ailleurs un effet *direct* du vieillissement biologique sur la vie affective ?

Nous avons vu que la personnalité, en tant que régulation caractéristique exercée par chaque individu sur ses affects, était peu modifiée, voire inchangée avec l'avance en âge. Mais l'affect lui-même, le vécu du rapport au monde, n'est-il pas modifié par le vieillissement biologique ? La question est ouverte.

Nous savons que chez les animaux, il doit exister une stricte concordance des processus de vieillissement biologique et comportemental. Muller (1969) rappelle que l'observation des animaux âgés les montre « plus lents, moins attentifs alors que leurs forces physiques diminuent. Ils restent couchés, apathiques et ne manifestent plus guère d'intérêt sauf pour la nourriture. L'instinct sexuel s'éteint ». Sans doute, certains phénomènes rapportés par les personnes âgées s'inscrivent-ils dans un processus analogue ; mais, en même temps, la biologie humaine est tellement différente et transformée par la dimension symbolique qu'il serait illégitime de transposer tels quels les enseignements de la biologie animale.

Ainsi, pour prendre l'exemple le plus frappant, la sexualité humaine n'a plus rien à voir avec l'instinct de reproduction et persiste jusqu'à la fin de la vie comme en témoignent les rêves et les fantasmes dont les personnes âgées nous parlent. L'intrication du symbolique et du biologique est telle qu'il n'est plus possible de distinguer si une baisse de motivation, souvent supposée chez la personne âgée, est plutôt d'origine symbolique ou plutôt d'origine biologique. Dans une situation d'interaction complexe et de déterminisme circulaire, nous devons éviter d'isoler trop artificiellement un des éléments.

Par contre, si nous ne pouvons « expliquer » sur un mode étiologique, nous pouvons essayer de « comprendre » le type d'interactions en cause.

Il nous semble utile, à ce stade, de faire référence aux réflexions actuelles sur le biologique et aux théories auto-organisatrices du vivant en tant que système opérationnellement clos (Varela, 1989). La vie est ici considérée comme le processus par lequel une entité se constitue distincte de ce qui devient ainsi son milieu extérieur. Elle tend vers un déterminisme circulaire complet, une structure théorique qui n'est jamais totalement atteinte, en raison de la dimension temporelle nécessaire aux rétroactions permanentes.

Le développement apparaît ainsi comme une course en avant vers une plus grande cohérence, à la recherche d'un point d'équilibre théorique, fonctionnant comme un attracteur* «utopique» inatteignable du système.

A l'inverse, le vieillissement et la mort sont liés à l'arrêt du développement nécessaire pour combler ce défaut de cohérence : la structure vivante se dégrade, offrant de moins en moins de résistance à l'agression du milieu, pour perdre finalement sa cohérence comme totalité. Pour reprendre la terminologie de Pichot (1980), cette phase correspondrait à ce que l'on pourrait appeler un effacement progressif du «désir biologique» comme tension d'un «sujet vivant» (non conscient, bien sûr) vers sa réalisation, un arrêt du travail de développement et une indifférenciation finale.

Ce détour par une réflexion métabiologique sur la signification du vieillissement nous semblait utile pour réfléchir aux applications possibles de ce concept à la vie psychique.

La dynamique de l'organisation psychique

Pour décrire la vie psychique et sortir du monisme du sujet rationnel, souverain dans un splendide isolement, Freud a fait appel, en fonction des paradigmes de son époque, au concept d'un «appareil psychique», traversé par des flux énergétiques entre instances diverses.

Actuellement, on peut reprendre cette idée à travers le concept d'organisation psychique, système vivant réalisant l'articulation des dimensions biologique et symbolique, et permettant l'émergence d'un sujet divisé entre ces deux dimensions. De par son inscription biologique, il est soumis au temps et à la loi du vieillissement; de par son inscription symbolique, il est représenté par un nom intemporel, symbole de sa continuité en tant qu'émergence de la totalité.

Ce n'est pas le lieu ici de reprendre la description de l'organisation psychique. Notons seulement qu'on peut y appliquer les caractéristiques de toute organisation vivante, à savoir l'auto-organisation, le déterminisme circulaire entre ses différentes composantes et le défaut de cohérence, comme cause et source de tension et de développement. La cohé-

---

* attracteur : expression reprise au langage mathématique de la «Théorie des Catastrophes», développée par R. Thom.

rence totale fonctionne comme l'objet à jamais perdu de par l'existence elle-même.

Comme tout système vivant, l'organisation psychique se manifeste à la fois comme continuité, en tant que totalité, et comme adaptation aux perturbations internes et externes. De par les multiples changements biologiques et sociaux qu'il peut occasionner, le vieillissement va donc mettre à l'épreuve les capacités de l'organisation psychique.

Le sujet extrinsèque au processus du vieillissement

Le vieillissement occasionnera d'abord et surtout une accentuation de la question de l'identité psychique en tant que continuité du sujet. Cette identité apparaît toujours incertaine et instable : tout en pressentant confusément sa continuité, le sujet est divisé entre son identification «imaginaire» à son image du corps qui est changeante et une identification «symbolique», culturelle qui est toujours relativement aléatoire et fragile. Pascal analyse, avec sa perspicacité habituelle, ce paradoxe permanent de la continuité et du changement du moi :

«Qu'est-ce que le moi?...
...Et si on m'aime pour mon jugement, pour ma mémoire, m'aime-t-on moi? Non, car je puis perdre ces qualités sans me perdre moi-même. Où est donc ce moi, s'il n'est ni dans le corps, ni dans l'âme? et comment aimer le corps ou l'âme, sinon pour ces qualités, qui ne sont point ce qui fait le moi, puisqu'elles sont périssables?...» (Pensée 688, Ed. Lafuma).

Or au cours du vieillissement, à un moment ou un autre, de manière progressive ou brutale, va se poser immanquablement pour le sujet la question de la modification de son image du corps de même que celle de certaines identifications symboliques (changement de rôle social et familial, changement de valeurs).

Pour éclairer cette problématique des effets du vieillissement sur l'organisation psychique, il est utile de bien distinguer la position du sujet, émergeant comme produit de la structure, point immobile et référentiel, par rapport aux différentes parties du système qui sont soumises à la loi du temps (Bianchi, 1987).

Les propriétés de la totalité ne peuvent être réduites à celles des parties. Ainsi la personne, en tant que sujet, ne peut être réduite ni à l'aspect strictement biologique de son fonctionnement corporel, ni à son versant psychique, l'Image du Moi, telle qu'elle lui est renvoyée.

La personne ne se résume pas non plus à son rôle social, à l'Idéal du Moi, place symbolique occupée dans le mythe personnel ou collectif. Si le sujet réel, le sujet de l'inconscient, peut se manifester à travers ses modes, il ne peut y être réduit.

Le vieillissement va entraîner une modification parfois dramatique de l'image de soi ainsi que de l'idéal de soi, entraînant une véritable crise d'identité. Mais celle-ci n'est justement vécue et perçue que par un sujet hors du temps imaginaire et chronologique de nos représentations : un sujet permanent en tant que totalité.

Cette division du sujet permet de comprendre cette intuition si fréquente selon laquelle le vieillissement est ressenti comme extrinsèque au sujet : il ne se vit pas vieux (ni jeune d'ailleurs) : il est dans le présent continu, éternel en quelque sorte. Son corps ou sa place sociale l'informent de son vieillissement, lui demeure...

Il suffit de penser à cette réflexion habituelle de vieilles personnes arrivant à l'hôpital : «il n'y a que des vieux ici...» oubliant qu'elles sont au moins aussi âgées, ou encore à tous ceux qui ne se reconnaissent plus dans les miroirs, surpris par ce corps vieillissant. Parmi les nombreux exemples littéraires, laissons parler le Mauriac des «Nouveaux mémoires intérieurs», octogénaire et toujours aussi acerbe (cité par A. Gommers, 1987) :

> «Tels que nous voilà pourtant, la porte de notre chambre refermée, nous ne sommes plus vus, c'est-à-dire plus interprétés. Tels que nous voilà, tels que nous fûmes toujours. Car de ceci nous sommes certains, nous qui nous connaissons du dedans : nous ne différons en rien, à cette heure du déclin, de l'être qui se manifestait au-dehors par un regard brillant et dont une mèche noire ombrageait le front...
>
> «Le vieil homme s'enchante sombrement d'une certitude dont il ne cherche à convaincre personne (et d'ailleurs il n'y a personne), c'est qu'il n'est pas devenu un autre. O permanence de l'âme! Identité de soi-même avec soi-même, de tout temps et à jamais!»

Ce phénomène lié à la division du sujet, est essentiel pour aborder la question de la psychologie du vieillissement. Il peut éclairer toute l'ambivalence par rapport à l'usage des mots concernant l'avance en âge : vieux, vieille, vieillard, même troisième âge...

Il y a quelque chose de tout à fait sain de refuser d'être identifié à son corps, à son image ou à sa place sociale. La personne n'est pas que cela : si l'identification devient étiquetage, c'est une insulte. Dans notre société où prédomine le point de vue biologique et matérialiste, le mot «vieillard» ne peut être perçu que sur le mode déficitaire.

Le vieillissement et la demande affective

La tension présente au niveau biologique est multipliée par l'interaction avec l'ordre culturel ou symbolique. Cette interaction de deux processus auto-référentiels, toujours incertaine et incomplète, est à l'origine de l'expérience du manque-à-être et du mouvement du Désir. L'affectivité et la sexualité humaine sont aussi transformées radicalement en une demande infinie de reconnaissance et de complétude. Le vieillissement du corps n'affecte en rien l'exigence de cette demande.

Nous nous trouvons donc devant le paradoxe d'une fonction sexuelle tendant à décliner, à l'instar de toutes les autres fonctions biologiques, mais ne s'accompagnant pas d'une diminution de la dimension désirante du sujet.

Certes, cette dernière n'implique pas qu'elle doive se réaliser dans une activité sexuelle qui, à tout âge, ne peut que s'avérer insuffisante par rapport à l'infini du Désir. Cependant, les étayages successifs de la personnalité, au cours de l'enfance ont abouti à ce que la dimension désirante se manifeste particulièrement au niveau génital. Ceci peut être source d'angoisse et d'inhibition pour la personne âgée non seulement par manque de confiance dans ses capacités séductrices et amoureuses mais aussi parce que le discours social était, jusqu'il y a peu, absent ou culpabilisant envers la sexualité de la personne âgée.

Les motifs en sont divers : tabou de la sexualité parentale, focalisation sur les problèmes somatiques ou sociaux, éducation du début du siècle. En outre, il existe probablement un souhait inconscient qu'avec le temps se développent une certaine lucidité sur les impasses de la sexualité humaine et une capacité accrue de sublimer et d'accepter le manque. La volonté de donner sens au processus du vieillissement et d'y voir, au niveau psychique, une possibilité d'accomplissement de la personne induit en retour une certaine normativité quant au «bien vieillir», une éthique du vieillissement, voire une sagesse.

Or, comme le souligne Minkowski (1951) : «Tout en moi ne suit pas la marche du vieillissement... il y a des moments de non-vieillissement... des traits restent de la prime enfance et il y a des désirs inaccomplis...». La vieillesse est complexe car elle se joue sur plusieurs niveaux et tableaux à la fois. L'harmonie n'est pas évidente : sans doute est-elle impossible du fait de la nature paradoxale et auto-référentielle (aux niveaux biologique et symbolique) de l'être humain.

C'est pourquoi, les discordances entre la norme de l'accomplissement de soi et les avatars de la quotidienneté semblent plus relever d'un défaut esthétique que d'une quelconque perversion. Tel sage sera perturbé par le «démon de minuit», tandis que tel autre pourra faire preuve d'une avarice déplacée...

Si la persistance du désir sexuel peut être déculpabilisée dans un dialogue permettant au sujet «auteur de sa vie» de reconnaître et d'intégrer les différents niveaux parfois complexes et contradictoires du roman de son existence, de réelles potentialités affectives peuvent être libérées au cours du vieillissement. Aussi bien pour ceux qui ont la chance de vivre encore avec un partenaire une sexualité peut-être plus tendre et moins compulsive, que pour tous ceux qui peuvent accepter de vivre, sans angoisse, avec des désirs inaccomplis.

Le vieillissement et la question d'identité

La question de l'identité et du changement se pose de manière plus ou moins aiguë en fonction des époques et des circonstances de la vie ainsi que de la stabilité de l'organisation psychique. Ainsi, dans les premiers temps de la vieillesse et parfois pendant très longtemps, il n'y a pas nécessairement de crise de l'identité : au point que certains parlent d'une nouvelle période de latence (Herfray, 1988).

A un moment pourtant, lors des «temps du changement» ou des «temps de la fin», se posera la question de l'altération, c'est-à-dire littéralement du *devenir autre*, et cela ne se fera pas toujours sans mal, ni difficulté. Les crises de la sénescence sont souvent comparées par leur intensité aux crises d'adolescence. Ce rapprochement se justifie par ces deux caractéristiques :

– L'image de soi, fondement du narcissisme primaire, y est profondément modifiée. Chez la personne vieillissante comme chez l'adolescent, le corps se modifie et la perception de soi en est troublée. Or, la perte de l'image de soi peut être à l'origine de l'angoisse et du sentiment de vide. Il y a là tout un travail de désinvestissement puis de réinvestissement, bref un travail de deuil à réaliser. Le vieillissement implique un travail psychique. Ce ne sont ni le deuil, ni le vieillissement qui sont pathologiques mais bien l'arrêt de l'élaboration psychique par déni ou refoulement.

– Non seulement l'image de soi se modifie, mais la signification (l'Idéal du Moi) véhiculée par le mythe personnel et collectif peut se trouver mise en cause... Le travail de deuil que je viens d'évoquer ne peut se faire qu'à travers un effet de symbolisation et une recherche, jamais achevée, de cohérence.

L'épreuve narcissique

A travers cette remise en question éventuelle de l'identité peut resurgir de façon très prégnante la dimension narcissique : « Si je ne suis pas ou plus celui que je pensais, ai-je encore de la valeur pour les autres et pour moi ? ». A ce moment, il peut y avoir réactivation de bien des problématiques anciennes, issues de la petite enfance.

Si la personne n'est pas soutenue par des paroles présentes ou passées, par le souvenir de l'aide des proches lors d'épreuves antérieures et par la richesse d'une vie imaginative et productrice de sens, le vide symbolique ne peut qu'entraîner une régression du narcissisme sur l'image du corps, avec le corollaire d'angoisse que cela suscite. De toute façon, cette épreuve narcissique peut s'accompagner de nombreux phénomènes caractérisés par une demande affective intense, impossible à combler mais nécessitant d'être entendue et reconnue :

– sentiment de détresse et d'abandon ;

– perte de l'estime de soi et auto-dévalorisation ;

– craintes de représailles surmoïques (angoisse de castration) ;

– réactivation de la situation œdipienne et de son ambivalence ;

– difficultés avec des enfants éventuellement parentifiés ;

– transformation possible de la demande déçue en rage et haine ;

– danger d'anéantissement de la personne (dépersonnalisation) ;

– observation hypocondriaque des traîtrises de cet alter ego du corps ;

– repli dans une dépression de type abandonnique ou auto-accusatrice ;

– évasion dans le fantasme ou le souvenir qui peut lui être équivalent.

Toutes ces issues sont possibles plus ou moins partiellement. Elles sont parfois transitoirement nécessaires comme expression de l'agressivité ou de la résistance au changement. Ces phénomènes ne sont cependant pas inéluctables et dépendent de la capacité d'élaborer un langage toujours neuf sur soi et le monde et de poursuivre le développement de la vie psychique.

Ainsi, les modifications du vécu de la temporalité pourront-elles osciller à certains moments entre une accélération, quand le temps paraît trop court pour vivre la richesse des significations possibles, et un ralentissement, quand le temps paraît trop long pour vivre dans l'attente de l'éternel retour.

Lorsque la recherche de cohérence par action sur le monde (cohérence externe) ne peut plus se développer dans la dimension biologique (début du vieillissement biologique), ce mouvement peut se réaliser dans les dimensions imaginaires et symboliques, si le sujet y a été soutenu et préparé durant son existence. Cette tension vers l'extérieur, à travers la relation à l'Autre, représente un narcissisme de vie, mouvement que Freud décrivait sous le terme d'Eros.

Par contre, si la tension vers la cohérence externe paraît insoutenable ou irréalisable, il peut y avoir un repli sur soi, vers une impossible cohérence interne, avec refus du changement inévitable. Les reflux de la régression, de l'inhibition ou de la dépression tendent tous vers un retour à l'inanimé, tentation «nirvanesque» liée au caractère paradoxal du vivant.

Ce dernier mouvement correspondrait à un vieillissement psychique, comparable au phénomène biologique, au sens où il y aurait déclin du désir et abandon du combat pour la cohérence externe. Ceci peut rendre compte des situations qu'on doit appeler de vieillissement psychique, voire de mort (ou d'assassinat) psychique chez des personnes biologiquement jeunes alors que des vieillards peuvent garder le goût de l'ouverture et le courage du combat.

Ainsi, aux temps de la fin, se révèle plus que jamais une dimension éthique fondamentale de la subjectivité. Le vécu affectif de la tension entre le sujet et son monde peut être réglé et transformé par sa liaison aux significations symboliques par lesquelles le sujet assume sa place.

LES PERSPECTIVES DÉVELOPPEMENTALES

La description de l'organisation psychique explicite les diverses logiques des phénomènes psychiques sans se soucier d'une normalité au sens d'une déviation par rapport à la moyenne ou à la norme sociale.

Cependant et simultanément, elle implique une dimension éthique propre à la description des potentialités d'émergence et de développement de l'organisation psychique.

Canguilhem (1979) nous a montré que dans l'ordre vivant, il n'y avait pas de normalité ou de pathologie dans le sens d'une déviation par rapport à la moyenne, mais bien une normativité du vivant comme tel dans son auto-réalisation et sa polarité dynamique :

« C'est la vie elle-même, par la différence qu'elle fait entre ses comportements propulsifs et répulsifs, qui introduit dans la conscience humaine les catégories de santé et de maladie. Ces catégories sont biologiquement techniques et subjectives et non biologiquement scientifiques et objectives. Les vivants préfèrent la santé à la maladie. Le médecin a pris parti explicitement pour le vivant, il est au service de la vie, et c'est la polarité dynamique de la vie qu'il traduit en parlant de normal et de pathologique. Le physiologiste est souvent médecin, toujours vivant, et c'est pourquoi la physiologie inclut dans ses concepts de base que si les fonctions d'un vivant prennent des allures toutes également explicables par le savant, elles ne sont pas de ce fait équivalentes pour le vivant lui-même. »

Ces lignes peuvent être aisément traduites au niveau de la dimension psychique. Ceci implique qu'on ne peut échapper à une perspective développementale, complémentaire à la compréhension psychanalytique. Le vieillissement de l'être humain suscite une normativité interne liée à la possibilité d'un accomplissement de soi, à l'origine de cette notion intuitive et généralisée du « bien vieillir ».

Certes, cela pourra se faire selon des modalités bien différentes, mais il reste que, face au vieillissement biologique, le sujet se manifestera dans cette dimension éthique par son combat pour exister malgré les forces d'abandon et de mort. La vieillesse est ainsi un moment décisif de vérité avec soi-même dans la tension vers l'accomplissement de soi et la persistance du Désir.

La vieillesse comme temps d'accomplissement

Dans cette dimension éthique de réalisation de soi, la vieillesse apparaît à la fois comme un temps de vie secouée par les épreuves et les chocs de l'âge mais aussi comme un temps de grâce, comme une chance tardive « pour réarticuler et resignifier la vie entière par transmutation de ce qui y est demeuré jusque-là psychiquement inaccompli, inachevé ou inassumé » (Guillaumin, 1982).

Cette dimension se manifeste de bien des manières. Ainsi, l'angoisse de mort ne nous apparaît jamais comme la peur de la mort biologique, d'ailleurs irreprésentable en tant que telle, mais comme la crainte, voire l'angoisse de ne pas avoir réalisé ou terminé son accomplissement : mourir sans avoir vécu telle affection, sans avoir terminé telle tâche, bref sans avoir réalisé ses potentialités. Parfois, il s'agit de la peur d'une destruction de ce qui a pu être accompli et transmis (angoisse de dissolution) : crainte de la déchéance avant ou après la mort, menace de disparition du « legs » symbolique aux générations futures... Elle nous semble aussi poindre dans la plainte de solitude, si fréquente et qui paraît moins liée à un isolement qu'au sentiment de ne pas être relié à la chaîne des humains par un lien affectif (angoisse de « mourir seul »).

Ce sentiment d'accomplissement de soi sera plus aisé si la vie a pu être riche d'affections et de réalisations, particulièrement si les dimensions d'imagination et de création artistique ou intellectuelle ont permis au travail de symbolisation de se poursuivre tout au long de la vie. Cependant, au moment de la vieillesse, il est aussi largement dépendant de la capacité des autres à entendre et à recueillir les paroles d'espoirs et de regrets.

Même et surtout si une personne vit sa vie comme un échec, elle peut la raconter et l'expliquer à une autre, thérapeute ou non. En lui transmettant les leçons de son expérience, elle lui fait un legs symbolique des « enseignements de la vie » qui redonne sens à ce qui a été vécu. Cette dimension de transmission est présente dans toute relation avec la personne âgée. Encore faut-il accepter de recevoir ces confidences et assumer cette position (dite de « maturité filiale ») permettant ainsi à une fécondité nouvelle de se réaliser symboliquement.

La vieillesse comme temps du désir

Que cet accomplissement soit plus ou moins réussi, il demeure toujours incomplet et inachevé, marqué du manque-à-être, cause du Désir.

A un certain moment, le temps n'est plus à la recherche de ce qui viendrait réaliser cette impossible cohérence et à la fuite en avant vers les objets qui pourraient la combler.

Peut-être est-ce cela qui suscite parfois une telle peur de la vieillesse et son rejet social : notre défaut fondamental, nos limitations existentielles y deviennent incontournables et ne peuvent plus être cachés par notre quête effrénée de maîtrise.

Comme Faust vend son âme pour ne pas connaître la vieillesse et garder son pouvoir, le corps social semble prêt à perdre son âme et ses racines pour ne pas entendre ce que nous disent les personnes très âgées : le manque inéluctable. En effet, il ne suffit pas de pourvoir (plus ou moins) à leurs besoins, il faudrait surtout accepter de les écouter parler de la vie, de notre passé mais aussi d'une Demande inassouvie et d'un Désir infini...

Ce temps de la vieillesse, non fixé chronologiquement, est bien celui du Désir, cet affect fondamental de la vie comme mouvement mais aussi comme tension. Affronté à l'altération, le sujet peut renoncer au Désir et s'effacer dans un véritable vieillissement psychique mais il peut aussi assumer et consentir à la vie désirante : là où devenir pleinement soi implique de devenir autre, en rejoignant de manière asymptotique et paradoxale la fusion initiale.

Ce temps d'épreuve peut alors être temps de fécondité, de travail sur soi et d'ouverture à la vie. Ne peut-on lire ainsi ce passage évangélique dans lequel on voit le savant Nicodème s'étonner : « Comment un homme pourrait-il naître s'il est vieux? » et Jésus se moquer doucement de lui : « Tu es maître en Israël et tu n'as pas la connaissance des choses? ». Autrement dit, tu ne comprends pas que la vie humaine ne s'épuise pas dans l'organisme...

RÉFÉRENCES

ATCHLEY R. (1980). *The social Forces in later Life, an Introduction to social Gerontology.* Belmont, CA, Wadsworth Publishing Co.
BALIER C. (1973). *La solitude, dénuement ou plénitude?* Gérontologie 10 : 5-10.
BIANCHI H. (1987). *Le Moi et le Temps, Psychanalyse du Temps et du Vieillissement.* Dunod, Paris.
CANGUILHEM G. (1979). *Le Normal et le Pathologique.* P.U.F. (4e édition), Paris, 149-150.
CUMMINGS E. & HENRY W.E. (1961). *Growing Old : The Processus of Disengagement.* Basic Books, New York.
FERREY G. & LE GOUES G. (1989). *Psychopathologie du Sujet âgé.* Masson, Paris.
GOMMERS A. (1987). *Préface de «La qualité de vie des personnes âgées».* CRIV-Louvain-La-Neuve, CIACO.
GUILLAUMIN J. (1982). *Le temps et l'âge : Réflexion psychanalytique sur le vieillir.* Dans : Guillaumin J. et Reboul H. (Ed.), Le temps et la Vie : les Dynamismes du Vieillissement. (Ed. Chroniques Sociales), Lyon.
GUILLEMARD A.M. (1981). *Vieillesse, retraite et position dans les rapports sociaux.* Gérontologie 39 : 26-41.
HERFRAY Ch. (1988). *La Vieillesse, une Interprétation psychanalytique.* Desclée de Brouwer, Paris.
HETU J-L. (1988). *Psychologie du Vieillissement.* Ed. du Méridien, Montréal.
LEGER J.M., TESSIER J.F., MOUTY M.D. (1989). *Psychopathologie du Vieillissement.* Doin, Paris.
MALHERBE J.F. (1987). *Pour une Ethique de la Médecine.* Larousse, Paris.
MINKOWSKI E. (1951). *Aspects physiologiques de la vieillesse.* Evolution Psychiatrique : I, 49-72.
MISHARA B. & RIEDEL R. (1984). *Le Vieillissement.* P.U.F., Paris.
MULLER C. (1969). *Manuel de Géronto-Psychiatrie.* Masson, Paris.
MURPHY E. (1986). *Affective Disorders in the Elderly.* Churchill Livingstone, Edinburgh.
NEUGARTEN B. (1968). *Middle-Age and Aging.* A Reader in Social Psychology. Chicago, Chicago University Press.
PICHOT A. (1980). *Eléments pour une Théorie de la Biologie.* Maloine, Paris.
POITRENAUD J. (1982). *Troubles psychologiques mineurs.* Dans : Bourlière F. (Ed.) : «Gérontologie : Biologie et Clinique». Flammarion, Médecine-Sciences, Paris.
SIMEONE I. & ABRAHAM G. (1984). *Introduction à la Psychogériatrie.* Simep, Lyon.
VAN DER HORST J. (1949). *La psychopathologie et la conception de l'homme.* Evolution Psychiatrique, Tome I.
VARELA F. (1989). *Autonomie et Connaissance, Essai sur le Vivant.* Le Seuil, Paris.
WOODRUFF D. & BIRREN J. (1972). *Age changes and cohort differences in personality.* Developmental Psychology 6 : 252-259.

Le fonctionnement mnésique de la personne âgée

Martial VAN DER LINDEN
&
Xavier SERON

Dans ce chapitre, nous discuterons de certains aspects psychologiques du vieillissement. En effet, à côté des approches biologiques et sociologiques déjà largement évoquées dans ce livre, il est important d'essayer de saisir certaines caractéristiques psychologiques du vieillissement, ceci en tentant de se dégager des stéréotypes qui lui sont attachés, stéréotypes qui se nourrissent en amont du jeu des rapports de force entre les différentes générations et qu'entretiennent en aval les pratiques économiques et sociales qui se développent autour des troisième et quatrième âges.

Le point de vue adopté sera celui de la psychologie cognitive. Il s'agira donc de se demander ce qui caractérise le fonctionnement de l'intelligence, de la mémoire, de la perception, de l'attention, du langage, et des autres processus de traitement de l'information chez la personne âgée. Faute d'espace, nous limiterons nos commentaires à ce que l'on sait aujourd'hui du fonctionnement de la mémoire. Ce choix se justifie par le fait que ce domaine du fonctionnement mental est souvent mis à l'avant-plan dans les descriptions psychologiques des déclins dus à l'âge («il raconte toujours la même chose, elle a oublié d'éteindre le gaz, il a perdu ses clés»). Les oublis ou «pertes» de mémoires sont ainsi considérés comme des signes-clés annonciateurs du vieillissement psychologique. De plus, à cette sensibilité externe, répond le vécu des sujets âgés eux-mêmes puisque les difficultés de la mémoire sont signalées comme le déclin auquel elles se montrent le plus sensibles. Ces plaintes et ces inquiétudes ont d'ailleurs très vite trouvé un écho dans l'ensemble des dispositifs d'aides mis en place pour « accompagner ou gérer le vieillissement », et à côté des cours de gymnastique, des clubs et des journaux pour les seniors, on assiste aujourd'hui à la prolifération d'ateliers ou de séminaires d'entraînement à la mémoire.

Le lecteur se souviendra par ailleurs que l'ensemble des difficultés méthodologiques et des débats théoriques que les psychologues rencontrent dans leur tentative de description et d'interprétation du fonctionnement de la mémoire chez la personne âgée se retrouvent à peine modifiés lorsqu'ils abordent d'autres fonctionnements psychologiques, car les mêmes écoles et les mêmes conceptions ont servi de base aux recherches menées dans les autres secteurs du fonctionnement cognitif.

LES APPROCHES CLASSIQUES ET LE POINT DE VUE DÉFECTOLOGIQUE

Les approches psychologiques du vieillissement ont longtemps été dominées par un ensemble de conceptions qui ont déterminé en grande partie la nature des phénomènes considérés comme pertinents à analyser et le type de mesures qu'il convenait de leur appliquer. En fait, on retrouve à propos du vieillissement un débat classique en psychologie sur le rôle des contraintes du milieu et celui des déterminismes biologiques dans l'explication du comportement. Ainsi, les écoles qui mettent l'accent sur le rôle des déterminants biologiques ont le plus souvent considéré le vieillissement psychologique comme l'expression directe du vieillissement biologique, par essence irréversible. Dans cette direction, la vie à l'instar des saisons se déroule selon une succession de cycles qui vont de la croissance au déclin en passant par un stade de maturité optimale. Dans une telle perspective, l'examen des activités psychologiques (par définition sous la dépendance des processus biologiques qui les supportent) se fait sous l'angle de leur déclin inéluctable. Les démarches empiriques consistent alors à suivre en fonction de l'âge *les variations d'efficience d'une fonction psychologique donnée*. Les mesures le plus souvent appliquées seront soit le temps que met le sujet à effectuer une tâche, soit le nombre d'informations qu'il a retenu ou traité au cours d'une période de temps. On peut de la sorte, dans le domaine de la mémoire, administrer un test et mesurer à chaque âge quelle est la performance moyenne des sujets : on trace ainsi des courbes de croissance qui après avoir atteint un optimum entament en déclin progressif. De cette façon, on peut établir pour chaque fonction psychologique, sa sensibilité au vieillissement en calculant la vitesse relative du déclin de l'efficience à un test. De très nombreux travaux ont été menés dans cette direction; ils ont conduit à des indices de détérioration et ont permis d'établir que certains fonctionnements psychologiques ne connaissent guère de phase de déclin, voire même restent en croissance légère comme par exemple dans le domaine du langage, l'étendue du vocabulaire. Bien que ces informations ne soient pas dénuées d'intérêt, il est important de souligner que les dimensions psychologiques du vieillissement ne sont pas ici examinées en tant que telles, c'est-à-dire dans leur dynamique propre. Il s'agit essentiellement d'une démarche comparative : le niveau d'efficience de la personne âgée est comparée de manière quantitative à un niveau optimum de performances atteint à un âge antérieur de la vie (âge variable selon la fonction considérée) et qui joue le rôle de niveau de référence.

Dans une autre direction, essentiellement dans la mouvance des courants behavioristes, l'étendue et la diversité des conduites émises par un individu sont considérées dépendre pour l'essentiel des variables de l'environnement. Les changements comportementaux qui apparaissent lors du vieillissement seraient surtout liés à l'ensemble des événements qui marquent cette étape de la vie. Dans une telle perspective, les modifications comportementales qui accompagnent l'avancement en âge résulteraient de facteurs externes divers tels que les stéréotypes sociaux, la mise à l'écart soudaine de la vie active, le changement de statut économique, la perte du conjoint, l'isolement social, le placement en institution, la modification des attentes sociales, la diminution de stimulations adéquates et variées, etc.

Ces deux approches paraissent ajourd'hui également réductrices et seule la prise en compte simultanée des paramètres mis en avant dans ces deux perspectives paraît aujourd'hui légitime. Il n'y a ainsi pas à nier l'existence d'un déterminisme biologique et il importe donc d'analyser les processus biologiques involutifs et d'essayer d'en comprendre l'influence sur les habiletés cognitives du sujet âgé. Il n'y a pas non plus, par le biais d'une sorte d'angélisme militant, à rejeter à priori l'idée qu'au vieillissement biologique ne puisse correspondre une altération de certains fonctionnements psychologiques; après tout il s'agit bien d'une question dont la solution est d'ordre empirique. Mais si l'on veut éviter le réductionnisme biologique, il faudra se souvenir que la relation entre le vieillissement biologique et le vieillissement des fonctions cognitives est loin d'être linéaire et que s'y mêlent inéluctablement des paramètres sociaux et culturels qui ont défini l'histoire antérieure du sujet et qui déterminent, en partie, son histoire actuelle.

Une autre limite des approches classiques est liée aux contextes dans lesquels se sont effectuées les observations. En effet, par un souci légitime de rigueur expérimentale, les psychologues ont le plus souvent examiné le fonctionnement de la mémoire (et des autres fonctions cognitives) de la personne âgée dans des situations de laboratoire par définition très éloignées des situations de la vie quotidienne. Ce faisant, les psychologues se mettaient dans une situation avantageuse pour comprendre dans le détail la nature des mécanismes mnésiques qu'ils étudiaient, mais cette opérationalisation a eu pour conséquence qu'ils n'étaient le plus souvent pas en mesure de comprendre la signification fonctionnelle des résultats obtenus au laboratoire en termes d'adaptation à la vie quotidienne. A contrario, une des caractéristiques essentielles des travaux contemporains sera de ne plus limiter l'analyse des effets psychologiques du vieillissement aux observations recueillies au laboratoire, mais d'essayer complémentairement de saisir sur le terrain la dynamique réelle du fonctionnement cognitif de la personne âgée. L'intérêt d'une approche écologique des processus cognitifs n'implique cependant pas qu'il faille renoncer aux approches plus analytiques menées au laboratoire dans des conditions où on limite et maîtrise mieux l'ensemble des variations en jeu. Simplement, l'approche de laboratoire doit être complétée par l'observation des conduites dans la vie quotidienne, puisque la mise en évidence d'une difficulté dans une tâche réalisée au laboratoire ne signifie pas ipso facto qu'il y aura un déficit dans la vie quotidienne. Raisonner à partir des seules situations de laboratoire reviendrait à négliger les capacités d'adaptation du sujet, à oublier que dans les situations moins contraignantes de la vie quotidienne, plusieurs solutions sont possibles pour émettre des conduites adaptées, et à sous-estimer le rôle des routines utiles dans des environnements prévisibles.

Ainsi, s'il est vrai qu'une étude psychologique du vieillissement a pour objectif prioritaire de dresser l'inventaire le plus précis possible des modalités de fonctionnement cognitif lié à l'âge et de tâcher d'en dégager une théorie générale du vieillissement sous l'angle psychologique, il reste que pour présenter une quelconque utilité sociale, une telle théorie doit en outre tenter d'établir l'incidence fonctionnelle de ses observations et déterminer comment la variable âge interagit avec un ensemble d'autres paramètres psychologiques (niveau intellectuel, habiletés cognitives spécifiques), sociaux (classes sociales, passé culturel, intégration, vie en institution, etc.) et biologiques (état de santé général, sexe, longévité des parents, etc.).

NATURE DES PROBLÈMES MNÉSIQUES DES PERSONNES ÂGÉES

Les problèmes mnésiques des personnes âgées peuvent affecter la mémoire à court terme (appelée aussi mémoire de travail) et la mémoire à long terme.

La mémoire à court terme est considérée comme un système mnésique de capacité limitée destiné au stockage temporaire et à la manipulation d'une quantité d'informations pendant la réalisation de diverses tâches cognitives (de calcul, de raisonnement,...). Cette mémoire intervient dans de très nombreuses activités quotidiennes. C'est grâce à elle par exemple que nous sommes en mesure de réaliser un calcul mental qui exige plusieurs calculs intermédiaires (par exemple, si je cherche la solution de l'addition «27 + 14», je puis d'abord effectuer mentalement le calcul 20 + 10 et retenir le résultat intermédiaire 30; ensuite, je dois récupérer dans ma mémoire de travail les chiffres 7 et 4 qu'il me reste à additionner; enfin ayant trouvé 11, je dois encore l'additionner au résultat intermédiaire 30 que j'avais obtenu lors du calcul précédent). De la même façon, quand nous écoutons une conversation, si quelqu'un nous dit : «Hier j'ai entendu parler du fils d'André, d'après sa voisine qui est une excellente amie, **il** est parti en Ethiopie pour quinze jours», au moment où nous entendons le mot «**il**», nous savons de qui notre interlocuteur parle (le fils d'André), ceci parce que nous avons gardé en mémoire de travail cette information présentée quelques secondes auparavant. Les personnes âgées ne semblent pas manifester de problèmes majeurs de mémoire à court terme au moins lorsqu'elles doivent garder dans ce stock mnésique une seule information à la fois (comme, par exemple, répéter immédiatement un numéro de téléphone). Par contre, leurs difficultés paraissent plus importantes lorsqu'elles sont amenées à stocker plusieurs informations en même temps ou à conserver une information en mémoire tout en effectuant une autre opération mentale sur cette information stockée. Ainsi, cette diminution de la capacité de la mémoire à court terme peut se manifester chez la personne âgée par une difficulté à suivre une conversation impliquant plusieurs personnes : elle ne peut garder en mémoire à court terme toutes les informations fournies par les différents interlocuteurs et dès lors, elle perd le fil de la conversation. Elle peut aussi s'exprimer par une difficulté à comprendre le déroulement d'un film, d'une conférence ou d'un livre, particulièrement quand l'histoire, l'exposé ou le récit ne sont pas organisés de façon strictement linéaire : la personne âgée ne peut en même temps garder en mémoire et réorganiser les informations successives qui lui sont présentées. (Pour une présentation des travaux ayant abordé les difficultés présentées par les personnes âgées dans la mémoire des récits, voir l'article de Nef & Hupet, dans ce même volume).

En ce qui concerne la mémoire à long terme, qui est impliquée dans le maintien d'une information pour une longue période, de très nombreuses études ont montré des différences de performance entre les sujets jeunes et les sujets âgés. Parmi les hypothèses proposées pour rendre compte des difficultés rencontrées par les personnes âgées en mémoire à long terme, la plus populaire suggère que les sujets âgés n'appliqueraient pas les bonnes stratégies lors de l'apprentissage du matériel à mémoriser et lors de la récupération de l'information stockée en mémoire et ce, malgré le fait qu'ils restent potentiellement capables de développer les stratégies adéquates. Plus particulièrement, ils adopteraient des stratégies moins élaborées et plus stéréotypées que les sujets jeunes. Or, les études de psychologie cognitive ont montré que pour apprendre efficacement les informations, il faut les organiser, établir des liens entre les différentes composantes, les relier à des informations déjà présentes en mémoire, etc. (Baddeley, 1982). Par ailleurs, pour qu'une information soit facilement récupérée en mémoire (c'est-à-dire pour s'en souvenir), il s'agit de trouver un indice qui guidera la récupération de l'information stockée en mémoire. Ainsi, si on est amené à apprendre une liste de mots (par exemple, une liste de choses à acheter avant d'aller dans un magasin), on pourra grouper ces informations selon les différentes catégories auxquelles elles appartiennent (la nourriture, les produits d'entretien, les vêtements, les boissons, etc.) ; l'évocation de ces différentes catégories pourra ensuite servir d'indice de récupération. Il ne suffit cependant pas qu'un matériel à mémoriser ait été bien organisé, il faut également qu'il puisse être facilement distingué des autres informations déjà stockées, et pour cela, il faut que les sujets lui aient attribué un caractère distinctif lors de l'apprentissage. Pour ce faire, le sujet doit non seulement introduire en mémoire l'information cible, mais aussi le contexte dans lequel elle survient (le moment et le lieu, la modalité de présentation : auditivie, visuelle,...). Selon certains travaux, les personnes âgées éprouveraient des difficultés particulières à intégrer l'information cible et son contexte.

D'une manière plus générale, les personnes âgées présenteraient des capacités inférieures à celles des sujets jeunes dans les opérations de recodage qui transforment l'information présentée en une trace mnésique plus riche, plus élaborée et plus distinctive. Cette difficulté de recodage serait liée à un déficit d'attention sélective, lequel empêcherait le sujet âgé de se centrer sur les éléments essentiels de la situation d'apprentissage. Il est néanmoins possible d'amener les performances des sujets âgés au niveau de celles des sujets jeunes si on les conduit à adopter les stratégies adéquates ou si la tâche mnésique elle-même oriente leur attention vers les éléments favorisant une bonne performance. Cette conception s'inscrit dans le cadre plus large d'une approche contextuelle des effets de l'âge sur l'efficience mnésique (Bäckman, 1989; Kausler, 1989). Cette approche suggère qu'une diminution d'efficience n'est pas la conséquence inévitable du vieillissement et que pour certaines tâches, des conditions contextuelles efficaces peuvent réduire, voire éliminer les différences entre sujets jeunes et sujets âgés.

UNE APPROCHE CONTEXTUELLE DU VIEILLISSEMENT

L'approche contextuelle du vieillissement de la mémoire est une approche multifactorielle en ce sens qu'elle considère que la performance mnésique de la personne âgée ne peut être réellement comprise que si l'on tient compte de plusieurs sources de variation (Bäckman, 1989) :

1. les variables «acquisition», c'est-à-dire les conditions dans lesquelles s'effectue l'apprentissage du matériel à mémoriser (les capacités attentionnelles dont dispose la personne âgée, les stratégies qu'elle adopte pour mémoriser,...);

2. les variables «récupération», c'est-à-dire la présence ou l'absence d'indices permettant de guider le sujet dans sa recherche de l'information stockée en mémoire, la nature plus ou moins automatique de cette recherche...;

3. les variables «matériel à mémoriser», c'est-à-dire la modalité de présentation de l'information à mémoriser (modalité auditive, visuelle, auditivie et visuelle,...) ainsi que sa richesse, sa structure et son organisation;

4. les variables «sujet», c'est-à-dire les connaissances pré-existantes de la personne âgée concernant la tâche ou le matériel, ses habiletés mnésiques spécifiques, son niveau scolaire et intellectuel, sa motivation, son niveau d'activité,...

Cette approche multifactorielle a conduit les chercheurs à s'écarter d'une conception strictement «défectologique» du vieillissement et à identifier les facteurs permettant aux sujets âgés d'optimaliser leur performance mnésique. Bäckman (1989) distingue ainsi trois types de facteurs pouvant contribuer à améliorer le fonctionnement mnésique de la personne âgée :

1. Les soutiens fournis lors de l'apprentissage et de la récupération

De nombreuses études montrent que les différences d'efficience liées à l'âge s'estompent si les personnes âgées sont soumises à des consignes qui suscitent un apprentissage profond et distinctif du matériel à mémoriser (par exemple, en présentant des consignes suggérant aux sujets d'organiser l'information à mémoriser ou de créer des images mentales sur cette information) et si on leur fournit des indices de récupération adéquats. Il semble cependant que l'importance du soutien à l'apprentissage et à la récupération dont ont besoin les personnes âgées varie en fonction de certaines caractéristiques des sujets telles que par exemple l'efficience intellectuelle verbale ou le niveau d'activité quotidienne. Ce point est notamment illustré par une étude de Craik et al. (1987). Ces auteurs ont comparé des sujets jeunes et des sujets âgés dans l'apprentissage d'une liste de 10 mots. Les sujets jeunes étaient des étudiants de 18 à 25 ans ; les sujets âgés (de 67 à 83 ans) étaient répartis en trois groupes qui différaient quant à leur efficience intellectuelle verbale (évaluée par un test de vocabulaire) et à leur niveau d'activité dans la société. Les sujets jeunes et âgés étaient soumis à 4 conditions d'apprentissage (ils recevaient 2 listes par condition) :

– Apprentissage libre : «LIVRE»
Rappel libre :?????

– Apprentissage indicé : «Est utilisé à l'école : LIVRE»
Rappel libre :?????

– Apprentissage libre : «LIVRE»
Rappel indicé : «Est utilisé à l'école :?????»

– Apprentissage indicé : «Est utilisé à l'école : LIVRE»
Rappel indicé «Est utilisé à l'école :?????»

Dans la première condition, les mots de la liste étaient présentés seuls lors de la phase d'apprentissage et les sujets ne recevaient aucun indice pour guider leur rappel : on leur demandait simplement de rappeler le plus de mots possible dans n'importe quel ordre (c'est la condition apprentissage libre-rappel libre). Dans la deuxième condition, lors de la phase d'apprentissage, de courtes phrases descriptives étaient fournies en même temps que les mots (Est utilisé à l'école : LIVRE) : on signalait aux sujets qu'ils ne devaient pas mémoriser les phrases mais qu'ils devaient néanmoins les écouter attentivement car elles pourraient les aider à retrouver les mots ; aucun indice n'était fourni lors du rappel (apprentissage indice-rappel libre). Dans la troisième condition, les phrases descriptives étaient présentées uniquement lors du rappel et elles servaient ainsi d'indice de récupération : on indiquait aux sujets que pour les aider à retrouver les mots de la liste, on leur fournirait un indice (Est utilisé à l'école???) (condition d'apprentissage libre-rappel indicé). Enfin, dans la dernière condition, les phrases étaient présentées lors de l'apprentissage et du rappel (condition apprentissage indicé-rappel indicé).

D'une manière générale, la performance en rappel est meilleure dans la condition «apprentissage indicé-rappel indicé» et ce, tant chez les sujets jeunes que chez les sujets âgés. Par ailleurs, les sujets âgés ayant une efficience intellectuelle verbale élevée et montrant un haut niveau d'activité ne présentent des performances en rappel inférieures à celles des sujets jeunes que dans la condition «apprentissage libre-rappel libre», c'est-à-dire la condition où aucun soutien n'est fourni aux sujets. En ce qui concerne les sujets âgés d'efficience intellectuelle verbale faible et de niveau d'activité bas, leurs performances sont inférieures à celles des sujets jeunes et des autres sujets âgés dans toutes les conditions ; néanmoins, la différence de performance entre jeunes et âgés est moins importante dans la condition où un indice est fourni tant lors de l'apprentissage que du rappel.

2. Les soutiens liés aux propriétés de la tâche mnésique ou du matériel à mémoriser

Les différences de performance entre sujets jeunes et âgés sont également atténuées ou même éliminées lorsque l'efficience mnésique des sujets âgés est testée à partir d'un matériel riche, bien organisé et présenté dans plusieurs modalités sensorielles. C'est par exemple le cas dans le rappel d'actions effectuées par le sujet. Dans ce type d'études, au lieu de présenter aux sujets des listes de mots, on leur fait effectuer une série d'actions telles que casser une allumette, couper une feuille avec des ciseaux, etc. ; puis on leur demande un rappel de ces différentes actions. Dans ce cas, on observe fréquemment que les personnes âgées obtiennent des performances équivalentes à celles des sujets plus jeunes (Bäckman, 1985). Récemment, Sharps et Gollin (1987) ont montré qu'il était important d'aborder la mémoire de la localisation d'objets des sujets âgés dans le milieu réel ou dans un environnement qui simule au mieux l'environnement du sujet. Ils ont comparé la mémoire de localisation d'objets de sujets jeunes et âgés dans deux conditions : l'une dans laquelle 40 objets sont placés dans un environnement réel (une pièce d'une maison), l'autre dans laquelle les objets sont déposés sur une carte représentant la pièce. Dans la condition «carte», les sujets âgés obtiennent des scores inférieurs aux sujets jeunes, alors que dans la condition «pièce», les performances des deux groupes ne diffèrent pas. De même, en ce qui concerne l'orientation dans l'espace, Kirasic & Allen (1985) ont montré que la reconnaissance des lieux, la planification d'un trajet et l'efficacité «topographique» (prendre le chemin le plus court) ne varient pas avec l'âge quand ces tâches sont réalisées à l'intérieur d'une épicerie connue des sujets; par contre, les sujets âgés se comportent plus mal que les sujets jeunes quand les mêmes tâches sont effectuées à l'intérieur d'un supermarché non familier. Ces résultats plaident pour une approche plus écologique du fonctionnement mnésique de la personne âgée (Vanderlinden, 1989; Poon et al., 1989) : en effet, les tâches pour lesquelles l'effet du vieillissement est réduit sont plus représentatives des activités mnésiques de la vie quotidienne que ne le sont les tâches traditionnelles de rappel de listes de mots ou de dessins.

3. Les capacités préservées de mémoire

Les sujets âgés pourraient compenser certains de leurs problèmes mnésiques en utilisant pour mémoriser leurs capacités préservées de mémoire en lieu et place des processus déficients. Dans cette direction, l'exploitation par les sujets âgés de leurs capacités préservées de mémoire implicite pourrait s'avérer particulièrement utile. Classiquement, les sujets âgés présentent des performances plus faibles que celles des sujets jeunes dans l'acquisition d'une information nouvelle et ce, quand leur mémoire est évaluée au moyen de tests de mémoire explicite, lesquels requièrent la récupération intentionnelle, consciente d'un matériel récemment présenté (un exemple de test de mémoire explicite est le test de rappel libre : on présente aux sujets une liste de mots puis on leur demande explicitement de les rappeler). Cependant, quand les sujets sont testés au moyen de procédures qui permettent de démontrer les effets d'une expérience antérieure sans qu'il soit exigé une récupération délibérée, les différences liées à l'âge sont soit éliminées, soit beaucoup moins importantes que dans les tâches de mémoire explicite. Un exemple de test de mémoire implicite est la tâche de complètement de mots. Cette épreuve se déroule en deux temps. Dans un premier temps, on présente aux sujets une liste de mots qu'on leur demande d'examiner et par exemple, de juger selon le caractère plaisant ou déplaisant; un peu plus tard, on leur présente un autre test dans lequel des mots incomplets sont présentés (en fait, on présente les trois premières lettres) : les sujets sont invités à compléter ces lettres en formant le premier mot qui leur vient à l'esprit (par exemple, faire un mot avec TAB... : une réponse pourrait être TABouret ou TABle ou encore TABleau). Le matériel de cette épreuve de complètement de lettres est constitué de telle façon qu'une partie de ces lettres corresponde à des mots qui ont été présentés lors de la première épreuve, l'autre partie des lettres étant le début de mots nouveaux. Afin d'éviter que les sujets ne découvrent l'aspect mnésique de la tâche, on ne leur dit pas qu'il y a des fragments qui appartiennent à des mots de la liste présentée antérieurement. Dans cette condition, on constate que les sujets âgés ont tendance à compléter les fragments de mots avec les mots présentés antérieurement dans une mesure comparable à celle des sujets jeunes et ce, en dépit des performances plus faibles si la tâche proposée est un rappel explicite de ces mots (Light & Singh, 1987). Le complètement des lettres a donc été influencé à l'insu des sujets par la liste des mots présentée antérieurement. Ces données ont été interprétées en postulant que les tâches de mémoire implicite seraient sous-tendues par des processus de récupération automatiques qui seraient relativement préservés chez les personnes âgées. Par contre, les situations de mémoire explicite exigeraient la récupération du contexte dans lequel une information a été apprise et ce serait cette intégration entre l'information cible et son contexte qui serait déficiente chez le sujet âgé. Si cette interprétation est adéquate, on pourrait s'attendre à trouver que les sujets âgés ont plus souvent tendance que les sujets jeunes à récupérer en mémoire une information correcte dont ils ne sont cependant pas certains car ils ne peuvent identifier les circonstances dans lesquelles cette information a été acquise. Dans cette perspective, Mc Intyre & Craik (1987) ont montré que les personnes âgées ont effectivement tendance à se souvenir d'une information sans être capables de rapporter dans quelles circonstances elles ont été amenées à connaître cette information. Des processus similaires peuvent également rendre compte de la tendance accrue des sujets âgés à utiliser des jugements de plausibilité pour décider s'ils connaissent ou non une information (Reder et al., 1986). Ne pouvant pas rappeler explicitement cette information, il est possible qu'ils se basent sur l'activation automatique d'une information schématique et qu'ils répondent en accord avec des estimations de plausibilité basées sur leur connaissance générale du monde. Une suggestion pratique découlant de ces hypothèses est que les sujets âgés pourraient être encouragés à faire confiance à leurs souvenirs même quand ils ne peuvent pas identifier la source de leur connaissance. Dans la mesure où le monde est régulier, cette stratégie peut être efficace; par contre, elle ne conviendra pas pour des événements peu ordinaires.

LES PROGRAMMES D'AIDE AUX DIFFICULTÉS MNÉSIQUES DES PERSONNES ÂGÉES

Dans cette perspective contextuelle qui considère que l'importance des problèmes mnésiques des sujets âgés peut être réduite par la mise en place de conditions d'apprentissage et de récupération plus efficaces, plusieurs études ont testé l'efficacité de programmes destinés à susciter de meilleures stratégies mnésiques chez la personne âgée. Se basant sur l'hypothèse selon laquelle il y aurait plusieurs origines possibles aux problèmes mnésiques, certains ont suggéré que les efforts entrepris pour améliorer le fonctionnement mnésique des personnes âgées devaient être multifactoriels. Quelques travaux récents ont aussi montré que les programmes composites d'aide à la mémoire (programmes à base d'imagerie mentale, de relaxation, d'intervention sur la mémoire de travail et sur les stratégies d'apprentissage) pouvaient constituer un moyen efficace d'augmenter la performance mnésique des sujets âgés et ce, d'une manière durable (Yesavage et al., 1989). Ces programmes (contrairement à certaines interventions du type «jogging mental») sont articulés autour d'une réflexion théorique et leurs auteurs posent explicitement le problème du transfert des acquis dans la vie réelle des sujets âgés. Dans cette mesure, l'étude des facteurs qui sous-tendent leur efficacité constituent un domaine important de la psychologie du vieillissement.

Néanmoins, en se plaçant dans une perspective plus large, on peut s'interroger sur la pertinence sociale de ces programmes d'intervention. En effet, il semble clair actuellement qu'une interprétation complète du fonctionnement mnésique de la personne âgée ne peut se concevoir sans une approche intégrée qui aborde en même temps les facteurs psychosociaux et cognitifs ainsi que les capacités d'adaptation. Plusieurs études récentes ont ainsi montré qu'une grande partie des différences liées à l'âge dans les performances à divers tests mnésiques doivent être interprétées en tenant compte de variables psychosociales telles que le niveau scolaire, l'activité intellectuelle, certains paramètres de personnalité, l'état de santé, etc. (Herzog & Rodgers, 1989). Par ailleurs, il ne semble pas exister de relations entre les plaintes mnésiques des personnes âgées et leurs performances à des tests de mémoire. Ainsi Scogin et al. (1985) ont comparé deux groupes de sujets âgés : des sujets qui ont répondu à une annonce parue dans le journal proposant de participer à un groupe d'entraînement à la mémorisation, et des sujets âgés qui ont répondu à une annonce demandant des volontaires pour une expérience de psychologie, sans mention d'une étude sur la mémoire. Les résultats présentent que les deux groupes de sujets ne montrent aucune différence dans leurs performances à des tests objectifs de mémoire (ni d'ailleurs dans les scores à une échelle de dépression). Enfin, il semble que les personnes âgées peuvent, dans certaines situations mnésiques particulières, mettre en place des mécanismes adaptatifs destinés à compenser leurs difficultés mnésiques. Sinnott (1986) a ainsi montré que les performances des sujets âgés et des sujets jeunes ne diffèrent pas quand il s'agit de se souvenir d'informations essentielles ayant trait à des actions à effectuer (par exemple, les informations relatives à un rendez-vous telles que le trajet pour se rendre à ce rendez-vous, l'heure du rendez-vous,...). Par contre, les performances des sujets âgés sont inférieures à celles des sujets jeunes dans le rappel d'informations incidentes telles que les objets qui se trouvaient dans la pièce où le rendez-vous a eu lieu. Pour Sinnott (1986), à mesure que leurs capacités mnésiques diminuent, les personnes âgées investiraient plus de temps et d'effort dans la mémorisation d'informations essentielles ayant un rapport direct avec des activités sociales (les visites à effectuer, les coups de téléphone à donner,...). Ce comportement adaptatif des sujets âgés est également illustré par une étude de Baltes et al. (1984) : ces auteurs montrent que, dans certaines conditions favorables, certaines personnes âgées s'engagent de plus en plus sélectivement dans des activités intellectuelles pour lesquelles elles peuvent encore obtenir des performances élevées et ce, en investissant plus de temps et d'effort ou en abandonnant d'autres activités.

Ces différentes données suggèrent l'existence probable d'une relation complexe entre les plaintes mnésiques des personnes âgées, leur souhait de participer à un programme d'entraînement à la mémoire, leur sensibilité aux changements cognitifs liés à l'âge et leurs capacités d'adaptation. Il est sans doute urgent de voir clair dans les facteurs (psychologiques et sociaux) qui sous-tendent les plaintes mnésiques des personnes âgées si on veut empêcher la mise en place de stratégies «rééducatives» dont les effets négatifs pourraient être plus importants que l'apport thérapeutique. Plus globalement, on peut se demander si le succès croissant de ces programmes d'intervention ne contribue pas à masquer le problème prioritaire qui est celui de la place de la personne âgée dans notre société. En effet, que les performances mnésiques diminuent quantitativement avec l'âge constitue un fait qui n'est guère contestable ; qu'il faille en faire un problème social majeur débouchant sur la mise en place de programmes de rééducation ou d'entraînement de la mémoire est par contre beaucoup plus discutable. Si un homme ou une femme de 70 ans ne peuvent courir un 100 mètres à la vitesse d'un jeune de 20 ans, cela n'a évidemment pas pour conséquence qu'il faille tous les jours s'entraîner pour tenter de compenser ce «déficit». L'aventure humaine ne se réduit pas à tenter d'atteindre un optimum de rendement et à vouloir ensuite s'y tenir à tout prix. La question essentielle est plutôt d'arriver à définir pour chacun et à chaque étape de son existence ce qui constitue sa santé psychologique et physique. La mémoire est une fonction essentielle, elle est au cœur de notre histoire personnelle et constitue la trame de notre identité, elle intervient dans le court terme comme un élément organisateur de l'ensemble de nos activités. A ce titre, il est certes très utile que les psychologues en comprennent les modalités de fonctionnement chez la personne âgée. Par ailleurs, s'il peut paraître utile et souhaitable que les psychologues aident ceux chez qui la mémoire semble être devenue déficiente au point que surgissent des difficultés d'adaptation aux réalités de la vie quotidienne, il paraît beaucoup moins souhaitable qu'ils participent à des entreprises à la mode (et souvent mercantiles) qui entretiennent une anxiété et une autocentration exagérée sur des aspects somme toute mineurs et seulement quantitatifs de l'activité mnésique.

RÉFÉRENCES

BÄCKMAN L. (1985). *Further evidence for the lack of adult age differences on free recall of subject-performed tasks : the importance of motor action*. Human Learning, 4 : 79-87.
* BÄCKMAN L. (1989). *Memory compensation and aging. In* : L.W. Poon, D.C. Rubin & B.A. Wilson (Eds.), «Everyday Cognition in Adulthood and late Life». Cambridge University Press.
* BADDELEY A. (1982). *Your Memory : A User's Guide*. Penguin Books.
BALTES P.B., DITTMAN-KOHLI F., DIXON R.A. (1984). *New perpsectives on the development of intelligence in adulthood : toward a dual-process conception and a model of selective optimization with compensation. In* : P.B. Baltes & O.G. Brim Jr. (Eds.), «Life-span Development and Behavior» (Vol. 6). New York Academic Press.
CRAIK F.I.M., BYRD M., SWANSON J.M. (1987). *Patterns of memory loss in three elderly samples*. Psychology and Aging, 2 : 79-86.
HERZOG A.R. & RODGERS W.L. (1989). *Age differences in memory performance and memory ratings as measured in a sample survey*. Psychology and Aging, 4 : 173-182.
* KAUSLER D.H. (1989). *Aging memory and its everyday operations. In* : L.W. Poon, D.C. Rubin & B.A. Wilson (Eds.), «Everyday Cognition in Adulthood and late Life». Cambridge University Press.
KIRASIC K.C. & ALLEN G.L. (1985). *Aging, spatial performance and spatial competence. In* : N. Charness (Ed.), «Aging and Performance». London : Wiley.
LIGHT L.L. & SINGH A. (1987). *Implicit and explicit memory in young and older adults*. J. Exp. Psychology : Learning, Memory and Cognition, 13 : 531-541.
Mc INTYRE J.S. & CRAIK F.I.M. (1987). *Age difference in memory for item and source information*. Can. J. Psychology, 41 : 175-192.
* POON L.W., RUBIN D.C., WILSON B.A. (1989). *Everyday Cognition in Adulthood and late Life*. Cambridge University Press.
REDER L., WIBLE C., MARTIN J. (1986). *Differential memory changes with age : exact retrieval versus plausible inference*. J. Exp. Psychology : Learning, Memory and Cognition, 12 : 72-81.
SHARPS M.J. & GOLLIN E.S. (1987). *Memory for object locations in young and elderly adults*. J. Gerontology, 41 : 336-341.
SCOGIN F., STORANDT M., LOTT L. (1985). *Memory-skills training, memory complaints and depression in older adults*. J. Gerontoloy, 40 : 562-568.
SINNOTT J.D. (1986). *Prospective/intentional and incidental everyday memory : effects of age and passage of time*. Psychology and Aging, 2 : 110-116.
VAN DER LINDEN M. (1989). *Les Troubles de la Mémoire*. Bruxelles ,Ed. P. Mardaga.

* YESAVAGE J.A., LAPP D., SHEIKH J.I. (1989). *Mnemonics as modified for use by elderly.* In : L.W. Poon, D.C. Rubin & B.A. Wilson (Eds.), «Everyday Cognition in Adulthood and late Life». Cambridge University Press.

---

* Livre ou Revue de questions générales.

Y-a-t-il un effet du vieillissement sur l'évolution des habiletés linguistiques ?

Michel HUPET
&
François NEF

Alors que l'acquisition et le développement du langage chez l'enfant et l'adolescent ont depuis longtemps retenu l'attention des chercheurs, l'intérêt de ceux-ci pour le langage des personnes âgées est très récent. La chronologie des acquisitions principales et la description des caractéristiques formelles du langage à différents stades de développement sont établies depuis très longtemps ; au cours des vingt dernières années, les chercheurs se sont d'ailleurs moins attachés à recueillir de nouvelles observations qu'à concevoir de véritables modèles ou théories de l'acquisition du langage. Dans le même temps, la Psycholinguistique a elle-même développé des modèles du fonctionnement du langage chez l'adulte, en limitant cependant la plupart de ses observations aux comportements d'adultes jeunes. Ce n'est qu'au cours de ces dix dernières années qu'un nombre croissant de recherches se sont intéressées au langage de personnes âgées de plus de 65 ans. Le développement de ces recherches se justifie de diverses manières qu'il n'est pas inutile de rappeler sommairement pour situer le cadre général des préoccupations des chercheurs en ce domaine.

POURQUOI ÉTUDIER LE LANGAGE DES PERSONNES ÂGÉES ?

Il faut tout d'abord souligner qu'il y a quelques années à peine on ne savait que très peu de choses des effets possibles du vieillissement d'un individu sur le fonctionnement de ses habiletés proprement linguistiques. En cette matière comme dans d'autres, l'ignorance se nourrit d'idées toutes faites qui alimentent aussi bien des conceptions angéliques (la compétence linguistique serait totalement préservée) qu'alarmistes (cette compétence se détériorerait rapidement et gravement à partir d'un certain âge). En réalité cette ignorance s'explique aussi par l'incertitude liée aux questions auxquelles les chercheurs ont été confrontés, et dont quelques-unes sont d'ailleurs toujours d'actualité. Parmi ces questions, relevons les suivantes : (1) Quelle définition adopte-t-on du vieillissement? Quel crédit doit-on notamment accorder aux critères biologiques, psychologiques et sociologiques du vieillissement? (2) Contrairement à ce que peuvent donner à penser certaines formulations, le langage n'est pas un système monobloc indifférencié; la question se pose dès lors toujours de savoir quels aspects de la compétence langagière ou quels niveaux de fonctionnement linguistique doivent être étudiés, et dans quels cadres expérimentaux. (3) Enfin, en rapport avec les deux questions précédentes : peut-on, et comment, distinguer les aspects spécifiquement linguistiques des aspects cognitifs généraux du fonctionnement du langage? L'évolution même de ce qu'on pourrait globalement appeler les Sciences du langage a permis de dégager des pistes de recherche clarifiant certains aspects de ces questions. Les travaux de ces 10 dernières années sur la problématique «Langage et vieillissement» manifestent ainsi la volonté des chercheurs de résorber cette ignorance en profitant notamment des acquis de la Psycholinguistique et de la Psychologie cognitive de ces deux dernières décennies. Soulignons cependant d'emblée qu'en raison même des difficultés que soulèvent les questions auxquelles nous venons de faire allusion, les travaux, même récemment publiés, font état de résultats très contradictoires. Nous y reviendrons, en tentant d'ailleurs de tirer profit de ces contradictions pour caractériser le fonctionnement du langage chez la personne âgée.

Nous ne parlerons dans ce bref chapitre que de travaux relatifs à la compétence langagière de personnes âgées normales. De nombreuses recherches sur les effets du vieillissement normal se justifient cependant aussi du fait de questions qui se posent dans le cadre d'études de détériorations pathologiques du langage chez l'adulte ou la personne âgée. On sait par exemple que les risques d'accident cérébral augmentent avec l'âge. Pour cerner les dommages que provoquent de tels accidents, plusieurs auteurs considèrent qu'il est important de pouvoir préciser quels changements sont attribuables au simple vieillissement et quels changements sont imputables aux altérations pathologiques du cortex (Ulatowska, 1985). Pour comprendre le lien qu'il semble y avoir entre l'âge et le type d'aphasie (aphasie de Broca chez les moins âgés, aphasie globale et aphasie de Wernicke chez les plus âgés), pour comprendre la ressemblance qu'il y a entre certains types d'erreurs commises par des patients cérébro-lésés et des sujets normaux âgés, de même que pour cerner précocement les changements imputables à une démence, il est apparu tout à fait indispensable de disposer d'un tableau complet et précis de l'évolution des capacités langagières de personnes âgées.

Il faut enfin tenir compte d'un troisième ordre de faits pour saisir ce qui motive certaines études — notamment les plus récentes — des effets de l'âge sur le langage envisagé en tant que reflet d'une compétence communicative. En réalité, même chez l'adulte jeune, on ne connaît actuellement que bien peu de choses du fonctionnement de cette compétence communicative, définie comme l'aptitude à produire et à comprendre des énoncés en tenant compte de variables associées à l'interlocuteur et, plus généralement, au contexte d'énonciation. La plupart des chercheurs s'accordent par exemple pour reconnaître que la conversation (dont on sait par ailleurs qu'elle est le site privilégié d'acquisition et d'usage du langage oral) correspond à un ensemble de conduites présentant des propriétés structurales et fonctionnelles particulières (Taylor & Cameron, 1987); mais on est loin de comprendre en quoi ces propriétés déterminent les opérations de traitement d'information sous-jacentes à la production et à la compréhension d'énoncés dans un contexte donné. Il n'est dès lors pas étonnant que notre connaissance de l'évolution même de cette compétence communicative soit encore très fragmentaire. On ne sait même pas exactement comment il faut interpréter certaines plaintes de personnes âgées faisant état de la difficulté qu'elles éprouvent à suivre certaines conversations, surtout s'il s'agit de conversations à plus de deux personnes, ni comment il faut interpréter le comportement de personnes qui avouent «préparer à l'avance» le déroulement de certaines conversations, etc. Il n'en reste pas moins que toutes les études relatives à cette compétence communicative insistent sur l'importance de variables contextuelles susceptibles d'affecter le fonctionnement du langage. Et ceci est de nature à jeter un éclairage neuf sur les conduites langagières de personnes âgées dans la mesure où l'on peut associer des changements dans ces conduites à des changements de l'environnement général.

DES OBSERVATIONS DIVERGENTES ET CONTRADICTOIRES

Le cadre général des études étant ainsi brossé, que peut-on dégager des observations recueillies quant aux effets qu'exerce le vieillissement sur les capacités langagières ? Le plus frappant, incontestablement, est que les observations vont en sens opposés : certains travaux mettent en évidence une détérioration des performances de personnes âgées, mais il y en a autant d'autres pour conclure à l'absence de différence entre sujets jeunes et âgés. Nous illustrerons ces divergences par quelques travaux portant sur des unités d'information de complexité croissante : le traitement d'informations lexicales, le traitement d'informations explicites distribuées sur plusieurs phrases, le traitement d'informations implicites exigeant certaines inférences.

Organisation et maîtrise du lexique

La compréhension verbale requiert sans aucun doute que l'on comprenne la signification des mots. Cette compréhension «lexicale» suppose un processus d'accès en mémoire sémantique à un «lexique mental» ou dictionnaire sémantique où sont activées les représentations conceptuelles correspondant aux mots lus ou entendus. Dès ce niveau qu'on pourrait qualifier d'élémentaire, la littérature offre des résultats divergents.

Certains travaux suggèrent que non seulement la compréhension de la signification des mots mais même l'organisation des concepts en mémoire sémantique ne subiraient pas de changement chez les personnes âgées (Cohen, 1979 ; Bayles & Kaszniak, 1987). En effet, les épreuves standards de vocabulaire (définition de mots, ou reconnaissance de la signification de mots) produisent des scores qui se maintiennent, voire même progressent, avec l'âge. En outre, les tâches d'association verbale demandant de relier des mots conceptuellement apparentés indiquent une stabilité de l'organisation des significations en mémoire. Par ailleurs, l'activation d'unités lexicales en mémoire serait comparable chez les sujets jeunes et âgés ; c'est, en tout cas, ce que l'on peut conclure par exemple de l'équivalence des effets de facilitation sémantique observés dans des tâches de décision lexicale. Les sujets âgés comme les sujets jeunes décident en effet plus vite qu'une suite de lettres (VACHE) est un mot de la langue lorsque cette suite a été précédée d'un mot sémantiquement relié (LAIT) que lorsqu'elle a été précédée d'un mot non relié (POIRE). Enfin, cette préservation des relations sémantiques entre les mots s'accompagne du maintien de la structure sémantique interne des catégories conceptuelles. Les sujets jeunes et âgés répondent plus vite qu'un item (Canari) est membre d'une catégorie (Oiseaux) si cet item est prototypique de la catégorie en question (ex. réponses plus rapides à Moineau qu'à Héron).

D'autres travaux, par contre, font état de difficultés propres aux personnes âgées dans l'exploitation de ce lexique mental (Meyer & Rice, 1983; Ulatowska, 1985). Les personnes âgées fourniraient par exemple des définitions moins précises et moins concises que les sujets jeunes. Par ailleurs, lorsqu'on demande à des personnes âgées d'énoncer en une minute le plus de mots possible appartenant à une catégorie (par exemple : citer des noms d'animaux) ou commençant par une lettre donnée, elles en fournissent significativement moins que les sujets jeunes. Certains travaux rapportent également que les personnes âgées trouvent moins vite le mot précis correspondant à une définition; c'est le fameux phénomène du « mot sur le bout de la langue » assez souvent observé chez les personnes âgées, tant en langage spontané (périphrases explicatives, termes généraux imprécis, pauses, hésitations, etc.) que dans des épreuves de dénomination d'objets.

Intégration d'informations explicites

Si l'on considère des unités d'information d'une taille supérieure au mot, on conviendra que la compréhension d'un texte écrit ou d'un discours oral implique l'établissement de relations entre plusieurs propositions. Pour qu'un texte paraisse continu et cohérent, il est indispensable que des coréférences soient rapidement et correctement établies; à chaque instant, un lien doit être créé entre l'information présentée antérieurement et l'information en cours de traitement. Diverses études se sont penchées sur les différences éventuelles entre adultes jeunes et âgés dans la mise en relation et l'intégration de propositions coréférentielles (Poon et al., 1989).

Dans certaines études, les sujets s'auto-présentent sur écran de courts paragraphes contenant des propositions coréférentielles du type « La Princesse reçut une fleur à son arrivée. La rose venait manifestement d'être cueillie », ou du type « Jean part en vacances ce matin. Il roulera sans doute toute la journée. » Les sujets s'auto-présentent ces textes phrase par phrase, et on mesure le temps qu'ils consacrent à chaque phrase; on s'intéresse particulièrement au temps qu'ils passent à traiter la phrase contenant le coréférent (la seconde phrase dans chacun des exemples ci-dessus). Selon les expériences, les personnes âgées mettent tantôt plus tantôt moins de temps que les sujets jeunes pour comprendre la phrase coréférentielle.

D'autres travaux se sont intéressés à la clarté des références employées par les personnes âgées dans le rappel de récits plus ou moins complexes (Pratt et al., 1989). Selon certains auteurs, les sujets âgés, plus que les sujets jeunes, utiliseraient des expressions référentielles ambiguës et traiteraient des référents introduits pour la première fois comme s'ils étaient déjà connus. Les résultats sont cependant loin d'être tous convergents : on trouve en effet des études qui mettent en doute ces conclusions.

Construction d'inférences

A un niveau plus global encore, la compréhension implique la mise en relation des informations spécifiques qu'offre un texte ou une suite d'énoncés avec les connaissances générales que possède le sujet. On peut par exemple considérer qu'un énoncé comme «Jules peint tous les dimanches matin» implique pragmatiquement que «Jules peint des tableaux avec des pinceaux etc.», et qu'il est compris comme tel. La compréhension de telles implications pragmatiques suppose le calcul d'inférences fondées sur la connaissance générale du monde (dans l'exemple ci-dessus, le fait qu'on parle du dimanche matin empêche sans doute de penser que Jules est peintre en bâtiment).

A nouveau, les études relatives aux performances de personnes âgées en matière d'inférences pragmatiques vont en sens divers (Light & Alberston, 1988). Les études qui font état de différences liées à l'âge mesurent généralement la capacité à faire des inférences dans des contextes imposant une mémorisation importante. Les sujets reçoivent par exemple plusieurs petits textes, après quoi seulement on leur demande de se prononcer (par un jugement de type vrai-faux par exemple) sur des inférences pragmatiques tirées d'informations qui ont été données dans un ces textes. Un premier texte peut par exemple livrer les informations (a) «Une cigarette allumée a été abandonnée négligemment» et (b) «Le feu a détruit une grande partie de l'immeuble»; si plusieurs autres textes sont présentés aux sujets avant de leur soumettre l'inférence (c) «Une cigarette abandonnée a provoqué un incendie», la performance des sujets âgés est moins bonne que celle des sujets jeunes. Par contre, si (c) est présenté immédiatement après la lecture du texte comportant (a) et (b), cette différence entre sujets jeunes et âgés disparaît. Light et Albertson (1988) ont examiné la performance de sujets jeunes et âgés dans une tâche testant plus directement la compréhension des inférences. Les sujets reçoivent 2 phrases sur écran, et doivent décider si la deuxième est vraie, fausse ou indéterminée étant donné la première. Ces auteurs examinent les réponses à des inférences logiques (par exemple Xavier a été obligé de se raser; Xavier s'est rasé) et à des inférences pragmatiques (par exemple Xavier n'était pas obligé de prendre l'avion; Xavier a pris l'avion). Il n'y a aucune différence entre sujets jeunes et âgés pour les inférences logiques; pour les inférences pragmatiques il n'y a de différence entre eux que pour les items exigeant une véritable gymnastique mentale (par exemple : On n'a pas empêché Gilbert de ne pas achever son travail; Gilbert a achevé son travail).

Toujours à propos d'inférences pragmatiques, des travaux ont étudié dans quelle mesure des sujets jeunes et âgés pouvaient détecter des anomalies dans un texte (par exemple dire de quelqu'un qu'il lit régulièrement son journal, alors qu'il a été présenté comme aveugle). Les résultats sont à nouveau très divergents. On observe une différence significative entre sujets jeunes et âgés quand on leur présente un matériel de type A (voir ci-dessous), mais on n'observe plus aucune différence pour un matériel de type B (Cohen, 1979; Light & Alberston, 1988).

Texte A. A côté de chez nous vit un vieux monsieur qui est tout à fait aveugle. Il vit avec sa sœur qui n'est pas mariée et qui travaille comme servante chez un banquier. Elle travaille beaucoup, et n'a que très rarement un peu de temps pour être avec son frère. Nous le voyons souvent sur le seuil de sa maison, occupé à lire le journal.

Texte B. A côté de chez nous vit un vieux monsieur qui est tout à fait aveugle. Il vit tout seul, et ne reçoit pratiquement jamais de visite, mais il semble bien se débrouiller. Il a un chien guide, et sort tous les jours avec son chien pour faire ses courses. Nous le voyons souvent sur le seuil de sa maison, occupé à lire le journal.

COMMENT COMPRENDRE CES DIVERGENCES?

Au vu de résultats aussi souvent contradictoires, on comprendra qu'il n'y a pas une réponse simple et unique à la question de savoir si la compétence langagière de personnes âgées diffère de la compétence de personnes plus jeunes. Quelles nuances faut-il donc introduire si l'on veut avoir une chance de comprendre pourquoi la littérature nous offre un tableau d'observations aussi divergentes?

Avant toute autre chose, arrêtons-nous brièvement à ce qui constitue un problème méthodologique majeur pour la plupart des études : comment constituer des groupes de sujets jeunes et âgés qui soient véritablement comparables (notamment en regard de critères de développement culturel), et garantissent une généralisabilité suffisante des conclusions? Meyer & Rice (1983) ont bien montré que l'on pouvait faire apparaître ou disparaître des différences de performance entre sujets jeunes et âgés selon que, dans la constitution des groupes, il était tenu compte ou non de critères tels que le degré d'éducation (nombre d'années de scolarité) ou le degré d'aptitude verbale (résultat à un test de vocabulaire). Une autre difficulté lorsqu'il s'agit de constituer des groupes de sujets est directement liée à la question de savoir quand on cesse d'être «jeunes» ou quand on commence d'être «vieux». Il faut savoir en tous cas que lorsque la littérature fait état de différences, c'est plus souvent dans des travaux qui ont comparé des groupes d'âge très éloignés (par exemple 19 ans vs 86 ans) que dans des travaux comparant les performances de sujets d'âge moins différent (par exemple 25 ans vs 65 ans). Ces deux premiers points expliquent sans doute une part des divergences entre les études.

Ce n'est cependant pas là que réside l'essentiel de ces divergences. En fait, ces dernières indiquent très clairement que le vieillissement n'entraîne pas une inévitable détérioration généralisée des habiletés linguistiques; il n'en est dès lors que plus intéressant et important de se pencher sur les situations où la performance des personnes âgées semble moins efficiente, pour tenter de comprendre ce qui peut engendrer de telles déficiences «locales». Dans l'état actuel de nos connaissances à cet égard, l'hypothèse la plus vraisemblable met en cause une diminution de la capacité de traitement qui ne serait toutefois apparente que dans certaines conjonctions de sujets/tâches/matériels; en fait, on n'observerait de différences que pour des tâches et des matériels d'une certaine complexité. Cela conduit à interpréter les différences observées en termes d'une diminution de la capacité et de la vitesse de traitement, particulièrement en mémoire de travail (cf. le texte de Van der Linden & Seron dans ce volume).

Rappelons que la mémoire de travail est considérée comme un sous-système de la mémoire offrant une capacité limitée qui permet au sujet de stocker très temporairement une quantité limitée d'informations qu'il soumet à certains traitements. Une augmentation du nombre d'informations à gérer, ou une augmentation du nombre et/ou de la complexité des opérations de traitement sur ces informations peuvent entraîner un dépassement de capacité. Par ailleurs, on comprend aisément que la vitesse de traitement est un élément déterminant de l'efficience du système. Deux facteurs entrent en ligne de compte à ce propos : la rapidité du flux d'informations à l'entrée et la rapidité avec laquelle ces informations s'effacent en mémoire de travail. Si le traitement se fait plus lentement que n'arrivent les informations à l'entrée, une partie de cette information risque d'être perdue ou d'être incorrectement traitée; de même, si l'information s'efface plus rapidement que ne s'effectuent les traitements, une partie de cette information sera perdue avant même d'avoir pu être traitée. Certes, de l'avis même de Cohen (1988), une analyse en termes de capacité et de vitesse de traitement est à ce point générale qu'elle semble pouvoir tout expliquer. Si l'on observe une bonne performance, on dira par exemple que la tâche n'exigeait aucun traitement complexe; si la performance est moins bonne, on dira au contraire que c'est en raison de la complexité des traitements, etc. Ceci n'est évidemment pas à l'avantage de cette conception s'il est impossible de jamais démontrer en quoi certains de ses postulats sont faux. Dans le cas du langage cependant, il existe des cas où la complexité des traitements à effectuer dans diverses tâches peut être clairement identifiée; en examinant les performances d'adultes jeunes et âgés dans ces contextes particuliers, on devrait donc pouvoir mieux évaluer la pertinence d'une interprétation en termes de capacité et vitesse de traitement. Nous ne reprendrons ci-dessous que quelques-uns de ces contextes particuliers pour comprendre en quoi ils peuvent susciter des performances très inégales.

Des travaux relatifs à la compréhension ou au rappel de textes (le plus souvent des récits) mettent habituellement en évidence un effet dit du «niveau hiérarchique» des propositions; en clair, les idées principales d'un texte sont normalement mieux rappelées que les idées secondaires. Certaines études ont montré un effet de l'âge à cet égard : les personnes âgées se rappelant moins bien que les jeunes des idées principales d'un texte. Toutefois, si l'on considère l'ensemble des recherches consacrées à ce point particulier, il apparaît que toute manipulation facilitant l'identification des propositions principales a pour effet de réduire considérablement, et même d'éliminer complètement cet effet de l'âge. Par exemple, lorsqu'on leur demande de lire un texte *à leur propre rythme* (donc sans surcharge de mémoire) et de souligner les idées principales, les sujets âgés font aussi bien que les jeunes. D'autres travaux relatifs au rappel d'idées principales montrent que l'effet de l'âge n'apparaît en fait que lorsqu'on a «détérioré» l'organisation interne des textes utilisés comme matériel expérimental (par exemple en intervertissant des paragraphes, ou même en mélangeant les propositions au sein d'un paragraphe). Dans ce cas, on peut penser que réorganiser les propositions tout en les maintenant en mémoire exige une capacité de traitement que ne peuvent allouer les sujets âgés.

Nous avons ci-dessus fait allusion à des travaux qui mettent en évidence une moins bonne performance des personnes âgées lorsqu'il s'agit de construire des inférences ou d'intégrer plusieurs informations. Mais à nouveau, il faut considérablement nuancer cette observation. Cohen et Faulkner (1986) par exemple ont étudié la compréhension de textes en comparant deux conditions de présentation d'un même texte; dans une condition, on fait entendre une version clairement accentuée (intonation appropriée pour souligner les mots importants, pour marquer clairement le découpage et l'organisation interne du texte, pour désambiguïser des référents, etc.); dans l'autre, on fait entendre une version sans aucune accentuation. Après avoir entendu le texte, les sujets doivent répondre à des questions exigeant ou n'exigeant pas d'inférences. Il n'y a pas de différences entre les deux versions pour ce qui est des réponses aux questions n'exigeant aucune inférence; par contre, lorsqu'il s'agit de tirer certaines inférences pour pouvoir répondre correctement, la performance des personnes âgées est meilleure pour la version accentuée.

Toujours à propos d'inférences, certains travaux ont étudié la capacité de sujets à se prononcer sur la valeur de vérité (répondre par vrai ou faux) d'inférences tirées à partir de prémisses du type «A est plus grand que B, B est plus grand que C, etc.». On comprend sans peine qu'il est possible de rendre la tâche plus ou moins complexe selon le nombre d'éléments introduits et l'ordre dans lequel on les présente. En réalité, ce que d'aucuns appelleront l'incapacité de sujets âgés à tirer des inférences n'apparaît véritablement qu'en cas de haute complexité de la tâche.

Dans un autre ordre de faits encore, on sait que la compréhension du langage suppose un calcul de la signification somme toute très rapide. Plusieurs études se sont intéressées aux effets d'une présentation accélérée d'un message sur sa compréhension ou son rappel. Lorsqu'on passe d'une présentation normale (environ 200 mots par minute) à une présentation nettement accélérée (400 mots/minute), on observe chez tous les sujets une détérioration de la performance; cette détérioration, toutefois, est plus prononcée chez les sujets plus âgés.

Nous avons jusqu'ici peu parlé de syntaxe, essentiellement pour ne pas compliquer la tâche d'un lecteur non familiarisé avec les modèles linguistiques. Nous y ferons cependant allusion en terminant ce paragraphe consacré à l'interprétation des divergences entre études. Disons d'emblée qu'on connaît malheureusement peu de choses des propriétés morphosyntaxiques du langage spontané de personnes âgées, et on ne peut donc que se méfier d'affirmations tranchées comme celles qui font état par exemple d'une diminution de la complexité syntaxique à l'oral comme à l'écrit. Il existe cependant quelques travaux (Light & Burke, 1988) montrant que la performance de personnes âgées, dans une même tâche, varie selon la complexité du matériel à traiter. Dans une tâche d'imitation d'énoncés par exemple, les sujets âgés auront une performance moins bonne que celle de sujets jeunes s'il s'agit d'imiter des structures syntaxiques complexes (par exemple un énoncé composé d'une proposition principale et d'une proposition subordonnée embranchée en début d'énoncé qui implique une plus grande charge en mémoire de travail : « Ce que j'ai trouvé dans le coffre de la voiture intéresse le détective »); il n'y a cependant plus de différence entre sujets jeunes et âgés s'il s'agit d'imiter des structures moins complexes (par exemple un énoncé avec proposition subordonnée d'embranchement à droite : « Les enfants ont partagé les biscuits que j'ai trouvés dans le coffre de la voiture »).

CONCLUSIONS

D'une manière générale, des recherches dont nous n'avons pu donner ici qu'un aperçu, il se dégage nettement que l'effet du vieillissement s'observe essentiellement dans les situations qui requièrent un traitement cognitif complexe. Ceci confirme l'hypothèse générale selon laquelle le vieillissement se traduirait par une réduction de la capacité de traitement. Nous sommes actuellement loin de savoir exactement ce que recouvre ce concept très général de capacité limitée de traitement, et peut-être faut-il souligner qu'il n'y a d'ailleurs pas qu'un seul modèle de la mémoire de travail. Plusieurs questions restent donc sans réponse. Parmi ces questions, il y a notamment celle des différences individuelles : comment concilier en effet cette interprétation en termes de réduction de capacité avec ce que l'on sait par ailleurs des différences individuelles (on sait qu'elles peuvent être très importantes, et même s'accentuer avec l'âge)? Les différences de performance entre sujets jeunes et âgés tendent à disparaître lorsqu'il s'agit de personnes âgées dont le quotient intellectuel verbal est élevé; en quoi l'aptitude verbale peut-elle interagir avec la capacité de traitement en mémoire de travail? De futures recherches devront nous éclairer sur ce point.

Le lecteur non psycholinguiste pourrait s'étonner, à lire ce qui précède, d'avoir si peu affaire au « langage ». En fait, comme nous le disions au début, le langage n'est pas un monobloc indifférencié (raison pour laquelle d'ailleurs nous avons préféré parler des habiletés linguistiques); c'est, bien au contraire, un système complexe dont le fonctionnement repose sur des processus correspondant à autant de programmes de traitement d'information mobilisables dans des conditions déterminées. La curiosité du psychologue porte précisément sur ces processus qu'il tente d'isoler au maximum dans une démarche de modélisation du fonctionnement du langage. Il n'y a rien d'étonnant à ce qu'il s'inspire, pour ce faire, des acquis de la Psychologie cognitive et de la Linguistique. Le risque que comporte cette démarche est de ne prêter attention qu'aux aspects du langage qui ont fait l'objet d'une formalisation poussée en Linguistique. Force est de reconnaître que la Psycholinguistique n'a pas toujours échappé à ce piège. Ce n'est en effet qu'au cours des 15 dernières années qu'elle s'est penchée plus en détail sur les conditions d'usage des formes linguistiques. Ce faisant, les travaux ont rapidement dégagé l'importance des effets qu'exerce le contexte sur le fonctionnement du langage, et ceci autant sur ce qui est dit ou compris que sur la façon dont c'est dit ou compris. Plusieurs recherches récentes mettent d'ailleurs en œuvre des situations d'interlocution véritable pour étudier certaines propriétés du fonctionnement du langage lorsqu'il est utilisé dans une conversation entre un adulte et un enfant, entre un expert et un novice, un homme et une machine, etc.

Dans ce contexte, on aimerait en savoir plus sur la façon dont les personnes âgées «conversent» dans divers contextes ou en présences de divers interlocuteurs. C'est un domaine ou pratiquement tout reste à faire. La littérature ne comprend en effet que quelques rares études (Shervan & Henderson, 1988) consacrées au langage spontané de personnes âgées. Et encore, il ne s'agit généralement que d'analyses d'échantillons se fixant pour but d'expliciter certains paramètres tels que : variété du vocabulaire employé, longueur moyenne des énoncés, complexité syntaxique, durée moyenne de prise de parole, nombre de répétitions et de paraphasies, fréquence de comportements interrupteurs, etc. S'il semble bien y avoir augmentation de la fréquence des comportements interrupteurs ainsi que de la difficulté à trouver ses mots, les autres paramètres semblent stables chez des sujets de 40 à 79 ans. Il faut toutefois se garder d'en conclure que le langage spontané des personnes âgées ne diffère pas du langage spontané de sujets jeunes; les scores en question ne constituent en effet que des indices superficiels, impropres à cerner des comportements langagiers parfois considérés comme plus typiques de personnes âgées : par exemple, ne pas tenir compte de l'interlocuteur en lui parlant comme s'il ne savait rien, ou en lui parlant comme s'il savait plus qu'il ne sait en réalité. Ceci justifie que l'on développe des recherches davantage centrées sur l'évolution des habiletés proprement conversationnelles. Au cours des 5 dernières années, nos connaissances se sont considérablement accrues en ce qui concerne l'acquisition de ces habiletés chez l'enfant (Meyer & Rice, 1983; Poon et al., 1989), mais nous ne savons pratiquement rien de leur évolution chez la personne âgée.

RÉFÉRENCES

Bayles K.A. & Kaszniak A.W. (1987). *Communication and Cognition in normal Aging and Dementia*. London, Taylor & Francis.
Bowles N.L., Obler K.L., Poon L.W. (1989). *Aging and word retrieval : naturalistic, clinical and laboratory data*. In L.W. Poon et al. (Eds.), «Everyday Cognition in Adulthood and late Life», Cambridge University Press.
Charness N. (1985). *Aging and human Performance*. London, Wiley & Sons.
Cohen G. (1979). *Language comprehension in old age*. Cognitive Psychology, 11, 412-429.
Cohen G. (1988). *Age differences in memory for texts : Production deficiency or processing limitations?* In L.L. Light & D.M. Burke (Eds.), «Language, Memory and Aging». Cambridge University Press.
Cohen G. & Faulkner D. (1986). *Does «elderspeak» work?* Language and Communication, 6, 91-98.
Light L.L. & Burke D.M. (1988). *Language, Memory and Aging*, Cambridge University Press.
Light L.L. & Albertson S.A. (1988). *Comprehension of pragmatic implications in young and older adults*. In L.L. Light & D.M. Burke (Eds.), «Language, Memory, and Aging». Cambridge University Press.
McTear M. (1985). *Children's Conversation*. Oxford, Basil Blackwell.
Meyer B.T. & Rice G.E. (1983). *Learning and memory for text across the adult life span*. In J. Fine & R.O. Freedle (Eds.), «Developmental Studies in Discourse». Norwood, NJ, Ablex.
Ochs E. & Schieffelin B.B. (1983). *Acquiring conversational Competence*. London, Routledge & Kegan.
Poon L.W., Rubin D.C., Wilson B.A. (1989). *Everyday Cognition in Adulthood and late Life*. Cambridge University Press.
Pratt M.W., Boyes C., Robins S. (1989). *Telling tales : aging, working memory and the narrative cohesion of story retellings*. Developmental Psychology, 25, 628-635.
Shervan C.M. & Henderson V.L. (1988). *Analysis of spontaneous language in the older normal population*. Journal of Communication Disorders, 21, 139-154.
Spilitch G.J. (1985). *Discourse comprehension across the span of life*. In N. Charness (Ed), «Aging and human Performance». London, Wiley & Sons.
Taylor T.J. & Cameron D. (1987). *Analyzing Conversations : Rules and Units in the Structure of Talk*. Oxford, Pergamon Press.
Ulatowska H.K. (1985). *The aging brain : Communication in the Elderly*. London, Taylor & Francis.
Zelinski E. (1988). *Integrating information from discourse : do older adults show deficits?* In L.L. Light & D.M. Burke (Eds.), «Language, Memory and Aging». Cambridge University Press.

Du vieillissement démographique au rajeunissement social : l'avenir est aux vieux

Michel LORIAUX

COUP DE VIEUX SUR L'OCCIDENT

La Belgique, l'Europe et le monde occidental vieillissent. Ce n'est plus une surprise ni un scoop, même si régulièrement un article ou une émission TV relancent un débat dont les origines remontent au début de ce siècle, et parfois au cours du siècle précédent. Il faut savoir que le vieillissement démographique, s'il n'est pas aussi ancien que le monde, est quand même un de ces phénomènes de société majeurs qui a accompagné la première révolution industrielle et les mutations économiques et sociales qui y ont été intimement associées.

Tout s'est passé comme si le monde occidental, en découvrant la machine à vapeur et le chemin de fer, avait pris un coup de vieux et s'était forgé des rides. En réalité, il s'agit simplement là de l'illustration des interdépendances puissantes existant entre les quatre grandes révolutions du XIXe siècle : scientifique et technologique, économique et sociale, politique et culturelle, et enfin familiale et démographique.

LA POPULATION : RÉVOLUTIONNAIRE!

La démographie a changé, dans ses structures par âge et dans sa dynamique, parce que les idées et les mœurs ont changé, tout comme les rapports entre les classes sociales et les sexes, les relations entre la société civile et l'Eglise, les modes de production économique et les formes d'échanges commerciaux, etc. (Planche I*).

On pourrait disserter pendant longtemps sur le point de savoir si c'est le changement technologique qui fut à l'origine de ces mutations, ou si c'est plutôt vers les transformations sociales ou idéologiques qu'il faut se tourner en priorité, notamment du côté de l'alphabétisation et de l'éducation des masses populaires, ou encore du mouvement de sécularisation qui a marqué l'amorce de la perte d'influence des religions. Là n'est cependant pas la question essentielle, car il est vraisemblable que l'ordre d'enchaînement des causes et des effets a moins d'intérêt qu'une compréhension profonde des mécanismes d'évolution du système social global et de son passage d'un état d'équilibre à un autre. En ce qui concerne la démographie, cette évolution est généralement qualifiée de transition démographique, expression qui désigne le passage d'une population à hautes mortalité et natalité à une population à faibles mortalité et natalité.

COMMENT VIEILLISSENT LES SOCIÉTÉS?

Or, c'est au cours de ce processus que le vieillissement s'est installé; les changements durables des paramètres du mouvement démographique ayant provoqué des modifications sensibles des structures par âge (Planche II). La dénatalité a suscité le vieillissement, parce que la diminution numérique des jeunes générations a non seulement réduit leur part relative mais qu'elle a aussi en même temps accru, par un effet de balancier, la part des générations âgées. Il est vrai qu'au début le phénomène a été peu sensible, dans la mesure où les personnes de 65 ans et plus représentaient moins de 5% de la population totale. Mais au fil des décennies, le vieillissement a pris de l'ampleur, tandis que la pyramide des âges s'arrondissait, pour atteindre aujourd'hui environ 15% des effectifs; soit un triplement en l'espace de 150 ou 200 ans. A première vue, il n'y a pas là de quoi culpabiliser le vieillard : les changements structurels des populations ont été lents et progressifs, et même relativement faibles par rapport à d'autres mutations qui se sont déroulées dans le même laps de temps : qu'on pense par exemple à l'exode rural et au développement des villes ou aux transformations des structures de l'emploi, avec les évolutions en sens opposés de l'emploi primaire et de l'emploi tertiaire.

---

* Les planches I à V illustrent des analyses basées sur les données belges.

Planche I. Sans une mise en perspective globale et historique, le vieillissement démographique contemporain est incompréhensible et son évolution future imprévisible ...

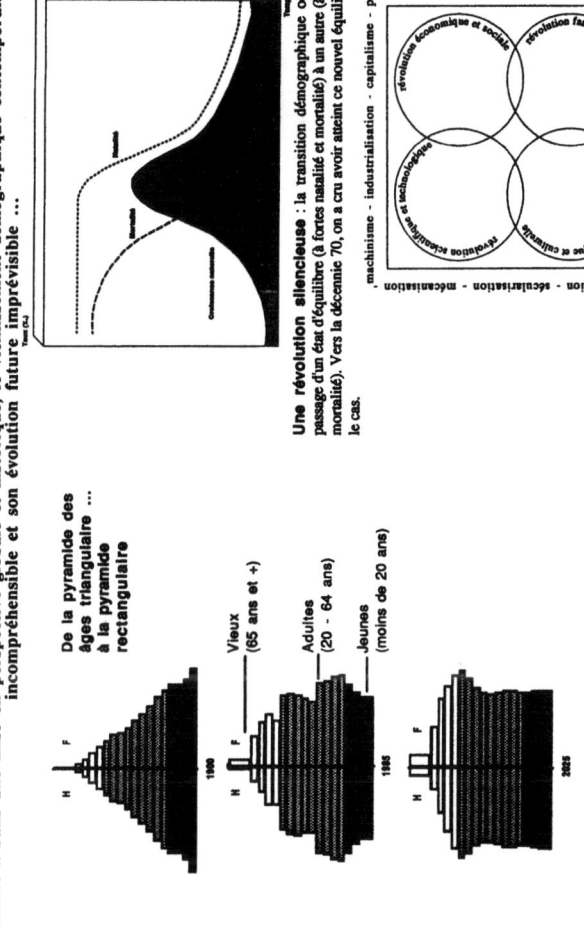

De la pyramide des âges triangulaire ... à la pyramide rectangulaire

Vieux (65 ans et +)
Adultes (20 - 64 ans)
Jeunes (moins de 20 ans)

Vers 1900, il y avait à peine plus de 5 % de "vieux" (65 ans et plus) ; 15 % vers 1985 et il devrait y en avoir environ 20 % en 2025 (d'après les perspectives de l'I.N.S). L'évolution fut lente mais inéluctable et le vieillissement devient de plus en plus irréversible, en même temps qu'il change de nature : moins de jeunes certes, mais aussi et surtout des vieux plus nombreux qui vivent de plus en plus vieux.
En même temps, le déséquilibre des sexes aux âges élevés s'accentue et l'accession à la retraite des dernières générations "pleines" du babyboom laisse présager la charge accrue qui pèsera sur la sécurité sociale vers 2020 ou 2030.

Une révolution silencieuse : la transition démographique occidentale, ou le passage d'un état d'équilibre (à fortes natalité et mortalité) à un autre (à faibles natalité et mortalité). Vers la décennie 70, on a cru avoir atteint ce nouvel équilibre : ce ne fut pas le cas.

Les mondes liés : tous les principaux sous-systèmes de nos sociétés sont largement interdépendants. Les modes de constitution des familles et de reproduction sociale changent, dans le même temps où les modes de production, de pensée et de vie se modifient aussi profondément. Ce fut vrai dans le passé ; mais ce le sera peut-être davantage encore dans l'avenir.

Planche II. La troisième révolution démographique est commencée : la période actuelle de fortes turbulences annonce probablement l'entrée dans un nouveau régime démographique

Espérance de vie à la naissance

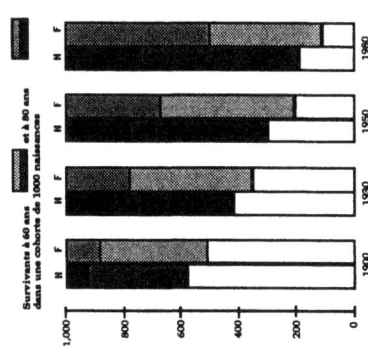

Si des progrès importants ont été réalisés dans le passé dans la lutte contre la mortalité, en faisant pratiquement doubler la longévité moyenne en l'espace d'un siècle, les progrès à venir seront probablement aussi spectaculaires, à cette importante nuance près, qu'ils profiteront en priorité aux personnes âgées et non plus aux jeunes enfants.
Déjà dans les conditions actuelles de la mortalité, environ 900 femmes devraient être survivantes à 60 ans dans une cohorte fictive de 1000 naissances, et encore 500 à 80 ans (contre respectivement 500 et 125 au début du siècle).

Repousser la mort : trois courbes de mortalité, passée, présente et future.

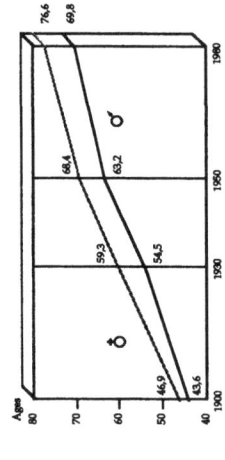

Jusqu'ici, les révolutions démographiques avaient été dominées par les transformations familiales et les changements de fécondité.
Cependant, même si cette dernière continue à fluctuer (à la baisse ou la hausse), tout porte à croire qu'elle ne retrouvera pas avant longtemps le seuil de remplacement des générations et que la variable cruciale des changements de la structure démographique sera dorénavant la mortalité plutôt que la fécondité.

Survie aux âges élevés

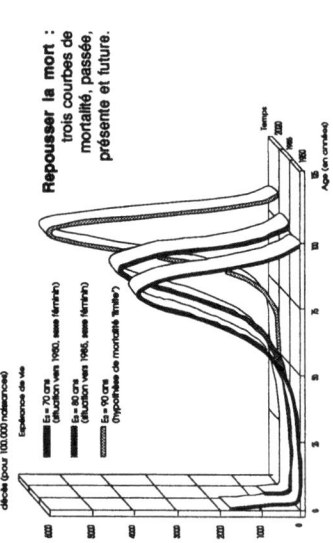

Sur base de l'expérience passée des dernières décennies, on peut escompter dans l'avenir une progression de l'espérance de vie jusqu'à environ 90 ans, avec une longévité maximale de l'ordre de 115 ans : dans cette hypothèse de mortalité "biologique limite", la mort serait repoussée jusqu'aux âges ultimes de la vie et la morbidité épargnerait pratiquement tout le monde pendant de longues années. Cette situation pourrait éventuellement être atteinte entre 2025 et 2050, si les espoirs mis dans la médecine et la biologie se matérialisent. Il en résulterait cependant alors un vieillissement beaucoup plus intense, de l'ordre de 30 à 40 % de vieux (de 65 ans et +).

Une chose est certaine : le vieillissement est une nécessité historique et il est aussi devenu un irréversible sociologique, en ce sens qu'il n'est plus possible aujourd'hui de s'y soustraire, quels que soient les moyens mis en œuvre ou les politiques démographiques engagées. Pendant longtemps, les théoriciens de la population et les philosophes sociaux ont cru qu'il suffisait de combattre la dénatalité pour enrayer le vieillissement qu'elle avait engendré. Pour combattre la conséquence, supprimons la cause.

C'était commettre une double erreur : d'abord ne pas comprendre que la chute de la fécondité et l'abandon des berceaux n'était pas un accident conjoncturel ou un caprice de l'histoire, mais une tendance lourde de l'évolution des populations occidentales et au-delà de leurs mutations sociales; ensuite ne pas se rendre compte que le vieillissement était progres-sivement en train de changer de nature, passant d'un vieillissement par le bas de la pyramide des âges (c'est-à-dire dû au déclin de la natalité) à un vieillissement par le haut (c'est-à-dire dû au recul de la mortalité).

ATTENTION, UN VIEILLISSEMENT PEUT EN CACHER UN AUTRE!

Pour la première fois en effet, le vieillissement démographique qui, paradoxalement, était dû essentiellement aux jeunes, devient de plus en plus un phénomène induit par les vieux : nos populations vieillissent actuellement, non plus seulement parce que la fécondité est désertée, mais parce que la mortalité a reculé sur tous les fronts. Dans le passé, les progrès les plus importants de la longévité moyenne avaient surtout été dus au recul de la mortalité infantile (qui a été divisée par 20 ou par 25 au cours de la transition démographique) et non à une moindre mortalité des adultes et des vieillards. Mais les choses sont en train de bouger et l'espérance de vie s'accroît sensiblement, même aux âges élevés de 60, 70 ou 80 ans.

Du coup, le vieillissement ne progresse plus simplement quantitativement, car en même temps il change aussi qualitativement de visage : il se trouve aujourd'hui des vieux de plus en plus nombreux qui vivent de plus en plus vieux, et qui sont, en général en meilleure santé physique et morale que leurs prédécesseurs des générations antérieures aux mêmes âges.

LES VIEUX NOUVEAUX SONT ARRIVÉS

Autrement dit, les nouveaux vieux sont là et il va falloir dorénavant compter avec eux. C'est là la nouvelle donne du problème pour les sociétés en cette fin du deuxième millénaire : elles devront être gérées pour ou contre les vieux, mais certainement pas sans les vieux. Notre époque est cruciale : des décisions vont devoir être prises rapidement et des options retenues qui vont orienter les politiques futures de la vieillesse et décider du statut des personnes âgées pour les prochaines décennies.

Ces choix, qui sont véritablement des choix de sociétés, auront des répercussions énormes dans tous les domaines, non seulement ceux de la sécurité sociale et des grands équilibres budgétaires de l'état ou des transferts de ressources entre les diverses catégories de citoyens, mais aussi ceux du travail et de l'emploi ou de l'investissement et de la consommation des ménages.

Il est par exemple évident que le simple accroissement en nombre absolu des vieux aura des conséquences importantes en matière d'investissements sociaux : créations de maisons de repos, d'hôpitaux gériatriques, de centres d'animation et de loisirs, etc., tout comme en matière de demande : nouveaux produits de consommation, nouveaux services de santé et d'assistance, etc.

Ces évolutions sont souvent perçues de façon négative, sous l'angle des coûts financiers qu'elles entraînent, ou même de la perte de dynamisme social que suscitent les changements de structures démographiques.

Accroissement des coûts salariaux, perte de compétitivité internationale, inflation des dépenses de santé, diminution des investissements, recul de la créativité, recherche de la sécurité, risque de prise de pouvoir gérontocratique sont quelques-uns des arguments fréquemment invoqués par les détracteurs du «mal anesthésiant», du «cancer sociétal» ou de la «peste blanche».

La vérité est pourtant probablement diamétralement opposée : loin d'être le drame collectif qu'on a imaginé, le vieillissement doit plutôt être considéré comme un immense progrès, à la fois individuel (vivre plus longtemps en meilleure santé) et collectif. Une population vieillissante est en effet mieux adaptée qu'une population plus jeune au développement des technologies nouvelles et des industries d'avenir, à la poursuite de la tertiarisation de l'économie et à l'avènement progressif de la fameuse civilisation des loisirs.

NAISSANCE D'UNE CLASSE DYNAMISANTE

Le troisième âge formera sans conteste l'élément principal de cette nouvelle «classe de loisirs», appelée à dynamiser la société du troisième millénaire.

Peu de groupes sociaux actuels sont capables de tenir un tel rôle d'animation et de soutien de la demande. La crise récente a montré que tous les pays industriels étaient en pleine rénovation de leurs appareils productifs et de restructuration économique. Encore faut-il que des besoins suffisants existent dans les domaines porteurs, et précisément le troisième âge est un groupe dont les effectifs déjà importants iront croissants et qui présente des besoins spécifiques susceptibles d'entraîner la demande dans des secteurs à haute productivité et à grande innovation : c'est le cas notamment dans tous les secteurs touchant à la santé et à la qualité de la vie, qu'il s'agisse de génie génétique, de biotechnologies, ou de télé-vigilance, ou ceux touchant aux loisirs et à la culture, avec l'information, les services télématiques, les moyens de communications audio-visuels, etc.

Jusqu'il y a peu, l'idée était communément admise que c'était l'économique qui entraînait le social et l'entretenait même de façon parasitaire. Ce fut probablement vrai pendant la période de croissance rapide des «trente glorieuses», mais ce l'est beaucoup moins aujourd'hui en cette époque de croissance modérée, où le changement social semble davantage entraîner la dynamique économique.

Les modes de vie se modifient rapidement, les loisirs se diffusent dans toutes les classes, les sports et les pratiques d'entretien corporel triomphent, la culture fait recette et, le plus souvent, l'économique ne fait plus que suivre le mouvement en exploitant de nouveaux marchés, en diffusant de nouveaux produits ou en organisant de nouveaux créneaux. Parallèlement, la vie associative, comme les activités locales, n'ont jamais été aussi florissantes.

VIVE LES RETRAITÉS ACTIFS!

Or, ce sont précisément dans tous ces domaines que les retraités sont les plus à même d'intervenir efficacement et qu'ils le font d'ailleurs de plus en plus. Parce que le temps ne leur est plus compté, ils cherchent à l'investir dans des hobbies et des loisirs actifs (Planche III). Parce que la vie professionnelle et familiale ne leur avait guère laissé de répit, ils

190 POUR UNE VIEILLESSE AUTONOME

Planche III. L'irrésistible progression du temps libéré : la montée du troisième âge correspondra à l'avènement de la civilisation des loisirs et à la réhabilitation de l'oisiveté face au travail

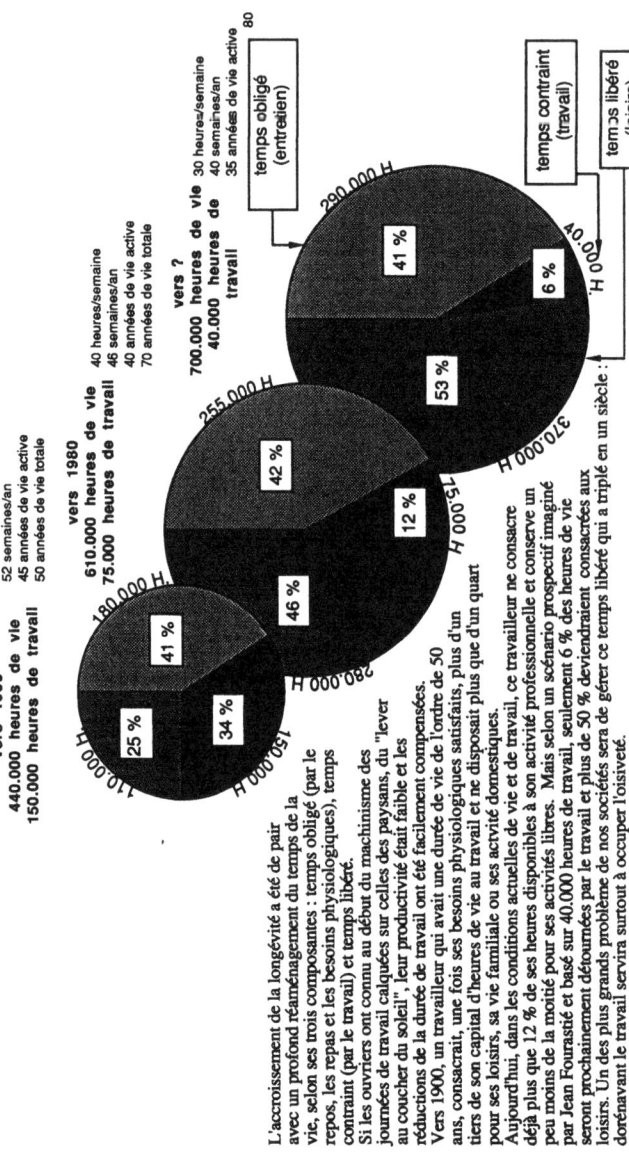

L'accroissement de la longévité a été de pair avec un profond réaménagement du temps de la vie, selon ses trois composantes : temps obligé (par le repos, les repas et les besoins physiologiques), temps contraint (par le travail) et temps libéré.
Si les ouvriers ont connu au début du machinisme des journées de travail calquées sur celles des paysans, du "lever au coucher du soleil", leur productivité était faible et les réductions de la durée de travail ont été facilement compensées.
Vers 1900, un travailleur qui avait une durée de vie de l'ordre de 50 ans, consacrait, une fois ses besoins physiologiques satisfaits, plus d'un tiers de son capital d'heures de vie au travail et ne disposait plus que d'un quart pour ses loisirs, sa vie familiale ou ses activité domestiques.
Aujourd'hui, dans les conditions actuelles de vie et de travail, ce travailleur ne consacre déjà plus que 12 % de ses heures disponibles à son activité professionnelle et conserve un peu moins de la moitié pour ses activités libres. Mais selon un scénario prospectif imaginé par Jean Fourastié et basé sur 40.000 heures de travail, seulement 6 % des heures de vie seront prochainement détournées par le travail et plus de 50 % deviendraient consacrés aux loisirs. Un des plus grands problème de nos sociétés sera de gérer ce temps libéré qui a triplé en un siècle : dorénavant le travail servira surtout à occuper l'oisiveté.

se prennent de passion pour les arts, la science et la culture. Parce qu'ils ont été éloignés précocement de l'économie marchande, ils retrouvent, dans l'économie souterraine, et parfois le travail au noir, des occasions d'exercer leurs talents et de réaliser à moindre coût de nombreuses tâches de production de biens et de services dont des couches importantes de la population bénéficient, à commencer par leurs enfants ou les membres de leur famille élargie. Parce que leur retrait du secteur productif les prive d'une part importante de leur statut social, ils se forgent de nouveaux rôles dans les activités de volontariat, le soutien aux associations, ou aux initiatives locales. Parce qu'ils sont dotés en moyenne de patrimoines importants, ils deviennent des acteurs économiques essentiels, notamment sur les marchés de l'immobilier et des vacances, et sans même parler des donations à leurs descendants et des héritages qui constituent une forme de transfert important vers les générations plus jeunes.

Finalement, au lieu de former la catégorie parasite de bénéficiaires incontinents que l'on décrit souvent, les vieux sont en passe de constituer un pôle essentiel du changement social. A condition toutefois qu'on leur en laisse l'opportunité et qu'on ne leur conteste par les moyens nécessaires. A condition aussi que nos sociétés ne prennent pas, à travers des politiques inadaptées, des mesures contraires aux évolutions escomptées. Or, on est loin du compte, et nos politiques de la vieillesse sont souvent inadaptées, quand elles ne sont pas virtuellement inexistantes.

RELÉGATION ET DÉNI DE VIEILLESSE : HALTE AUX EFFETS PERVERS

La retraite est encore trop souvent une « mort sociale » et si les nouveaux vieux sont déjà parmi nous, ils n'ont pas encore reçu un statut social et une place dans nos sociétés en rapport avec leurs aptitudes réelles et avec leur importance numérique. C'est que la vieillesse continue à faire peur et qu'elle reste reléguée à la périphérie du monde actif, pour éviter que la découverte de son isolement, de sa misère — elle existe toujours — ou de ses déchéances — le troisième âge ne doit pas faire oublier la présence du quatrième âge plus dépendant — ne dérange la tranquillité des nantis et des bien-portants.

Déjà à l'occasion de la crise économique de cette dernière décennie, on a vu tenir des discours inquisiteurs sur la richesse excessive des vieux, comparativement à d'autres catégories sociales plus défavorisées (comme les jeunes chômeurs), oubliant un peu trop facilement qu'il existe, non pas une vieillesse uniforme, mais des états de vieillesse très diversifiés, avec de très grandes inégalités dans les revenus et les patrimoines, et que cette situation pourrait n'être au demeurant qu'un effet de génération passager lié à la croissance rapide de l'après-guerre et aux conditions exceptionnellement défavorables de l'emploi et des gratifications liées aux carrières.

De même, l'accroissement de la charge des retraites a conduit beaucoup de gouvernement à envisager leur privatisation partielle et à réduire les avantages légaux au profit de formules mixtes de financement, en perdant de vue qu'une société vieillissante a besoin, plus que n'importe quelle autre, d'un système de protection collective puissant et efficace. Un slogan en faveur de la sécurité sociale est là pour le rappeler : les baleines sont fragiles !

RELEVER LE DÉFI INCONTOURNABLE DE LA GÉRITUDE

La difficulté, avec le vieillissement, c'est qu'il nous oblige à regarder les choses avec œil neuf et à comprendre que les gaspillages d'hier peuvent devenir les dépenses productrices de demain, que les inactifs peuvent entretenir à leur tour les actifs et que la jeunesse peut avoir le plus grand besoin de la vieillesse.

Il faut donc avant tout réformer les mentalités, en admettant que ce ne sont pas les structures démographiques qui déterminent à elles seules le vieillissement, mais bien avant tout les structures mentales et institutionnelles. Les sociétés qui échapperont le mieux à cette grande menace de la géritude ne seront vraisemblablement pas celles qui auront combattu le plus durement le vieillissement, mais celles qui auront su s'y adapter en douceur et l'intégrer le plus harmonieusement dans leur développement global de façon à en limiter les effets défavorables (Planche IV).

Le défi est immense, mais il n'y aura probablement pas d'autre alternative, parce que le vieillissement fait partie de ces tendances lourdes de notre évolution sociétale qui doivent être considérées comme incontournables.

RÉINVENTER LA VIEILLESSE

A bien des égards, les moyens de cette adaptation restent à inventer, mais on peut déjà indiquer les grands axes de réflexion à favoriser :

Planche IV. Le vieillissement se poursuivra inexorablement, quelle que soit l'évolution future de la fécondité, mais le potentiel d'actifs ne sera guère atteint par ces changements

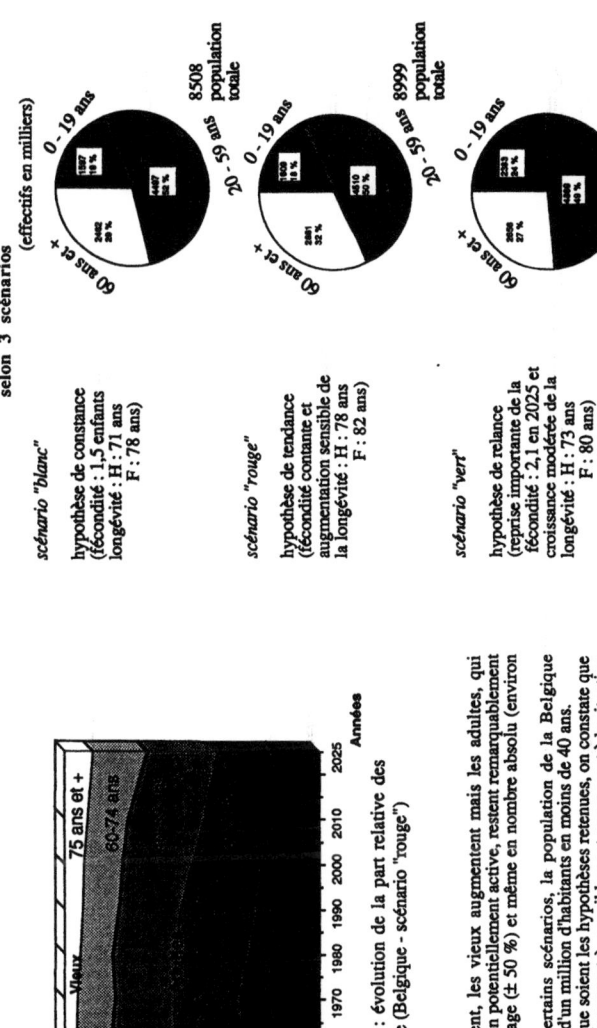

La Belgique à l'horizon 2025
selon 3 scénarios
(effectifs en milliers)

scénario "blanc"
hypothèse de constance
(fécondité : 1,5 enfants
longévité : H : 71 ans
F : 78 ans)

scénario "rouge"
hypothèse de tendance
(fécondité contante et
augmentation sensible de
la longévité : H : 78 ans
F : 82 ans)

scénario "vert"
hypothèse de relance
(reprise importante de la
fécondité : 2,1 en 2025 et
croissance modérée de la
longévité : H : 73 ans
F : 80 ans)

Source : Ministère des Affaires Sociales, Note politique, 1987.

La géologie des âges : évolution de la part relative des grands groupes d'âge (Belgique - scénario "rouge")

Les jeunes diminuent, les vieux augmentent mais les adultes, qui forment la population potentiellement active, restent remarquablement stables, en pourcentage (± 50 %) et même en nombre absolu (environ 4,5 millions).
Néanmoins, dans certains scénarios, la population de la Belgique pourrait perdre plus d'un million d'habitants en moins de 40 ans.
Par contre, quelles que soient les hypothèses retenues, on constate que la population âgée progresse très sensiblement par rapport à la situation actuelle (environ 20 % de personnes de plus de 60 ans), en dépit même d'une éventuelle relance de la fécondité jusqu'à son niveau de remplacement : c'est la preuve qu'une nouvelle forme de vieillissement, lié au recul de la mortalité aux âges élevés, est née.

— Création d'un nouveau statut de la vieillesse assurant aux personnes âgées un rôle de producteur actif et non uniquement de consommateur passif, notamment grâce à une intensification des échanges inter-générationnels et des transferts de ressources et de services des générations âgées vers les autres classes d'âge.

— Optimalisation de l'utilisation du potentiel de ressources humaines que représentent les travailleurs âgés et les retraités, en particulier grâce à l'introduction de la flexibilité des carrières et à la diffusion du concept de deuxième (ou troisième) carrière accessible aux «jeunes retraités» et grâce à la généralisation de mesures d'apprentissage et de recyclage des adultes, ainsi qu'à l'adoption de règlements s'opposant aux discriminations fondées sur l'âge (en matière de recrutement notamment).

— Réhabilitation des activités de service social, spécialement dans les secteurs de la santé, des loisirs, de l'éducation, de la culture et de la vie associative, grâce à une amélioration sensible de leur productivité et leur intégration dans le réseau des échanges industriels à partir d'un recours intensif aux technologies nouvelles.

— Réduction des oppositions entre le travail et l'oisiveté et mise en œuvre de nouveaux modes de répartition des ressources collectives entre les générations et les classes, notamment dans le cadre d'une réforme complète des systèmes de transferts sociaux, dont le financement ne soit plus exclusivement — ou principalement — basé sur les revenus du travail et le bénéfice réservé aux cotisants (fiscalisation du financement de la sécurité sociale, imposition complémentaire du capital au lieu du seul travail, adoption de l'allocation universelle, etc.).

— Révision des valeurs actuelles de la société marchande (compétition, compétitivité, dynamisme, créativité, jeunesse, etc.) au profit de valeurs davantage imprégnées des qualités ou des atouts de la vieillesse (sagesse, expérience, patience, savoir-faire, convivialité, etc.) et développant d'une nouvelle éthique des sociétés vieillissantes.

PÉNURIE OU PLÉTHORE DE MAIN-D'ŒUVRE?

On l'aura compris, le travail est au cœur du débat du vieillissement sociétal, et cela pour diverses raisons. D'abord, le vieillissement de la population entraîne un vieillissement de la main-d'œuvre et, le plus souvent, une diminution des effectifs des actifs jeunes corrélativement à une augmentation des actifs âgés. Si la dénatalité a été importante au cours des décennies précédentes, il peut en résulter une sensible raréfaction des entrées des jeunes sur le marché du travail et une pénurie de main-d'œuvre. C'est ce que redoutent certains observateurs qui pensent que des tensions apparaîtront dans les prochaines années sur le marché de l'emploi en raison de la formation d'une demande de travail non satisfaisante.

Cette crainte est cependant en contradiction avec une autre hypothèse selon laquelle la quantité globale de travail est appelée à se réduire sous l'impact du progrès technique. Malgré la diminution constante de la durée moyenne du travail et malgré des taux de chômage qui plafonnent à des niveaux jugés inacceptables, la productivité n'a pas cessé d'augmenter et beaucoup d'indices portent à croire que la société aura « de moins en moins besoin du travail de l'homme pour fournir les biens et les services qu'elle consomme ». Aux Etats-Unis, W. Léontieff a estimé qu'il y aurait 20 millions d'emplois supprimés d'ici à l'an 2000 à cause de l'introduction de nouvelles technologies, soit plus de 10% de tous les emplois qui auraient existé sans leur présence.

LE FAUX ESPOIR DU TERTIAIRE?

De grands espoirs sont parfois placés dans le développement des activités tertiaires pour compenser les pertes des emplois industriels, mais rien n'est moins sûr, car le secteur des services aura lui-même de plus en plus investi dans le progrès technique et n'offrira, pour une grande part, que des emplois rebutants, mal rétribués et peu protégés, qui sont en même temps précisément ceux qui sont le plus vulnérables à la substitution technologique. La présence en surnombre de grands vieillards, d'infirmes et de handicapés provoquera-t-elle dans l'avenir une demande massive de soigneurs, d'aides ménagères et d'autres travailleurs para-médicaux subalternes pour pousser les fauteuils roulants, récurer les sols, nettoyer le linge et préparer les repas, qui débouchera à la limite sur une pénurie généralisée de personnel? Peut-être à court terme, puisqu'il est vrai qu'il existe une désaffection généralisée pour ces activités. Par contre, à moyen terme, il est évident que devant cette carence de travailleurs et devant le coût croissant de ces tâches peu gratifiantes, des solutions de remplacement basées sur l'équipement seront adoptées : les fauteuils roulants s'électroniseront, les lits s'automatiseront, les robots nettoieront, les ordinateurs veilleront. L'homme ne sera pas forcément exclu, mais il pourra s'adonner à des tâches plus nobles, par exemple de soutien psychologique aux malades ou d'accompagnement des mourants.

OISIVETÉ ET TRAVAIL : UN MÊME COMBAT?

Dans toutes ces fonctions, les « jeunes vieux » feront merveille, parce qu'il s'agit d'occupations ne réquérant pas une grande validité physique, mais des qualités humaines et morales. Finalement, nos sociétés, même lourdement chargées de grands vieillards, ne deviendront pas forcément d'immenses asiles gériatriques, accaparant toutes les ressources humaines vives, pas plus que le développement des réseaux téléphoniques n'a autrefois transformé l'ensemble de la population féminine en standardistes.

Il n'y a certes aucune certitude absolue quant à l'avenir de l'emploi, mais l'hypothèse de l'avènement progressif d'une société de plus en plus privée de travail doit être admise comme vraisemblable et il faut en examiner soigneusement les innombrables conséquences sur nos organisations sociales. Une des issues possibles serait que la notion même de travail soit considérablement élargie et assouplie, de façon à intégrer de plus en plus des activités aujourd'hui considérées comme oisives, non rentables, ou non rétribuables : étudier, pratiquer un sport, s'adonner à un loisir, élever une famille, ou aider son voisin seront peut-être alors reconnus comme des activités aussi utiles qu'exercer une profession libérale ou être athlète et vedette, en permettant ainsi de distribuer des ressources collectives sur d'autres bases que l'exercice d'une profession, au sens actuel du terme.

En tout cas, une chose semble acquise : il y a peu de chances que le vieillissement démographique accentue les difficultés de l'emploi : au contraire, il sera probablement davantage un facteur de souplesse que de rigidité du marché du travail.

HARO SUR LE TRAVAILLEUR ÂGÉ

Cependant, il existe également d'autres canaux par lesquels le vieillissement et le travail se trouvent étroitement interconnectés. De même que l'augmentation de l'âge moyen de la population provoquera un changement des structures de l'emploi, à l'inverse, les mutations de l'emploi contribueront largement à accentuer l'ampleur du vieillissement sociétal (Planche V).

On a en effet assisté au cours des dernières années à un changement des politiques des entreprises en matière de personnel et à l'élimination progressive de leurs travailleurs âgés à travers des mesures de chômage

Planche V. Le surviellissement sociétal résulte de pratiques diverses qui aboutissent à décréter vieux quelqu'un qui ne l'est pas réellement et à l'envoyer gonfler les rangs des allocataires sociaux

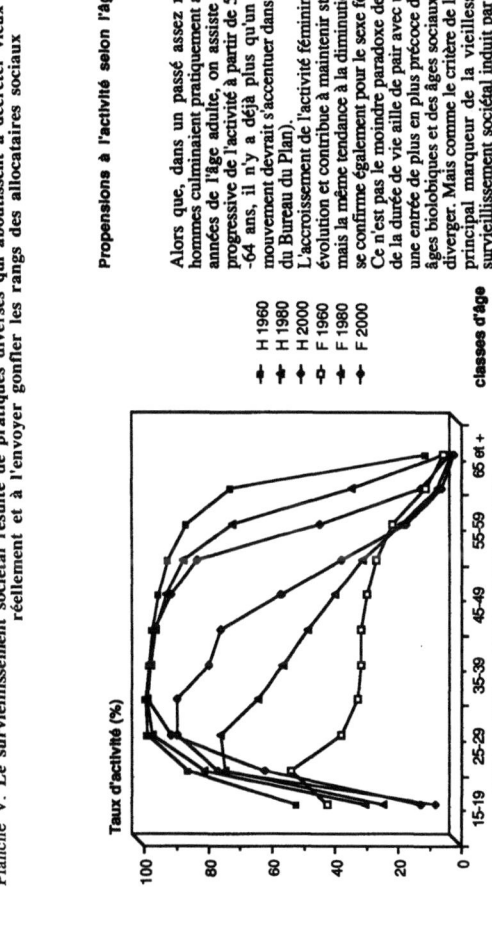

Propensions à l'activité selon l'âge et le sexe - Belgique

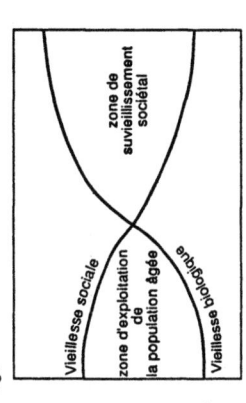

Evolution opposée des seuils de vieillesses, biologique et sociale

Alors que, dans un passé assez récent, les taux d'activité des hommes culminaient pratiquement au maximum pendant toutes les années de l'âge adulte, on assiste actuellement à une réduction progressive de l'activité à partir de 50 ans. Dans le groupe d'âge 60-64 ans, il n'y a déjà plus qu'un homme actif sur trois et le mouvement devrait s'accentuer dans l'avenir (d'après les projections du Bureau du Plan).

L'accroissement de l'activité féminine compense partiellement cette évolution et contribue à maintenir stable le potentiel global d'actifs, mais la même tendance à la diminution de l'activité en fin de carrière se confirme également pour le sexe féminin.

Ce n'est pas le moindre paradoxe de notre temps que l'allongement de la durée de vie aille de pair avec une réduction de la vie active et une entrée de plus en plus précoce dans la retraite. Les échelles des âges biologiques et des âges sociaux tendent donc de plus en plus à diverger. Mais comme le critère de l'activité professionnelle reste le principal marqueur de la vieillesse, on assiste à une sorte de surviellissement sociétal induit par les politiques de personnel des entreprises et les pratiques institutionnelles. Les futures politiques de l'emploi et de la vieillesse devront choisir entre deux orientations diamétralement opposées : encourager le retrait de plus en plus précoce du marché du travail (pour pallier à la réduction de la quantité globale de travail) ou retarder l'âge légal de la sortie d'activité (à condition que le potentiel de travail disponible le permette).

Une troisième voie intermédiaire et plus novatrice serait toutefois probablement d'assurer une plus grande souplesse des carrières et une plus grande personnalisation des cycles de vie individuelle, afin d'éviter une ségrégation des âges et le maintien d'une retraite - guillotine.

technique ou de prépensionnement. Les raisons évoquées étaient légitimes (réduction des carnets de commandes, nécessité de modernisation des outils de production, charges salariales trop élevées, concurrence internationale, etc.), mais les arguments pour justifier de faire supporter en priorité le poids de ces restructurations par les travailleurs âgés l'étaient sans doute moins : productivité plus faible, moindre mobilité, inadaptabilité aux technologies nouvelles, absences plus fréquentes pour maladies, chômage des jeunes, coût excessif, etc. En vérité, de nombreux griefs adressés aux travailleurs âgés sont non fondés, ou fortement exagérés, et on prend rarement la peine d'établir une balance exacte de leurs qualités et défauts. Résultat, il se trouve aujourd'hui des métiers jadis très répandus dans lesquels on ne trouve plus facilement de main-d'œuvre qualifiée parce qu'elle a été renvoyée à ses potagers.

Quoi qu'il en soit, ces actions n'ont pas manqué de porter leurs fruits : les taux d'activité aux âges avancés ont significativement diminué, ainsi que l'âge moyen à la retraite, mais surtout le vieillissement a fait son entrée en force dans les entreprises. Beaucoup d'observations confirment en effet que le vieillissement ne commence plus à l'âge de la retraite, mais bien plus tôt, au cours de la vie active, peut-être dès 45 ou 50 ans.

C'est en effet à cette époque de leur cycle de vie que de nombreux travailleurs, aussi bien intellectuels que manuels, se trouvent confrontés à des difficultés sérieuses dans leur carrière : arrêt des promotions, relégation sur des voies de garage, quand il ne s'agit pas de licenciements purs et simples. On en arrive à cette situation paradoxale que le vieillissement sociétal lié à la pratique des entreprises et aux institutions tend à s'accentuer dans le même temps où le vieillissement biologique recule sans cesse.

LE SOCIAL NE RÉPOND PLUS AU BIOLOGIQUE

Dorénavant, on risque donc plus de vieillir par décret — ou par convention collective — que par durcissement des artères ou accélération de nos horloges génétiques. Le problème est sérieux : avec un abaissement de l'âge de la retraite à 55 ans, la durée de vie inactive est en moyenne de 20 ans dans les conditions actuelles de mortalité masculine, contre seulement 12 ans avec une retraite de 65 ans. Mais si la longévité moyenne atteignait 90 ans, ce qui reste de l'ordre de l'imaginable et ne représente qu'une dizaine d'années de plus que les meilleurs succès enregistrés aujourd'hui parmi certaines populations féminines, cette même durée de vie inactive atteindrait plus de 35 ans, soit davantage que celle de la vie active.

Pour peu qu'une telle tendance se poursuive, le financement des retraites en serait bien entendu considérablement alourdi, mais surtout la perspective d'une société durable par l'âge serait plus inquiétante que jamais.

Pour éviter ces difficultés, certains pays ont déjà opté pour un relèvement de l'âge de la retraite et un allongement de la carrière légale complète, sans qu'on puisse affirmer que des mesures aussi rigides constituent forcément la meilleure voie de solution. L'important est surtout de développer des stratégies de lutte concertée contre les facteurs de survieillissement sociétal et pas simplement d'obéir à des considérations d'économie budgétaire.

Nul doute cependant que les entreprises et les partenaires sociaux auront un rôle décisif à jouer dans ces mutations. Finalement, le vieillissement sociétal sera largement à l'image de ceux qui le construisent : un formidable progrès si l'audace et l'imagination sont au rendez-vous ; une grande épreuve collective si la prudence et le conformisme dominent.

Le prix de la santé des vieux

Xavier LEROY

En cette fin du XXe siècle, l'économie de la santé porte sur le phénomène du vieillissement démographique dans nos pays industrialisés un regard conditionné par les préoccupations nées du déficit des finances publiques. On recherche des économies et donc des coupables de surcoûts, sinon de gaspis. La stratégie des groupes sociaux et professionnels potentiellement visés est de reporter sur d'autres la responsabilité. Les vieux sont ainsi souvent cités à la barre de l'opinion publique. En Belgique, la dernière déclaration gouvernementale, celle de Martens VIII, n'a pas failli à cette habitude puisqu'elle mentionne : «les conséquences négatives pour l'assurance-maladie du vieillissement de la population et de l'allongement de la durée de vie».

Les questions qui sont ainsi posées à propos du vieillissement participent au même type d'évidence que les représentations que nous nous en faisons. Celles-ci conditionnent le point de vue de l'observateur; elles le limitent en projetant sur l'objet d'étude une lumière artificielle et laissent dans l'ombre des aspects parfois importants. Ainsi les chefs d'accusation retenus contre le vieillissement démographique sont loin d'être les problèmes les plus pertinents du point de vue de la santé des personnes âgées et de l'économie elle-même. On ne peut toutefois les éviter. Les laisser sans réponse ouvrirait la voie à des décisions politiques injustes et dommageables pour la société toute entière.

Parmi celles-ci, nous en relèverons deux qui nous paraissent lourdes de conséquences :

– le vieillissement démographique a été et sera de plus en plus dans l'avenir une cause déterminante dans l'accroissement des coûts de la santé;

– dans notre système d'assurance-maladie, les conditions préférentielles accordées aux VIPO (Veuves, Invalides, Pensionnés, Orphelins) à bas revenus provoquent une surconsommation indue.

Nous basant sur des travaux récents, nous exposerons les raisons qui réfutent ces propositions. Nous évoquerons pour finir les questions qui nous paraissent primordiales pour concevoir une politique cohérente de santé en faveur des personnes âgées.

VIEILLISSEMENT DÉMOGRAPHIQUE ET COÛT DE LA SANTÉ

Le facteur âge est déterminant pour l'explication des dépenses individuelles de santé. Ainsi, selon Mizrahi et al. (1983, p. 78) : « La croissance des dépenses de santé par âge est exponentielle entre 50 jours et 80 ans » (Graphique 1).

De cette constatation, peut-on conclure que le vieillissement démographique détermine la croissance des coûts à travers le temps? Rien n'est moins sûr. Les résultats invoqués portent sur la variation des consommations en fonction de l'âge des personnes alors que la conséquence envisagée concerne le coût du système en fonction de la structure d'âge de la population. Mais il est illicite de transposer des relations observées entre des caractéristiques individuelles (âge et consommation de soins) au niveau structurel (évolution des dépenses et évolution de la structure d'âge). S'il y a une relation, elle doit être établie de manière spécifique. Elle sera envisagée rétrospectivement pour l'évolution passée et prospectivement pour l'avenir.

Croissance du coût des soins et vieillissement démographique de 1975 à 1987

Pendant la période considérée, les dépenses de l'assurance-maladie en francs constants ont augmenté de 55%. Or, le vieillissement démographique au cours du même laps de temps est faible car il enregistre l'arrivée à l'âge de 65 ans des générations nées pendant la guerre 14-18. Le pourcentage que représente la catégorie des plus de 65 ans dans la population n'augmente que de 0.4 points en douze ans et celui des plus de 80

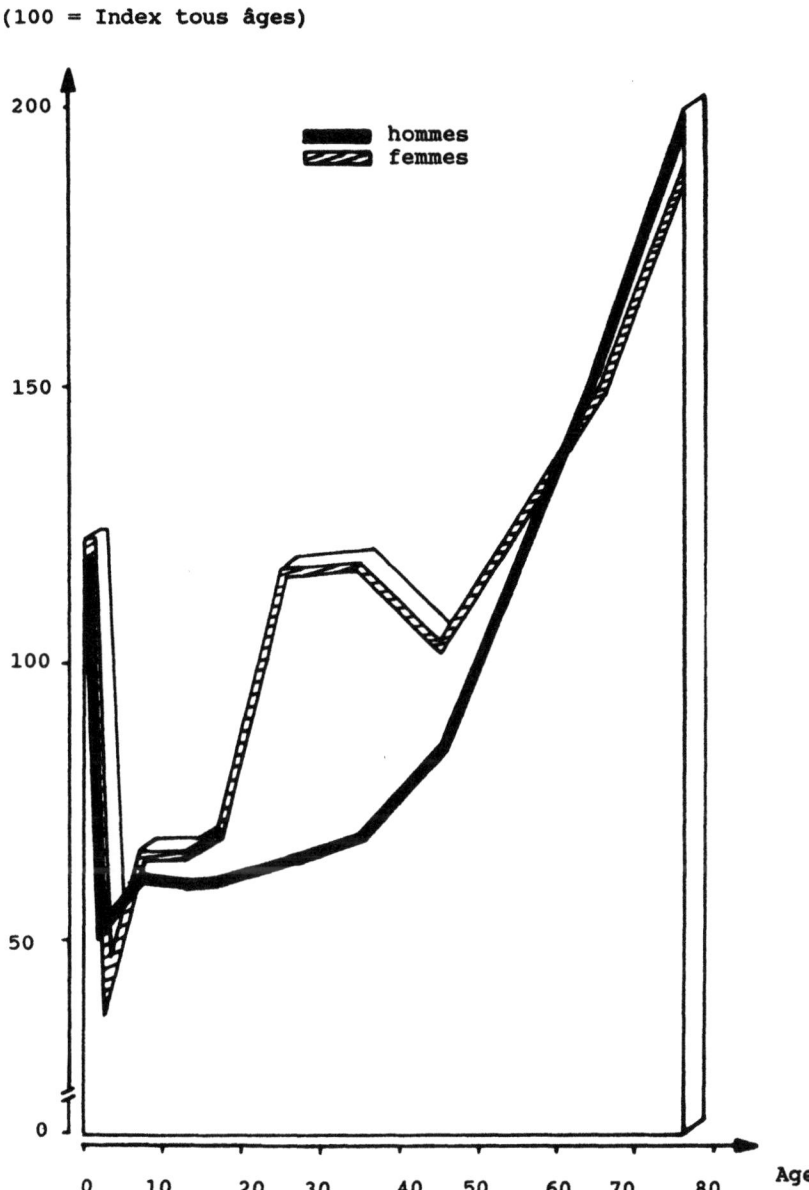

Graphique 1. — *Dépenses médicales par personne suivant l'âge et le sexe* (*)

(*) France, 1970, d'après MIZRAHI, A. et A., SANDIER, S., *Medical Care, Morbidity and Costs*, CREDOC-DEM, Pergamon, 1983, p. 79.

ans de un point (Tableau 1). Il est donc surprenant que le vieillissement démographique ait pu être invoqué pour expliquer la croissance des coûts.

Deux observations exactes ont ainsi été faussement interprétées :

1° Le nombre de Pensionnés et de Veuves parmi les bénéficiaires d'assurance s'est accru de quelque 160 000 unités au cours de la période, alors que le nombre de bénéficiaires actifs a diminué de 430 000, celui des Invalides restant quasi stable. Or, les Pensionnés et Veuves représentent la fraction âgée de la population, les Actifs et Invalides composant la population des jeunes et adultes.

Tableau 1 – Indicateurs concernant l'évolution du système de santé 1975-2000

Population	1975		1980		1987		2000	
	$N.10^3$	%	$N.10^3$	%	$N.10^3$	%	$N.10^3$	%
totale	9.813	100	9.855	100	9.775	100	9.615	100
> 65 ans	1.370	14.0	1.419	14.4	1.404	14.4	1.622	16.9
65-79 ans	1.142	11.6	1.152	11.7	1.080	11.1	1.280	13.3
> 80 ans	228	2.4	267	2.7	324	3.3	342	3.6
Bénéficiaires AMI : RG+RI**								
total	9.817	100	9.821	100	9.559	100	9.432*	100
actifs + invalides	8.081	82.3	7.996	81.4	7.659	80.1	7.320	77.6
actifs	7.670	78.1	7.598	77.4	7.241	75.8	2.899	73.1
invalides	411	4.2	398	4.0	418	4.3	421	4.5
pensionnés + veuves	1.736	17.7	1.825	18.6	1.900	19.9	2.112	22.4

Dépenses santés (valeur 87) AMI : RG + RI**									Hyp. 2000 pour structure inchangée des Bénéficiaires	
	$FB.10^9$	%	$FB.10^9$	%	$FB.10^9$	%	$FB.10^{9}$*	%	$FB.10^9$	%
total	153	100	190	100	238	100	358	100	341	100
actifs + invalides	95	62.1	115	60.4	130	54.7	175	48.8	178	52.2
actifs	83	53.9	99	51.9	106	44.6	141	39.3	146	42.7
invalides	13	8.2	16	8.5	24	10.1	34	9.5	32	9.5
pensionnés + veuves	58	37.9	75	39.6	108	45.3	183	51.2	163	47.8

* INAMI, Prévisions budgétaires 1989-2000, pp. 42 et sv.
** Régime général et régime indépendant

La croissance des effectifs âgés (2,2 % en douze ans) ne doit cependant pas être attribuée au vieillissement démographique mais à l'abaissement de l'âge de la retraite et aux prépensions. En 1970 encore, le pourcentage des Pensionnés et Veuves parmi les bénéficiaires de l'AMI (Assurances Maladie Invalidité) correspondait exactement à celui des hommes de plus de 65 ans et des femmes de plus de 60 ans dans la population. En 1987, il est supérieur de 5,5 points.

L'évolution structurelle des effectifs bénéficiaires est donc quasi indépendante du vieillissement démographique. Le nombre important de prépensions au cours des années '75-'85 en constitue la principale explication. Il provoque un glissement de la population âgée d'environ 55 à 65 ans vers la catégorie des Pensionnés.

2° Le coût des soins aux personnes âgées calculé par bénéficiaire augmente plus rapidement que celui des autres catégories de population. Ce phénomène est relativement récent. Jusqu'en 1980, l'évolution était similaire; pendant la période 1975-1980, l'évolution du coût par bénéficiaire en francs courants est de 68 % pour les Pensionnés et Veuves des deux régimes et de 66 % chez les Actifs et les Invalides. Entre 1980 et 1987, une différence apparaît entre les deux groupes : le coût des plus âgés passe à l'indice 333 (base 1975), alors que celui des plus jeunes se situe à l'indice 300. Cette évolution différente n'a en soi aucun lien avec le vieillissement démographique. Un examen attentif des consommations dans les deux groupes permet de constater que c'est moins la consommation qui évolue différemment que les conditions de remboursement de différents groupes de prestations. Les diminutions tarifaires en biologie clinique et en radiodiagnostic ont eu un impact immédiat sur les remboursements; or, les prestations médicales spéciales constituent le poste de dépenses le plus important des Actifs et des Invalides : 23 % en 1980 contre 14 % chez les Pensionnés et Veuves. Inversement, le poste Hospitalisation (y compris les Maladies Sociales) est responsable de 32 % des dépenses des aînés contre 22 % pour les bénéficiaires plus jeunes. Les dépenses d'hospitalisation sont, elles aussi, dans le colimateur, mais les mesures prises jusqu'ici pour restructurer le secteur hospitalier et son financement n'auront d'effet que dans plusieurs années. Le nombre d'admissions a encore augmenté et si le nombre de journées remboursées a été stabilisé (Tableau 2), par contre le prix de journée hospitalier a continué à croître. On peut en conclure que les mesures d'économie ont marqué plus rapidement les Actifs et les Invalides que les Pensionnés et Veuves, mais on devrait prochainement voir diminuer les dépenses d'hospitalisation des aînés.

Tableau 2 – Evolution des admissions par âge et des journées d'hospitalisation

Admissions	1974		1979		1986	
	N.103	N/1000 h.	N.103	N/1000 h.	N.103	N/1000 h.
0 - 14 ans	200	87	187	92	197	108
15 - 60 ans	678	116	715	118	832	136
> 60 ans	336	192	361	210	500	272
Total	1.214	123	1.263	136	1.528	156
Journées d'hospitalisation en hôpital aigu						
Total	15.095	1.542	20.067	2.039	20.402	2.807

Source : Annuaires statistiques de la Santé Publique

Prospective à l'horizon 2000

L'évaluation de la consommation médicale à venir est un exercice périlleux; de ce point de vue, l'horizon 2000 reste incertain. La complexité du système de santé introduit une multiplicité de facteurs d'influence dont il est vain de vouloir prédire l'évolution avec certitude.

Il est cependant possible d'évaluer avec des hypothèses vraisemblables l'impact de quelques facteurs :

– la structure d'âge de la population et en conséquence celle des bénéficiaires de l'Assurance-Maladie;

– le volume de la population;

– l'évolution des remboursements effectués par l'INAMI, compte-tenu des tendances de la consommation et des mesures mises en place concernant le coût et le financement des soins.

En préparation à la Table Ronde Nationale de 1988, les services de l'INAMI ont procédé à une projection s'efforçant de tenir compte de ces différents éléments.

La consommation par bénéficiaire dans chaque catégorie d'assurés et groupe de prestations a fait l'objet d'une régression par le temps (généralement 1978-1989) et les coefficients de la droite de régression ont été appliqués dans l'hypothèse de la prolongation des tendances. Quant aux effectifs respectifs, ils ont été évalués en fonction des prévisions démographiques de l'INS (Institut National des Statistiques). Il a également été prévu que, parmi les VIPO, le pourcentage des personnes à bas revenus et justifiant ainsi des remboursements préférentiels continuerait à diminuer. De même, l'âge moyen de la retraite s'abaisserait encore.

L'ensemble de ces facteurs conduirait à une croissance des dépenses de quelque 50 % entre 1987 et 2000, soit un taux d'accroissement annuel moyen de 3,2 % entre ces deux dates. La part des dépenses de l'AMI consacrée aux Pensionnés et Veuves passerait de 45 % en 1987 à 51 % en 2000 (cf. Tableau 1).

Dans cette projection, quelle est la part spécifiquement attribuable au vieillissement démographique ? Celui-ci se traduit par une augmentation de 2,5 point du pourcentage de personnes âgées de plus de 65 ans. Celui des plus de 80 ans augmente de 0,3 point.

Pour répondre à cette question, nous avons calculé ce que seraient les dépenses de l'AMI pour chaque groupe si la structure des bénéficiaires restait identique à celle de 1987. Les dépenses globales de l'Assurance-Maladie seraient alors de quelque 7 % inférieures aux prévisions. On obtient ainsi une croissance annuelle due aux modifications de la structure des bénéficiaires s'élevant à 0.5 % par an depuis 1987. Une étude récente adoptant une toute autre méthode d'évaluation aboutit à le même conclusion (Defeyt, 1989).

Ce faisant, nous avons cependant mêlé deux phénomènes, le vieillissement proprement dit et l'abaissement progressif de l'âge de la pension. Cette dernière évolution est cependant loin d'être irrévocable. Au contraire, de nombreuses voix s'élèvent contre les inconvénients des mesures contraignantes en cette matière. D'autre part, les possibilités de travail à temps partiel ou de travail indépendant à domicile introduiront beaucoup plus de flexibilité. Quoi qu'il en soit, un impact de 0,5 % par an d'ici l'an 2000 est sans aucune mesure avec le scénario catastrophique que d'aucuns associent au vieillissement : il ne serait responsable que d'une faible partie de la croissance des coûts (un septième environ). Que l'on cesse donc de faire des vieux le bouc émissaire en vue d'exorciser les difficultés de notre système de santé.

LA SURCONSOMMATION DES VIEUX!

L'octroi de conditions préférentielles de remboursement aux VIPO dont les revenus sont inférieurs à un plafond actuellement fixé à quelque 400 000 FB pour un ménage de deux personnes, a fait l'objet de nombreuses critiques. Leur consommation élevée a été déclarée abusive :

l'absence ou l'insuffisance des tickets modérateurs lèverait tout frein à la demande de soins.

Notons au passage que les schémas classiques de l'économie de marché — offre, demande, prix — sont ici appliqués au secteur des soins de santé et qui plus est, dans un contexte assurentiel. Leur pertinence est loin d'être démontrée pour ce type d'analyse.

La question posée par l'INAMI aux chercheurs des Universités de Gand et de Louvain était de déterminer si les conditions préférentielles accordées à la majorité des VIPO élevaient indûment leur demande de soins. A cette époque, 62 % des VIPO étaient Préférentiels (PR) et la tension (rapport PR/NPR) entre les taux de consommation par bénéficiaire dans chaque groupe d'assurés était, pour l'ensemble des soins, de 123 chez les Invalides, 142 chez les Veuves et 155 parmi les Pensionnés.

Une enquête fut réalisée en 1983-1984 ; elle portait sur l'état de santé et les soins reçus, les caractéristiques personnelles et le style de vie d'un échantillon de 1600 VIPO en Flandre et en Wallonie (Leroy et al., 1985) ; ultérieurement une étude similaire fut réalisée à Bruxelles (Demerre et al., 1986). Chaque personne était vue trois fois de façon à enregistrer les soins reçus pendant une période de neuf semaines.

L'échantillonnage dans les groupes PR et NPR fut effectué de manière rigoureusement probabiliste afin que l'inférence à la population soit possible.

Les caractéristiques démographiques des groupes PR et NPR divergent sur plusieurs points essentiels pour la demande de soins. Dans les quatre régions étudiées, la structure d'âge est plus vieille parmi les PR. On y compte également une proportion plus grande de femmes (Tableau 3).

Tableau 3 – Structure d'âge des Pensionnés et Veuves
dans chaque groupe d'enquête (en %)

Dépendance	< 60 ans		60-74 ans		75 ans et +	
	PR	NPR	PR	NPR	PR	NPR
Charleroi	8.1	20.1	49.3	59.2	42.6	20.7
Luxembourg	4.6	15.3	51.5	73.0	43.8	11.7
Gand	5.5	18.2	57.1	61.7	37.4	20.1
Hasselt	28.0	29.4	51.0	51.7	21.0	18.9
Bruxelles	N.E.	N.E.	48.5	55.0	51.5	45.0

PR = préférentiels
NPR = non préférentiels

La concentration plus élevée de personnes très âgées dans le groupe PR, dont les revenus sont bas, doit être mise en relation avec le montant des cotisations versées au cours de la vie professionnelle. Les jeunes Pensionnés, pendant leurs années d'activité, ont bénéficié de salaires supérieurs à ceux en vigueur pendant la carrière de leurs aînés.

Tous les indicateurs de santé recueillis enregistrent une morbidité croissante en fonction de l'âge; il en va de même de la dépendance. Celle-ci était évaluée à partir de la possibilité d'accomplir les actes courants de la vie quotidienne. On trouve donc dans le groupe PR, dont la structure d'âge est plus vieille, un niveau de dépendance plus élevé que parmi les NPR (Tableau 4).

Tableau 4 – Niveau de dépendance des Pensionnés et Veuves dans chaque groupe d'enquête (en %)

Dépendance	nulle		modérée		forte	
	PR	NPR	PR	NPR	PR	NPR
Charleroi	51.4	61.6	34.5	26.6	14.2	11.8
Luxembourg	62.2	75.8	24.4	15.4	13.4	8.8
Gand	33.1	48.7	50.9	43.7	15.9	7.6
Hasselt	38.2	53.9	47.8	32.8	14.0	13.3
Bruxelles	46.3	50.0	38.0	41.4	15.7	8.6

PR = préférentiels
NPR = non préférentiels

La différence de structure d'âge se traduit encore dans la vie sociale : les PR vivent plus souvent seuls que les NPR et ils ont moins de contacts sociaux. Mais qu'en est-il de l'influence sur la demande de soins des deux groupes? Elle peut être mise en évidence en standardisant la consommation en fonction de l'âge et du sexe ou du niveau de dépendance. La consommation de soins médicaux par bénéficiaire PR ne se différencie plus guère de celle du NPR lorsqu'elles sont évaluées pour des groupes comparables, c'est-à-dire ayant une structure par âge et sexe et un niveau de dépendance identiques.

Une analyse statistique multivariée était cependant nécessaire pour tester l'influence du statut sur la demande de soins. Celle-ci a porté sur :
– la probabilité de consommer des soins de base au cours des neuf semaines d'observation (27% de l'échantillon ne consomment aucun soin de santé en neuf semaines);

– le niveau des dépenses de santé consacrées aux soins de base au cours de la période (la dépense moyenne est de 2226 FB et l'écart-type de 3189).

Une analyse hiérarchique a porté sur la probabilité de consommer en fonction de l'âge, de la dépendance, de la région et du statut. Le modèle permettant de rendre compte de la table de contingence ainsi obtenue rejette toute influence directe du statut sur la dite probabilité. Une régression logistique permet d'établir que la probabilité d'un préférentiel d'être consommateur, toutes autres choses restant égales, était de 2% supérieure à celle du non-préférentiel.

Quant au coût des soins de base en neuf semaines, on a soumis son logarithme à une analyse de régression multiple. Le statut, présenté comme régresseur potentiel, n'est pas retenu par l'analyse. A aucun des pas de celle-ci, il n'atteint le seuil de signification nécessaire pour être mis comme régresseur. Les facteurs permettant d'expliquer 36% de la variation des coûts sont l'âge, la dépendance, l'état de santé et la région.

Dans le contexte actuel de notre système de santé, une moindre charge pour le patient — quelque 10% du coût des soins — n'apparaît pas comme un incitant à la consommation. Cependant, pour beaucoup de ces PR, les tickets modérateurs actuels sont déjà une charge considérable; 7% d'entre eux déclarent qu'il est difficile pour eux de le supporter, et 30% très difficile. Les conditions préférentielles accordées aux personnes à bas revenus restent donc nécessaires pour assurer l'accessibilité des soins.

Il ne faudrait pas en conclure que la surconsommation n'existe pas, mais ne faut-il pas plutôt parler de surprescription médicale, en particulier pour les médicaments et les examens de biologie clinique ou de radiodiagnostic. Vieux et jeunes, préférentiels et non-préférentiels font indifféremment l'objet de cette « demande dérivée » dont la dérive est un défaut majeur du remboursement à l'acte.

DES BESOINS DIFFÉRENCIÉS

L'enquête effectuée auprès des VIPO apporte de précieuses informations sur la distribution de la consommation dans la population âgée, alors que nous n'en connaissons généralement que les montants moyens.

On savait déjà par les enquêtes du CREDOC que la demande de soins était sensible à l'âge et qu'il existait une forte concentration des dépenses sur le chef d'un faible pourcentage de consommateurs. Toutefois, ces études visant la population entière étaient imprécises, en ce qui concerne les personnes âgées; le petit nombre d'observations dans le groupe des aînés ne permettait pas une analyse fine à leur propos. Au contraire, l'étude belge concerne un millier de personnes âgées de plus de 65 ans. Cet échantillon, une fois restructuré par pondération afin de le rendre proportionnellement représentatif de la population pour un ensemble de critères, permet une étude des distributions dont nous donnerons ici quelques résultats intéressants.

Qui est consommateur de soins?

La probabilité de consommer augmente certes avec l'âge; mais un quart des personnes âgées de plus de 65 ans ne demandent aucun soin pendant la période étudiée (9 semaines). Le pourcentage de non-consommateurs passe de 29 % entre 65 et 74 ans à 14 % au-delà de 80 ans (Tableau 5).

Tableau 5 – Non-consommateurs de soins en 9 semaines en fonction de l'âge (*)

Classe d'âge	% de non consommateurs
65 - 69 ans	28.8
70 - 74 ans	28.6
75 - 79 ans	20.3
80 ans et plus	13.8

(*) Echantillon VIPO national > 65 ans

Des différences similaires apparaissent en fonction du niveau de dépendance. Deux personnes âgées sur cinq ne consomment aucun soin lorsqu'elles ne souffrent d'aucune dépendance; si celle-ci est légère, une sur cinq; mais seulement une sur vingt, si elle est forte.

De même, la demande de soins est rare en l'absence de toute maladie actuelle (75 % de non-consommateurs); elle se limite alors à une surveillance médicale préventive. Dès qu'un système est atteint, il n'y plus-qu'une personne sur cinq qui ne consomme rien pendant la période; une sur vingt, si plusieurs systèmes sont atteints.

La concentration des dépenses de santé

On trouvait en 1970 dans la population française de tout âge que 4 % requéraient la moitié des soins délivrés en l'espace de trois mois (Mizrahi, 1983, p. 71 et Graphique 2). L'ensemble de la population âgée se

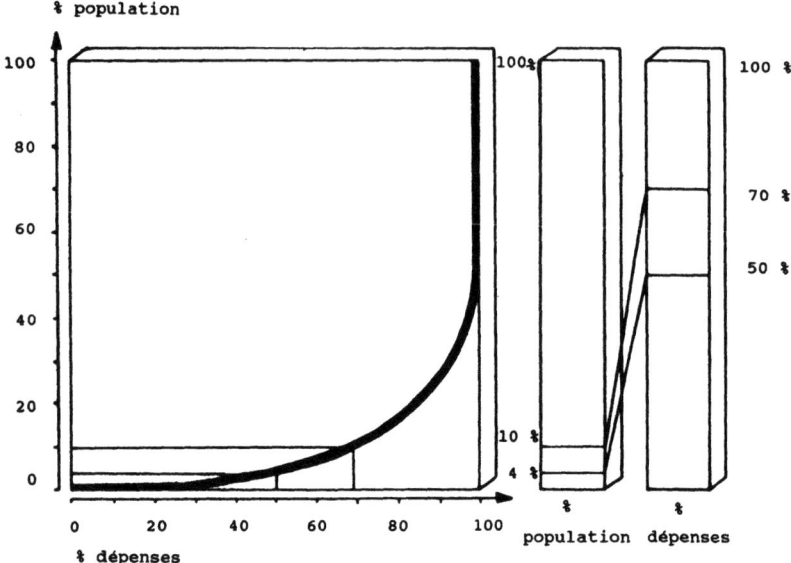

Graphique 2. — *Concentration des dépenses médicales* (*)

situant à un niveau de risque plus élevé, la concentration relative des dépenses n'y est pas aussi forte; elle est néanmoins considérable. Dans l'enquête précitée auprès des VIPO, on a pu mettre en évidence que :

- 30 % des personnes âgées requièrent 77 % des soins de base donnés à cette population;

- 50 % requièrent 93 %;

- parmi elles :
  - les 10 % supérieurs en requièrent 45 %;
  - les 5 % supérieurs en requièrent 29 % (Graphique 3).

Si l'on inclut les dépenses d'hospitalisation au cours de l'année antérieure, 5 % de la population âgée occasionnent 40 % des dépenses de cette catégorie et 15 % en occasionnent 63 %.

Cette répartition des consommateurs de soins est cohérente avec la nature même des soins de santé. A force de ne manier que des statistiques

---

(*) France, Population de tous âges, 1970, d'après Mizrahi, A. et A., Sandier, S., *Medical Care, Morbidity and Costs*, CREDOC-DEM, Pergamon, 1983, p. 71.

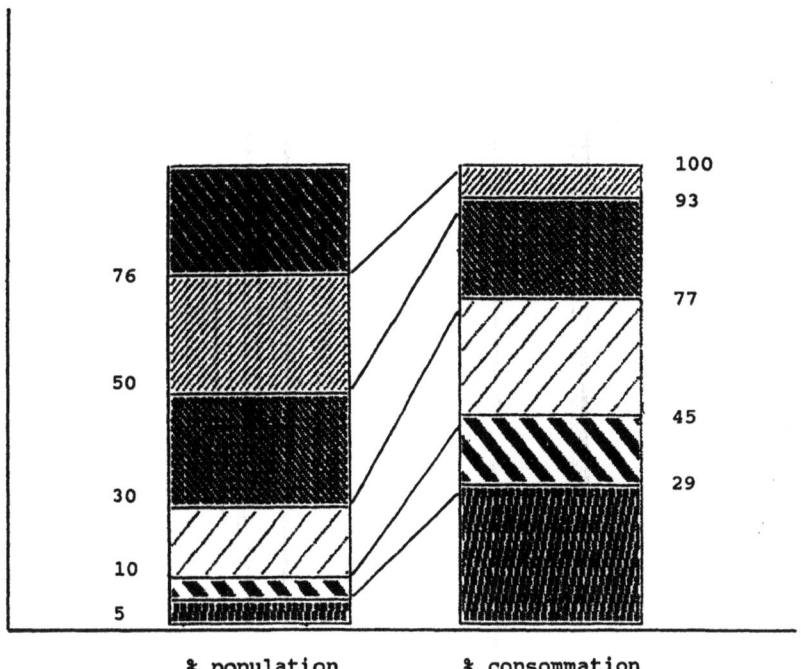

Graphique 3. — *Concentration des dépenses de soins de santé des personnes âgées* (*)

portant sur les dépenses moyennes, d'aucuns en arrivent à oublier des vérités premières :

- beaucoup de personnes âgées sont en bonne santé; ainsi 45 % d'entre elles ne présentent aucune dépendance fonctionnelle, un quart ne demande aucun soin en neuf semaines;

- les soins de santé coûteux concernent surtout les épisodes aigus de la maladie et parfois des affections de longue durée : 16 % souffrent d'une dépendance sévère et par ailleurs 63 % des dépenses de santé sont occasionnées par 15 % des bénéficiaires.

Nous nous sommes encore demandé quelles étaient les caractéristiques des hauts consommateurs (5 % supérieurs, hospitalisation incluse) :

(*) Soins de base pendant 9 semaines; Belgique 1984, Enquête VIPO, échantillon représentatif de la population

- 74 % de femmes ;
- 41 % ont plus de 80 ans (mais seulement 12 % des plus de 80 ans figurent parmi les plus hauts consommateurs) ;
- 63 % souffrent de dépendance sévère ;
- 82 % ont au moins deux systèmes atteints ;
- 25 % vivent seuls chez eux et 6 % en home ;
- 43 % sont veufs, séparés ou divorcés ;
- 24 % n'ont pas eu d'enfants ;
- 12 % ont un revenu inférieur à 15 000 FB.

De ces quelques notes, il sera important de retenir à quel point les dépenses élevées concernant les soins de santé sont liées à des situations très lourdes tant médicalement que socialement. A l'inverse, il faut dissocier grand âge et maladie. Ainsi 46 % des plus de 80 ans ont une dépense inférieure à celle du coût médian des personnes âgées, mais le risque de maladie — et donc de coût élevé — est plus important parmi eux.

CONCLUSIONS

Les prétendues évidences du sens commun — celui que l'on croit généralement être le «bon» — doivent toujours nous laisser sceptiques. En ce qui concerne les dépenses consacrées aux prestations de santé, nous avons pu établir que le vieillissement démographique n'avait pas été un facteur de croissance entre 1975 et 1987 et que, d'ici à l'an 2000, l'augmentation qui en découle se limitera à 0,5 % par an pour une croissance annuelle prévue de 3,2 %.

De même, une enquête portant sur la consommation de soins a démontré que les conditions préférentielles accordées aux VIPO à bas revenus ne provoquaient pas chez eux une surconsommation abusive. La structure d'âge plus vieille des VIPO Préférentiels explique les différences de recours aux soins.

Partant de cette même étude, nous avons essayé d'apporter quelques éclaircissements aux rapports complexes entre l'âge, la santé et la consommation de soins. L'analyse des distributions des coûts nous apprend à casser l'assimilation simplificatrice grand âge - maladie - coûts élevés. Même parmi les personnes de plus de 80 ans, nombreuses sont celles qui se trouvent encore en bonne santé et autonomes.

Le risque, il est vrai, s'élève avec l'âge et les coûts élevés sont souvent associés à maladie et âge avancé.

Deux questions nous paraissent donc intéressantes pour l'avenir des personnes âgées.

D'une part, comment réussissent-elles si souvent à rester autonomes et, en cas de maladie, à faire face à leurs besoins de soins et services ? Quelles sont les formes de solidarité sociale qui leur permettent de maintenir leur équilibre et comment peut-on en favoriser le développement ?

D'autre part, la réalité de la maladie et de la dépendance s'impose à nous.

Comment peut-on rémédier à ces situations dans le cadre de notre système de sécurité sociale ? Quels services mettre à leur disposition et en quel nombre afin qu'ils soient adaptés et accessibles financièrement ? Comment les collectivités locales vont-elles s'organiser pour que leurs vieux y soient des citoyens à part entière ?

La politique de la vieillesse doit prêter attention à la fois aux besoins des personnes et à leurs potentialités ; ainsi, l'organisation des soins et services à leur intention demande une évaluation et une évolution constantes.

La vieillesse est en mutation aussi rapide que la société elle-même et il est grand temps de rajeunir nos moyens de penser et d'agir.

Quelle place accorderons-nous aux personnes âgées elles-mêmes dans l'élaboration de cette politique ?

RÉFÉRENCES

DEFEYT Ph. (1989). *Soins de santé et vieillissement démographique*. Louvain-la-Neuve. Bulletin de l'IRES, 130, 24 p.

DEMERRE A., LEJEUNE C., LEROY X. (1986). *Influence de l'intervention majorée sur la consommation de soins, étude menée à Bruxelles auprès des personnes âgées*. Louvain-en-Woluwe, UCL, 213, 194 p., 1986.

INAMI (1988). *Service des Soins de Santé*. Table ronde relative à l'Assurance Soins de Santé, Données de base relatives aux dépenses des prestations de santé, période 1978-1987, Bruxelles, Inami, 44 p.

INAMI (1988). *Service des Soins de Santé*. Table ronde relative à l'Assurance Soins de Santé, Prévisions budgétaires dans le secteur de l'Assurance Maladie obligatoire pour la période 1989-2000, Bruxelles, Inami, 92 p.

LEROY X., DELIEGE D., GOMMERS A., VUYLSTEEK K., DE CRAENE I., DE PRINS L., TASNIER C. (1985). *Intervention majorée de l'assurance-maladie et consommation de soins des VIPO*. Bruxelles, Inami, 171, 138 pp.

LEROY X. (1986). *La médicalisation des personnes âgées : analyse du coût des soins de base et de la probabilité de consommer.* Communication à la Chaire Quetelet, Louvain-la-Neuve, 23 p.

LEROY X. (1988). *Adaptation du système de santé à une population vieillissante, le cas de la Belgique. In* : «La Science des Systèmes dans le domaine de la santé», IVe Conférence Internationale de l'ISSHC à Lyon. Masson, Collection de Médecine Légale et Toxicologie Médicale, 139, 103-106.

MIZRAHI A., MIZRAHI A. & SANDIER S. (1983). *Medical care, Morbidity and Costs.* Paris, Pergamon Press, 190 p.

Droit et gérontologie
*Vida als anys**

Nicole DELPÉRÉE

A tout âge, l'homme est porteur de dons et d'aptitude à vivre, à créer, à faire des projets. Encore faut-il que la société accepte l'idée même de la création de la vieillesse. La société, en effet, peut offrir des solutions diverses aux problèmes de la vieillesse, selon qu'elle comporte ou non des exclusions. Si elle pratique des exclusions, si la solidarité est limitée, elle rejettera un certain nombre de ses membres, et elle le fera au nom de lois et de règlements qu'elle aura mis en place, paradoxe d'une exclusion à la fois légale et inéquitable. Le juriste, perplexe devant ces exclusions et des discours qui se veulent intégrateurs mais pratiquent l'assistance, peut redéfinir les objectifs de l'égalité des droits des citoyens, et, parmi eux, des personnes âgées. Il lui appartient alors de voir où, quand et comment les droits ne sont pas respectés et d'en établir la protection.

Les personnes âgées, aptes ou non, dépendantes ou non, doivent pouvoir faire des choix véritables. C'est non seulement une question de qualité de vie, de liberté; c'est une question de démocratie. Le citoyen, quel que soit son âge, doit, avant toute autre chose, pouvoir décider

---

* *Vida als anys, per un futur digne i segur* : c'est ainsi que s'intitule le programme des nouveaux droits de la personne âgée en Catalogne; «de la vie aux années, pour un futur digne et sûr» (auteur : la Generalitat).

librement de son mode de vie et de son lieu de vie. Ceci implique pour lui le droit d'exercer ou non une activité, de vivre à son domicile ou ailleurs, de se marier, d'user de son patrimoine, de se déplacer, de participer à la chose publique. En un mot, la personne âgée, citoyen à part entière, garde la plénitude de ses droits, et il appartient à la société d'en assurer l'exercice. En effet, une chose est de déclarer des droits, une autre est de les rendre effectifs. Or, devant le phénomène du vieillissement démographique dans nos pays, chaque Etat européen apporte des réponses différentes aux droits et aux libertés des personnes âgées. A l'heure de la construction de la maison commune européenne, il importe de dégager les lignes de force des législations qui répondent le mieux au respect des droits et des libertés des citoyens âgés.

LE RESPECT DES DROITS ET DES LIBERTÉS DES CITOYENS ÂGÉS

Différents aspects sont à envisager :

1. La protection du citoyen âgé face à la réglementation

Une des premières protections du citoyen, c'est le droit de prendre connaissance de ses droits et de ce qui menace ses droits.

En effet, pour prendre des décisions en connaissance de cause, il faut pouvoir être informé adéquatement des règlements ; or, que voit-on dans les pays où il y une insuffisance ou une absence d'information personnalisée ? Ainsi par exemple, les personnes âgées ne suivent pas toujours l'actualité, ne connaissent ou ne comprennent pas toujours la portée des nouvelles lois, et, si personne ne prend en charge la défense de leurs droits, elles négligeront de les faire valoir elles-mêmes, ce qui, en fin de compte, pourra aboutir à les faire exclure du bénéfice de certaines lois sociales.

Dans certains pays, où l'information est proche du citoyen, la situation sera tout à fait différente ; c'est le cas de la Suède, qui occupe une position exemplaire en ce domaine, grâce à l'action des services sociaux. La transparence administrative, qui date de 1766, et y est poussée au maximum, entraîne que tout citoyen a accès à tous les documents officiels, peut prendre connaissance de toutes les décisions rendues et de leur motivation.

La défense du citoyen âgé vis-à-vis des décisions administratives.

Les juridications administratives ne sont pas à même de rencontrer les aspirations nouvelles de la société; elles se cantonnent dans la conformité de l'action administrative à une légalité abstraite et formelle; elles ne peuvent tenir compte de l'équité. Il faut donc une médiation différente entre le citoyen et l'Etat : c'est le protecteur du citoyen. On en rencontre dans la plupart des pays d'Europe, qu'il s'appelle ombudsman, defensor del pueblo, petition ausschuss, diffensore civico,...

En Belgique, la Cour d'arbitrage qui a reçu récemment de nouvelles attributions en ce domaine, ne permet pas au citoyen de faire respecter l'égalité des droits dans une décision prise à son égard par une administration. En pratique, le seul recours du citoyen sera l'intervention d'une structure du monde politique (bourgmestre, parlementaire, syndicat ou cabinet ministériel). Le citoyen espagnol, par exemple, si ses droits à l'égalité n'ont pas été respectés, s'adresse directement au defensor; celui-ci va prendre immédiatement sa défense en mains, gratuitement et efficacement.

Le citoyen âgé doit aussi pouvoir se défendre vis-à-vis des normes et des lois qui provoquent des inégalités, ou dont l'application aboutit à des effets pervers : c'est tout l'aspect du contrôle constitutionnel, comme on le rencontre par exemple en Autriche, en Espagne, en Suède.

Le citoyen autrichien, par exemple, à qui on avait interdit de voter parce que la loi électorale n'autorisait pas le vote aux personnes sous tutelle, s'est pourvu en appel pour violation de l'égalité des citoyens à exercer leurs droits politiques; la Cour constitutionnelle autrichienne («Le législateur négatif») a frappé d'annulation cette disposition de la loi électorale (cf. infra droit de vote).

En Belgique, si une loi a des effets contraires à l'égalisation, le citoyen peut s'adresser à la Cour d'arbitrage. Ce recours est possible en théorie, néanmoins, quel citoyen pourra financièrement envisager pareille démarche? Toutefois, il existe un contrôle de «constitutionnalité» européen qui vient combler partiellement l'insuffisance de notre système national.

2. Le citoyen âgé doit aussi garder la plénitude de ses droits face aux services publics

Il doit avoir des garanties vis-à-vis des prestations auxquelles il a droit.

Parmi les citoyens, certains, en raison de leur état de santé déficient (surtout pour les maladies chroniques ou incurables) ont besoin d'aide spécialisée en matière médicale, sanitaire et sociale. La Constitution ou, au moins, les dispositions législatives en vigueur, assurent-elles à ces personnes dépendantes les aides adéquates qui garantissent leur autonomie et leur égalité ?

La liberté de la personne passe aussi par une aide médicale, sanitaire et sociale sans exclusion.

N'a-t-il pas un sort enviable, le citoyen danois qui, lorsqu'il a besoin d'aide pour pallier une inaptitude ou une dépendance, reçoit toute l'aide nécessaire afin de rester parmi les autres et avec les autres ? Il peut faire le choix d'être aidé à domicile, puisque les services d'aide sont immédiats, qu'ils existent en nombre suffisant, qu'ils sont adéquats, et qu'ils interviennent en dehors de tout problème de niveau de ressources. Cette aide pourra même être procurée par un membre de la famille, qui recevra une indemnité égale au salaire d'une aide soignante à domicile. Le modèle danois prouve, et c'est important pour l'autonomie de la personne âgée, que l'aide doit être accessible financièrement, sans recours à l'obligation alimentaire des familles et sans obliger la personne âgée à vendre ou hypothéquer son patrimoine. L'accès égal aux soins médicaux, sanitaires et sociaux, à domicile et en institution est assuré au Danemark par la fiscalité.

Cette même liberté de choix doit également être garantie lorsqu'il est question de choisir une structure communautaire. Par liberté de choix, je ne vise pas la fantaisie ou le caprice de la liberté pure, mais la possibilité de faire le choix le plus rationnel et qui réponde au mieux aux besoins de la personne âgée. Prenons le citoyen néerlandais : il va pouvoir bénéficier quand son état le réclame de toute l'aide médicale, sanitaire et sociale nécessaire sans recours à l'obligation alimentaire des familles, et sans se voir déposséder de ses biens ; c'est une loi qui le prévoit pour toutes les personnes qui ont besoin de soins spéciaux. Cette égalité se réalise par une assurance populaire obligatoire et fiscalisée.

D'autres Etats pratiquent le système du forfait-soins, avec le recours financier auprès des familles quand les revenus de la personne âgée sont insuffisants. C'est le système pratiqué en maisons de retraite et de soins en Belgique et en France. Le système du forfait-soins ne permet pas un choix véritable en raison bien souvent des pressions qui s'exercent à cause de leur coût et de la charge qu'il reporte sur les familles.

La charge financière en institution ne doit pas déterminer :
– un placement forcé (parce que l'aide à domicile appropriée n'est pas disponible) ;
– ni un domicile forcé (parce que le placement coûte trop cher).

La personne âgée doit aussi pouvoir exercer ses droits et user de sa liberté lorsqu'elle se retrouve en institution.

Que ce soit sa liberté de circuler (dans et hors de l'institution) ou sa liberté vis-à-vis du consentement à un traitement médical. Le «Del Millenari» à Barcelone est une institution construite dans le quartier des «artistes» pour les anciens danseurs, chanteurs, peintres, comédiens, etc. Cette institution est conçue comme un lieu de vie et d'échanges entre le quartier et les pensionnaires. La personne doit pouvoir être chez elle dans son logement sans intrusions, pouvoir fermer sa porte à clé. Au Danemark, par exemple, les portes de chambres dans les institutions sont non seulement pourvues de serrures, mais les personnes âgées en possèdent la clé. Comment peut-on vivre «libre» en institution si les règlements vous «réduisent» à une vie sans indépendance? Certes, la vie en commun comporte des obligations, mais la facilité de ceux qui dirigent les institutions ne peut être le prétexte pour leur interdire ou leur rendre en pratique impossibles les initiatives les plus anodines. Elle doit aussi pouvoir prendre ses décisions librement en matière de soins et de traitements, aussi librement que si elle vivait à son domicile.

3. Il faut aussi protéger l'état des personnes

Quand le citoyen présente quelque trouble dans son aptitude à exercer ses droits, il reste néanmoins un sujet de droit et les restrictions éventuelles ne doivent intervenir que dans le respect de sa personne et de sa capacité résiduelle.

C'est toute la question de la protection de ses droits personnels et de la protection de son patrimoine. Si la plupart des législations ont prévu les droits relatifs au mariage, au divorce, aux donations, aux testaments, au logement, subsiste toute la question de la protection de la personne quant aux soins et à sa santé. Chacun est en principe maître de sa destinée et a le droit de voir sa volonté respectée aussi lorsqu'il s'agit de décisions portant sur son corps (à condition que ce ne soit pas contraire à l'ordre public ou aux bonnes moeurs) : c'est le droit à l'autonomie et à l'autodétermination de la personne. La règle de droit doit respecter l'autodétermination de l'homme sur son existence tout en assurant la protection et la promotion de la vie comme valeurs fondamentales. Mais qu'en est-il pour ceux qui sont atteints d'un handicap mental? La personne protégée (c'est-à-dire qui fait l'objet d'une mesure judiciaire de restriction de sa capacité juridique) sujet de droit concerné par des décisions médicales, va-t-elle pouvoir intervenir dans ce type de décisions, sera-t-elle représentée? En cas de conflit, a-t-elle un recours? Quel sera le contrôle judiciaire de la décision intervenue?

Le Bundestag allemand a voté dernièrement une loi de protection des personnes incapables très respectueuse de leurs droits fondamentaux, y compris leurs droits personnels.

Au Danemark, où la protection des personnes aux facultés altérées se situe dans un contexte de normalisation dans la société, on prévoit dans ce domaine l'intervention d'un défenseur.

Le Canada offre, par une réforme récente, un dispositif complet de mesures assurant le respect des droits personnels.

En ce qui concerne la faculté d'user de ses biens, le législateur européen énonce le principe que, lorsqu'on atteint la majorité, on est capable de tous les actes de la vie civile. La règle est donc qu'à partir d'un certain âge, le citoyen dispose de la plénitude de ses facultés juridiques. Nulle part, il n'est question d'un âge limite au-delà duquel le sujet ne pourrait plus agir valablement. La seule limite prévue par le législateur provient de l'altération des facultés.

En droit, aucune limite ne survient donc en fonction de l'âge, mais bien en fonction des inaptitudes. Aussi l'ensemble des pays européens qui ont réformé le droit civil sur ce point ont-ils établi que la protection de la personne qui présente des inaptitudes doit se faire **pour tout majeur** dans le respect de sa **capacité résiduelle**; ceci implique qu'il faut déterminer de façon précise, et par des **experts qualifiés**, les actes qui ne peuvent plus être effectués normalement, et qu'il faut prendre la mesure **individuelle** de protection qui convient. Ce point est névralgique quand il s'agit de personnes âgées qui se trouveraient trop facilement et trop systématiquement privées de toute capacité juridique. La mesure d'incapacité ne devrait être que **temporaire**, décidée par un magistrat **qualifié**, appliquée sous **son contrôle** et **sa protection**, avec la **collaboration** des différents acteurs de la protection (médecin, expert, médecin traitant, famille, services sociaux, et bien sûr, la personne âgée elle-même). L'ensemble de ces lignes de force se retrouvait déjà dans la loi française de 1968. Il faut remarquer que la protection sociale offerte par les différents Etats permettra ou non des alternatives à la mesure judiciaire d'incapacité; en effet, les pays qui offrent une protection sociale plus fine et plus adéquate pourront permettre au citoyen âgé, qui peut toujours prendre ses décisions mais qui n'a plus la force de les exercer (et qui risque donc d'être en difficulté ou de se faire déposséder), d'être soutenu par un dispositif adéquat qui « prolonge » la capacité, comme aux Pays-Bas et dans les pays scandinaves. Tel est le dispositif municipal mis en place aux Pays-Bas, comme le Boedelbeheer.

La personne âgée qui présente certaines inaptitudes peut se retrouver dans des situations totalement différentes de respect de sa volonté et de sa capacité à agir selon qu'elle vit à Bruxelles, à Amsterdam ou à Copenhague. La Belgique aurait intérêt à s'inspirer de l'ensemble des réformes du code civil intervenues en Europe depuis plus de 20 ans. La qualité de vie de la personne âgée qui a des incapacités implique qu'on favorise son autonomie résiduelle et que tout soit mis en œuvre pour lui permettre de garder le plus possible la maîtrise de son existence. Ceci devrait proscrire l'application aux personnes âgées de la loi belge sur les aliénés. C'est abusivement qu'on les séquestre à domicile ou en maison de retraite.

L'internement : les personnes âgées atteintes de troubles mentaux peuvent assez facilement se retrouver sous le coup d'une mesure privative de liberté.

Quelles sont les orientations actuelles de la législation ? Nos sociétés en Europe ont apporté à cette maladie un intérêt variable et adopté des pratiques assez diverses depuis la loi française du 30 juin 1838. Cette loi qui venait réglementer la structure juridique et institutionnelle des soins aux malades mentaux, allait influencer par la suite l'ensemble des législations européennes. A titre d'exemple, en Belgique, les lois des 18 juin 1950 et 28 décembre 1873; au Luxembourg, celles des 7 juillet 1880, 21 avril 1870 et 11 août 1982. Certains Etats ont modifié la procédure d'internement en l'assortissant de garanties plus importantes sur le plan du respect :

– de la privation de liberté (nouvelle loi de 1983 en Espagne, nouvelle loi en Allemagne) ;

– du consentement aux traitements médicaux (en Allemagne, et dans un autre pays de droit napoléonien : le Québec).

Entre autres réformes, ces pays ont opté pour une intervention d'un juge qui décide de l'internement afin de s'écarter des procédures administratives et de police.

La procédure d'internement, à défaut de ce préalable judiciaire, peut en effet, donner lieu à divers abus ; à titre d'exemple, il peut arriver que l'autorité administrative abuse de ses pouvoirs pour faire interner sous de vains prétextes (par exemple. : la vieille dame de Voiron, internée abusivement sous l'autorité du maire en vue d'une expropriation - cf. le Monde 12-04-1989). Il peut aussi se faire que la personne âgée soit psychiatrisée abusivement à la demande de la famille, qui y voit la possibilité d'échapper à l'obligation alimentaire, grâce à la prise en charge des aliénés par la sécurité sociale.

Ces deux situations d'abus se rencontrent dans des pays comme la France et la Belgique où, d'une part, il n'existe pas de contrôle du juge à la décision d'internement et, où, d'autre part, la dépendance des personnes âgées ne fait pas l'objet d'une solidarité nationale; il est à noter que ces deux pays proposent actuellement des réformes à leur système.

4. La personne âgée doit pouvoir participer davantage à l'élaboration des normes et des lois

Ses droits politiques, ce sont non seulement le droit de vote mais aussi sa participation aux décisions qui la concernent : il y a les «lobbies» comme on les rencontre aux Etats-Unis, ou le mouvement des «Gris» en Allemagne fédérale, la représentation plus directe de ses intérêts au Parlement comme en Suède ou en Angleterre, ou la représentation catégorielle en U.R.S.S. Par exemple, la réforme constitutionnelle en matière électorale intervenue en 1988 : la défense des intérêts des personnes âgées au Soviet Suprême s'effectue par l'élection de 75 députés (qui sont des personnes âgées) chargés de représenter les intérêts des personnes âgées; ce mode d'élection fait l'objet de nouvelles réformes.

Enfin, les personnes âgées doivent pouvoir faire valoir leurs **droits économiques et sociaux**, qu'il s'agisse du droit à la retraite ou le droit inconditionnel de travailler si elles le souhaitent, sans discrimination de l'âge, comme vient de le décider la Cour suprême du Canada.

CONCLUSIONS

La plénitude des droits des personnes âgées, source de bien-être et de liberté implique le respect de leurs droits fondamentaux : droits politiques, droits sociaux, droit à la vie.

Certains établissent des catégories génératrices d'exclusions pour les personnes âgées : on les baptise «valides, invalides, dépendantes, démentes réversibles ou irréversibles». Ces appellations permettent d'introduire des notions économiques de «**rentabilité**» des services et des soins aux personnes âgées, et servent surtout de prétexte pour ne plus leur fournir que dans une moindre mesure les services et les soins dont elles ont besoin.

La personne âgée, quels que soient son âge et son handicap, reste un citoyen à part entière qui doit garder le droit à l'autodétermination de sa vie, de son corps, et dont la volonté doit être prise en compte.

Dynamismes et stratégies adaptatives chez la personne âgée

Adrienne GOMMERS

Passivité, dépendance, détresse, quand ce n'est pas atteinte psychiatrique grave, voilà l'image de la vieillesse véhiculée par les médias en cette fin du XXe siècle. Ce qui devrait être une étape normale de l'existence humaine n'est souvent abordé que sous l'angle déficitaire et cela même par ceux qui se préoccupent du sort des personnes âgées. Témoin ce texte, sans doute volontairement provocateur, paru dans Gérontologie et Société en 1988 :

> «Dépressif ou dément, le sort de l'homme vieillissant n'a rien de particulièrement attractif, mais c'est aussi et peut-être surtout parce qu'il ne suscite pas l'envie que le vieillard est pris entre dépression et démence... Parce qu'il est signe de mort, il est fui comme la peste et mis à l'écart comme le lépreux autrefois. Objet de répulsion pour lui-même tellement il se fait peur, il est également objet de dégoût pour les plus jeunes, qui ne désirent pas se reconnaître en lui, ni avoir quoi que ce soit de commun avec lui, de peur de se voir aussi comme des mortels, ce qu'ils ne souhaitent à aucun prix. Avant d'être mort, le vieux déjà ne vaut plus rien, il est considéré et se considère comme un moins que rien. Il se transforme en une chose, en de la chose, le gâtisme aidant, et finit par offrir le spectacle d'un cadavre ambulant répugnant...» (Maisondieu, 1988).

La gérontophobie, consciente ou non, imprègne trop souvent les attitudes des professionnels de la santé et les décisions des politiques. Elle repose cependant sur une vision tronquée de la vieillesse. Il n'est certes pas question de nier l'existence de situations difficilement supportables, qui nous interrogent sur notre destin et celui de nos proches. Mais ce serait une grave distorsion de la réalité que d'assimiler l'ensemble des personnes âgées à ces groupes minoritaires de vieillards en perte d'autonomie physique et mentale. La grande majorité des 65 ans et plus, nous le verrons, disposent de ressources intérieures qui leur permettent d'affronter crises et conflits. En effet, la perte de l'adaptabilité avec l'âge est un concept issu des recherches en biologie. L'appliquer comme tel au vieillissement humain, c'est en ignorer la spécificité et méconnaître le pouvoir qu'a l'être pensant d'appréhender consciemment les modifications de son organisme et de son environnement, de les juger, éventuellement de les maîtriser ou de les interpréter, c'est-à-dire de s'y adapter.

Les processus d'adaptation décrits par les psychologues ont été regroupés en deux grandes catégories : ceux qui visent à éliminer ou à éviter la source des problèmes (neutralisation, information, action directe,...) et ceux qui tendent à modifier les émotions négatives éveillées par l'événement perturbateur (résignation, socialisation, sublimation,...). Par ces stratégies, employées simultanément ou successivement selon le cas, les personnes âgées, bien loin de l'immobilisme que leur prêtent les stéréotypes, sont amenées à constamment restaurer un équilibre intérieur compromis par des conditions de vie difficiles.

Elles le font avec succès, leur satisfaction de vie étant le critère d'une adaptation réussie. Notre objectif est de le montrer (sans prétendre être exhaustif) à l'aide de résultats d'enquêtes illustrés par des témoignages recueillis dans la littérature ou au cours d'interviews personnalisées.

Le dynamisme et les capacités de régulation des personnes âgées seront mises en évidence par la présentation des réponses apportées aux trois grands types de perturbations qui sont le lot de l'individu vieillissant : les dégradations physiques, la perte des rôles, la remise en question de son identité.

FACE AUX SITUATIONS DE SANTÉ OU LES MILLE ET UNE MANIÈRES DE FAIRE FRONT

Les enquêtes réalisées tant en Belgique qu'à l'étranger indiquent que seulement 20 % des personnes âgées de plus de 65 ans sont exemptes de toute maladie. Les plaintes exprimées par les vieillards sont nombreuses ; confrontées à l'objectivité des examens cliniques et des analyses biologiques, elles s'avèrent correspondre à une indiscutable morbidité. Et cependant, étonnant contraste lorsqu'on demande d'évaluer globalement leur état de santé à ces mêmes personnes qui accusaient des symptômes multiples, on obtient des résultats qui témoignent d'une perception résolument optimiste. En effet, les différentes recherches effectuées tant en

Amérique du Nord que dans plusieurs pays européens indiquent que 70 % environ des vieillards interrogés déclarent jouir d'une bonne ou même (10 à 15 %) d'une excellente santé (Dooghe et al., 1989; Larue et al., 1979; Leroy et al., 1985; Linn, 1980; Thornstam, 1975; Tonino, 1969; Wengers, 1986).

Qu'est-ce à dire, sinon que le concept de santé change de signification avec l'âge et devient synonyme de vie satisfaisante malgré la maladie? (Pearlman & Uhlman, 1988; Peck, 1968). Ceci n'est possible que parce que les personnes vieillissantes adoptent des comportements cognitifs et instrumentaux qui vont leur permettre de surmonter les problèmes liés aux atteintes physiques. Voici quelques exemples des stratégies adoptées.

Référence au groupe d'âge et diminution du niveau d'aspiration

La référence aux contemporains est extrêmement fréquente lorsque les vieillards donnent des réponses positives à propos de leur état physique et de leurs capacités fonctionnelles : «ils vont bien pour leur âge», «leur santé est plutôt meilleure que celle des personnes de leur génération».

Peut-être faut-il voir dans cette estimation optimiste l'effet du stéréotype déficitaire qu'offre la société à des personnes âgées qui n'y reconnaissent pas leur réalité? (Ross et al., 1989).

D'autre part, la comparaison favorable par rapport à d'autres vieillards en mauvaise condition permet de relativiser ses maux et d'en changer la signification (Lohr et al., 1988). Il semble cependant que ce soit le niveau d'aspiration des personnes âgées concernant leur santé qui évolue avec les années : Thornsten a pu montrer que les attentes des vieillards à ce sujet sont nettement plus faibles que celles des jeunes et des adultes, ce qui explique leur relative satisfaction malgré la présence de maladies chroniques. Ce mécanisme adaptatif leur permet de préserver une perception positive de leur qualité de vie (Pearlman & Uhlman, 1988).

Acceptation de l'inéluctable et refus de se laisser envahir par le corps

L'écoute des vieilles gens nous livre d'innombrables aveux de courage et de dignité, d'appel à des valeurs de devoir et de volonté, exprimés dans des termes proches malgré les différences de pays et de conditions de vie. Pour les octogénaires belges rencontrés lors de nos interviews à domicile : «il faut surmonter», «je suis fataliste et accepte les choses», «il faut s'en sortir», «on doit raisonner à son âge»,... Comme en écho, les Genevois et Valaisans étudiés par le sociologue Lalive d'Epinay

(1983) tiennent des propos semblables : « il faut se battre dans la vie », « je ne prends pas le corps au sérieux ».

Qui, cependant, mieux que Claudel, pourrait porter témoignage, en un saisissant raccourci, de la capacité que possède l'homme âgé de transcender les limites imposées par la maladie : « Quatre vingts ans, plus d'yeux, plus d'oreilles, plus de dents, plus de jambes, plus de souffle, et c'est étonnant comme on s'en passe ! ».

Stratégies de compensation et d'utilisation judicieuse des capacités

Ce sont les comportements les plus généralement utilisés et, aussi, les mieux étudiés, car plusieurs Centres de Psychologie du Vieillissement se sont attachés à les mettre en évidence tant dans le domaine cognitif que dans celui du fonctionnement physique. En guise d'illustration, il nous paraît intéressant de résumer trois des recherches exposées lors d'un récent congrès sur le sujet (Tours, 1989).

Fernandez (1989), de l'Université d'Aix-Marseille, étudie les modulations volontaires de la vitesse de locomotion chez le vieillard dans deux conditions de marche, l'une spontanée, orientée vers un but ; l'autre répondant à la consigne d'une rapidité maximale. Les différences liées à l'âge apparaissent dans la lenteur, la réduction de longueur d'enjambée et l'augmentation de la durée du double appui.

La conclusion qui ressort de l'analyse comparative des paramètres cinématiques chez les jeunes et les aînés est que : « La vitesse spontanément adoptée par les personnes âgées peut être qualifiée de « vitesse de croisière », puisque ces sujets sont capables de l'augmenter volontairement dans des proportions importantes, et ce, en jouant harmonieusement sur les paramètres spatiaux et temporels. Bien que lente, cette vitesse pourrait donc permettre aux personnes âgées de faire face dans les meilleures conditions à des modifications soudaines de l'environnement (obstacles, variations d'éclairement) en leur fournissant un grand nombre de solutions d'adaptation ».

Dans un autre domaine, celui des processus cognitifs, il est bien connu que la personne âgée pallie certaines détériorations sensitives, motrices, intellectuelles, par le recours à l'expérience. Le choix de traitements automatiques, lorsqu'il est possible, représente une adaptation judicieuse aux circonstances. Dans d'autres cas, l'emploi des ressources attentionnelles compensera les limites mnésiques.

Ainsi, Gillet et Autret se sont intéressés aux stratégies de contrôle du temps dans un test faisant appel à la mémoire prospective. Les comportements de surveillance de l'heure, qui sous-tendent le fait de ne pas oublier ce que l'on aura à faire d'ici un moment, ont été décrits comme des processus qui se développent en trois phases :

1) calibration, synchronisation entre le temps psychologique et le temps réel;

2) attente pendant laquelle se réalisent d'autres tâches sans souci d'heure;

3) haute surveillance entraînant une vérification de la montre de plus en plus fréquente à mesure que l'échéance approche.

L'expérience réalisée auprès d'enfants, de jeunes adultes et de personnes âgées suggère une modification de la longueur des phases : les vieillards écourtent la période d'attente tout en contrôlant l'heure plus fréquemment tout au long du test. La démarche est efficace puisque personne n'a oublié le geste à accomplir malgré l'imposition d'autres tâches dans l'intervalle. Les chercheurs en concluent à l'application par la personne âgée d'un principe d'économie cognitive (Gillet & Autret, 1989).

La recherche de Baracat et Marquie (1989) va dans le même sens. Ces psychologues étudient la contribution respective des processus perceptifs et des processus de décision dans la discrimination visuelle selon l'âge. La difficulté de la tâche est modulée en faisant varier, soit l'exigence de finesse perceptive, soit la difficulté mnésique. Le temps de réponse est toujours plus élevé pour le groupe des aînés, ce qui peut être interprété comme la volonté de garder le signal sensoriellement disponible plus longtemps ou, lorsque la mémoire est impliquée, indique une attitude plus délibératrice. Le phénomène observé dans le temps de réponse se retrouve dans la stratégie de décision : les sujets plus âgés mettent en œuvre des comportements qui minimisent la sollicitation de la mémoire à court terme. Les «vieux» sont aussi assurés de la justesse de leur réponse que les plus jeunes; les uns et les autres adoptent la stratégie qui leur permet d'obtenir la meilleure performance possible.

Contournement des situations qui font problème

On rapporte que Rubinstein, nonagénaire, donnait l'illusion d'une vitesse de jeu qu'il ne possédait plus, en ralentissant volontairement le temps de certains passages de l'œuvre qui précédaient ceux où la rapidité était exigée. Cet exemple illustre ne doit pas nous faire oublier les infinies ressources d'imagination dont sont capables les «petites gens» qui refusent la dépendance. C'est dans l'observation de leurs activités de la vie quotidienne que nous les découvrons, non dans les questionnaires d'enquête qui maximalisent les incapacités en demandant, par exemple, aux personnes âgées, si elles peuvent encore exécuter des travaux lourds sans difficultés. Car c'est par des actions ponctuelles souvent pénibles, qui occupent une grande partie de leurs journées, que les vieux parviennent à garder une autonomie qui constitue pour eux la première des priorités. Nous en avons recueilli maints exemples. Le management des tâches quotidiennes, qui requiert parfois ce que Daatland (1985) a qualifié de «véritable héroïsme», a une portée à la fois symbolique et pratique : le maintien, au prix d'immenses efforts, d'une certaine maîtrise de son environnement, permet à la majorité des personnes âgées, même des grands vieillards, de préserver une image positive de soi, et de se débrouiller sans appel à l'aide d'autrui.

Conversion du handicap en gain

L'art de transformer les problèmes de l'âge en expériences positives est le fait d'individus qui parviennent à se transcender soit par la créativité, soit par la spiritualité.

Nombre d'écrits rapportent la découverte d'horizons nouveaux réservés aux personnes âgées et aux malades appelés à faire de leur vieillesse une «fécondité splendide» (Couvreur, 1963). Bons à quoi? Voici ce que pense cette dame de 80 ans, handicapée des deux jambes : «Le péché et le besoin effréné de plaisirs ont besoin d'un rachat extravagant que le troisième âge peut fournir». Pour les esprits religieux, la domination de l'âme sur le corps peut transformer la perte du point de vue humain en gain de valeur spirituelle.

Dans un tout autre registre, nous découvrons avec Antonini et Magnolfi (1988) comment de grands artistes se servent de certains déficits sensoriels ou moteurs pour approfondir et renouveler leur vision et leur technique : «C'est le cas de Renoir, qui souffrait d'arthrite rhumatoïde et de Monet devenu presque aveugle à cause de la cataracte. Lorsqu'on suit en séquence chronologique les Nympheas de Monet, la déstructuration des formes ainsi que la tendance monochromatique qui apparaît concomitante à l'augmentation du déficit visuel se remarquent clairement. Ces tableaux constituent un document surprenant d'une décadence physique qui n'a cependant pas entraîné un déclin créatif, mais le dernier a déterminé au contraire un changement de style dont l'importance place le dernier Monet parmi les précurseurs de l'art non figuratif».

LA PERTE DE RÔLES OU COMMENT VIVRE EN «HAS BEEN»

Tous les problèmes soulevés par le vieillissement ne sont pas, loin s'en faut, d'ordre physiologique. Le besoin de rôles signifiants pour la personne et pour la société persiste tout au long de la vie. Or, l'avance en âge s'accompagne de situations qui vont mettre en péril les statuts qui ont fondé notre identité conjugale, parentale, professionnelle. Les deuils, le départ des enfants, la mise à la retraite constituent autant d'agressions qu'il va falloir neutraliser.

Comment les personnes vieillissantes surmontent-elles ces épreuves?

La femme âgée : solitude et libération

La perte du rôle parental et le veuvage ont fait l'objet d'un certain nombre de travaux qui se préoccupent essentiellement du vieillissement féminin, sans doute en raison de l'énorme investissement dans l'affectif qui est le propre de la femme. Comme le rapporte Ch. Pitaud (1984), qui a consacré une thèse à ce sujet : «Ni mère, ni objet sexuel, la femme vieillissante cumule les handicaps sociaux à tel point que certains n'hésitent pas à dire qu'être femme et vieille, cela fait beaucoup dans une société comme la nôtre».

Comment font-elles front?

Certains mécanismes compensatoires s'avèrent purement défensifs : repli sur soi de crainte d'être rejetée, tyrannie et agressivité pour marquer le maintien de son pouvoir, cris et larmes pour évacuer le trop plein d'angoisse et de colère, refuge dans la maladie afin de retrouver intérêt et affection.

Les médecins, psychiatres surtout, connaissent bien ces réactions névrotiques dont la littérature parle d'abondance. Mais ces traits, témoins de souffrances inexprimées, sont rarement poussés jusqu'à la caricature qu'on en présente.

Nombre d'observations plaident en faveur d'attitudes positives dans la grande majorité des cas. Ceci d'autant plus, comme le souligne M. Levet-Gautrat (1990), que «la femme a, par rapport à l'organisation de sa vie, une attitude très souple; vie professionnelle, vie de couple et vie familiale forment un tout et sont bien moins dépendantes du travail que pour l'homme». Elle se réinsère donc assez facilement dans le rôle de femme au foyer quand vient la vieillesse.

L'enquête de Pitaud (1984) à Marseille révèle cependant que beaucoup contestent ces normes et images traditionnelles et développent plus volontiers des activités et des relations extérieures qui les épanouissent. «Les femmes, qui s'opposent en cela aux idées d'une femme finie, usée par la vie domestico-familiale et professionnelle, affichent dans l'ensemble un dynamisme et un désir de vivre qui les situent dans la continuité de la vie passée mais peuvent aussi résulter d'un sursaut récent». Le film sur «La vieille dame indigne» illustre ces comportements plus fréquents qu'on ne le pense et qui ne sont pas seulement le fait des classes sociales favorisées. Bien qu'appartenant aux générations qui n'ont pas connu les actuels bouleversements sociologiques, ces «vieilles» montrent qu'elles ont bien intégré les modernes remises en question du statut féminin.

L'isolement que connaissent nombre de personnes d'âge avancé, a été largement décrit par les gérontologues. Le sentiment de solitude qui peut en résulter s'accompagne d'impression de vide et de défaite, aggravé par une baisse de l'estime de soi. Hansson et coll. (1986-1987) ont cependant montré que les comportements mal adaptés étaient comparables quantitativement et qualitativement à ceux de femmes adultes placées dans les mêmes conditions : dominance des réactions émotionnelles, incapacité de rétablir des relations personnelles, refus d'en appeler aux organisations ou aux services. L'âge ici ne joue qu'un rôle secondaire, le type de personnalité apparaît prépondérant. L'étude de Thomas et coll. (1985) sur 83 veuves âgées de 22 à 74 ans confirme que les tests analysant globalement l'estime de soi et la faculté d'adaptation ne révèlent aucune différence significative entre groupes d'âge. Seule une minorité des personnes interrogées (30%) signalent des réactions complètement négatives. Les autres, non seulement parviennent à retrouver leur équilibre, mais les commentaires indiquent que beaucoup se sentent plus fortes et plus indépendantes après cette épreuve. Les interviews et histoires de vie des veuves du Valais, rapportées par Lalive d'Epinay (1983), vont dans le même sens. Le tableau qui ressort de ces différentes recherches, loin d'être celui de troubles pathologiques persistants, correspond au contraire au modèle développemental décrit à propos des évènements de vie stressants : deuils et séparations, inséparables de l'expérience humaine, peuvent être sources de croissance individuelle, quel que soit l'âge de l'individu qui en est affecté.

Les nouveaux grands-parents...

Ne quittons pas les changements qu'apporte la vieillesse dans le rôle parental sans rappeler l'importance et la qualité des nouveaux rapports familiaux qui s'installent, surtout entre petits-enfants et grands-parents. Ces derniers représentent de plus en plus souvent la sécurisation et l'accueil face à la démission ou à la désunion des parents, le refuge en cas d'erreur, de révolte ou de ces dramatiques chagrins dont les adolescents ont le secret. «Elle parle, je l'écoute, je parle, elle m'écoute,... On est heureux ensemble»; cette phrase toute simple prononcée par une petite parisienne de 6e lors d'une enquête de Ch. Memin (1981) résume sans doute le sentiment de pas mal de jeunes en quête d'affection.

Il ressort des recherches de ces dernières années (Royal, 1987; Vanderheyden & Dooghe, 1984) que, contrairement aux idées reçues, les nouveaux grands-parents sont loin d'imposer leur vision du monde et cherchent plutôt à comprendre l'évolution des mœurs, même s'ils ne les approuvent pas et le disent. Leurs certitudes ne sont-elles pas rassurantes dans une société à la recherche de ses valeurs? Par ailleurs, désireuses de donner plutôt que de recevoir, les personnes âgées témoignent d'un grand souci de ne pas être à charge, par exemple sur le plan financier. Ce sont elles qui sont sources d'aide, lorsqu'elles possèdent un patrimoine; dans leur pauvreté, elles refusent l'appel à l'obligation alimentaire. «Ne pas dépendre, ne pas peser». Et si les visites se font rares : «ils voudraient venir mais n'ont guère le temps», «ils ont besoin de repos», «ils ont leur vie à faire».

Tous ceux qui s'occupent de vieillards savent à quel point ceux-ci tiennent à offrir une image positive de leurs enfants et de leurs petits-enfants. Le discours porte témoignage de la continuité de leur rôle parental, jusque dans l'âge le plus avancé et l'impotence.

La cassure de la retraite, épreuve de vérité

La retraite, évènement normatif lié à l'âge, peut être considérée à la fois comme une victoire sans précédent pour la société et, pour l'individu, une mort relationnelle (Guillemard, 1972). Quels sont donc les éléments qui peuvent transformer en crise psychologique une situation très désirable de temps non contraint?

En fait, le travail apparaît comme important, en dehors de ses aspects financiers, parce qu'il est un facteur d'intégration sociale et de valorisation personnelle. Le droit au repos est trop souvent synonyme de devoir d'improductivité et d'inutilité. De plus, le nouveau retraité subit une brutale mise à l'écart. Le monde du travail — de son travail — l'ignore désormais. La rupture affective est souvent totale : les contacts sociaux s'estompent très vite pour disparaître bientôt entièrement. Le départ en retraite s'avère une terrible épreuve de vérité : l'homme se retrouve seul, sans son personnage et sans cet entourage à l'illusoire amitié. Le bouleversement psychologique est inéluctable, même s'il atteint plus violemment les intellectuels et les cadres : de nombreux témoignages de manuels, hommes et femmes, qui n'avaient cependant guère investi dans leur travail, révèlent le vide ressenti dans les premières semaines de la mise à la retraite.

Comme le remarque Lalive d'Epinay (1983) à propos de ses analyses des comportements de la population âgée de Genève et du Valais : «... Il est vrai que la retraite constitue l'un des grands moments de passage dans la vie, mais le premier — ou l'un des premiers avec le départ des enfants ou la perte d'un être cher — à être non pas une entrée, mais une sortie... Ce moment suppose une très profonde réorganisation de la vie quotidienne, par l'élimination d'une activité qui occupait l'essentiel du jour, de la semaine comme de l'année. Et nous avons pu observer de près ce travail de réorganisation de la vie qui, dans bien des cas, ne s'opère pas sans crise ni sans douleurs.»

Comment les retraités font-ils face à cette nouvelle phase de vie ? Les attitudes ne sont pas monolithiques. A.M. Guillemard (1972) a excellemment décrit les différentes conduites adoptées par une population de près d'un millier de salariés français. Son analyse distingue cinq types de pratiques :

1) la retraite-retrait, qui se caractérise par un repli sur soi, avec un intérêt majeur pour la santé physique ;

2) la retraite-3e âge où les activités paraproductrices permettent une réinsertion dans l'organisation sociale ;

3) les retraites-loisirs ou famille, centrées soit sur la communauté familiale fermée, soit sur la consommation des diverses activités de loisirs ;

4) la retraite-revendication qui conteste le statut accordé à la vieillesse dans notre société ;

5) la retraite-participation à l'organisation sociale globale par l'intermédiaire des mass-média.

L'auteur attribue à la dynamique sociale ces comportements de retraite sur lesquels un jugement de valeur est porté.

Ainsi, la conduite de retrait lui paraît hautement préoccupante : «une existence qui se réduit à des actes réflexes destinés à l'entretien du corps, à l'immobilisme, à l'isolement, à une absence de projection vers le passé ou l'avenir, équivaut à l'envers de toute existence sociale, à la présence de la mort». Or, c'est la pratique la plus fréquente, en relation avec les situations de ressources très faibles de ces salariés. Aucune question cependant ne porte sur la satisfaction de vie éprouvée par les personnes interrogées, ce qui est peut-être le point essentiel.

Sur ce sujet, une des plus anciennes enquêtes longitudinales (5 ans) a été réalisée par l'Université Cornell, aux U.S.A. Elle portait sur une population encore professionnellement active au début de la recherche. Les conclusions résumées par Streib (1968) sont optimistes : « Dans une large proportion, les retraités peuvent faire preuve de flexibilité dans leur comportement et sont capables de s'adapter de façon satisfaisante à un revenu grandement réduit et à une nouvelle situation de vie. Quoique l'influence de l'état de santé et des facteurs économiques soit évidente, dans la majorité des cas, l'adaptation à la retraite est tout à fait réussie, même pour ceux qui souffrent de mauvaises conditions sanitaires ou financières.»

Les études postérieures de Goerge & Maddox (1977), Palmore et al. (1979) et Poitrenaud et coll. (1988) vont dans le même sens : elles établissent que, pour la plupart des individus, la retraite n'entraîne pas de déclin de santé ni de diminution de la satisfaction de la vie.

Le plus grand nombre s'adapte donc à ce qui reste un total changement de vie. Les stratégies sont variables et dépendent sans doute autant des personnalités que de l'environnement social. Holstein et Wagner (1985) analysent, au cours d'interviews conduites selon la méthode phénoménologique, la manière dont les individus font l'expérience intime de leur mise à la retraite. Ces chercheurs identifient quatre modes d'adaptation à l'arrêt de travail.

Un premier groupe se distingue par l'acceptation sereine du rythme de la vie et de la mort. La retraite apparaît comme une transition normale vers la vieillesse; elle s'accompagne d'un sentiment d'accomplissement et d'estime pour le passé. C'est un temps de quiétude, d'existence tournée vers l'intérieur comme la jouissance d'un bon livre ou la contemplation de la nature. On ne peut cependant parler de «désengagement».

Pour le groupe 2, par contraste, la retraite permet une nouvelle naissance car le travail obligatoire n'apportait guère de satisfaction. C'est la période des découvertes, des réalisations de projets anciens, d'investissements dans des entreprises enthousiasmantes. Nous retrouvons ici l'écho des théories «activistes».

Un troisième groupe vit dans la continuité, poursuivant des activités valorisantes soit dans le même cadre professionnel, soit en se tournant vers d'anciennes occupations de loisirs.

Le dernier groupe enfin voit la retraite comme une contrainte imposée de l'extérieur et est à la recherche de substituts adéquats.

L'engagement dans des activités productrices, payées ou non, constitue une importante mesure de la compétence et de l'indépendance d'un individu.

L'émergence des préretraités relativement jeunes a été l'occasion de la découverte de nouveaux rôles au service de causes sociales (encadrement des jeunes entreprises, conseil et éducation dans le tiers monde pour les Senior Consultants en grande majorité ingénieurs, enseignement dans les pays en voie de développement par d'anciens professeurs, engagements politiques, etc.). La collaboration à la vie culturelle ou économique n'est pas le fait seulement des classes sociales supérieures. Des associations de retraités, employés ou artisans, participent à la mémoire collective par la recherche sur les métiers d'autrefois, les anciens outils, l'histoire locale. N'oublions pas le bénévolat et les activités caritatives.

Le souci d'encore servir se retrouve dans les résultats d'une enquête effectuée par l'Institut de Sociologie d'Utrecht auprès des vieillards engagés dans de nouveaux rôles (Van Den Berg & Knipscheer, 1987). Les raisons avancées pour justifier leur activité bénévole sont, dans l'ordre :

1) se rendre utile et être valorisé ;

2) se donner un but, un sens à la vie ;

3) permettre des contacts sociaux ;

4) trouver un épanouissement personnel.

Ces réponses semblent significatives du besoin persistant d'estime de soi et de reconnaissance de sa valeur par les autres. Nous allons voir comment les personnes âgées tentent de rencontrer cette exigence interne.

ASSUMER OU DÉPRIMER : RÉPONSES AUX CRISES DE L'IDENTITÉ

« Vieillir est, pour chaque homme, l'occasion d'une rencontre décisive avec lui-même » (Guillaumin, 1982), qui l'oblige à se situer par rapport aux autres et l'invite à une ré-interprétation de son histoire personnelle.

L'avancement en âge, en effet, contraint l'individu à des remises en question de son concept de soi et de l'estime qu'il se porte naturellement. D'une part, il subit les atteintes pathologiques et les modifications irréversibles de l'image du corps «ce socle de l'identité et la fondation de son narcissisme» (Amiel, 1988). D'autre part, selon l'analyse de Guillaumin (1982), «la vieillesse ne peut concrètement être séparée d'un mouvement profond, conscient seulement en partie, de dessaisissement subjectif des rôles sociaux antérieurement tenus par le sujet, rôles validés et distribués par les usages et par le vocabulaire aux diverses générations. Il s'agit, en fait, du vécu d'une sorte de perte ou de retrait de délégation, d'une rupture de l'alliance narcissique intime par laquelle les activités jusqu'ici exercées par une personne, les pouvoirs qui lui étaient laissés, étaient reconnus par les autres comme lui convenant, lui semblant légitimes et profondément appropriés.»

Comment répondre à cette double agression contre le MOI provoquée par le déclin physique et la perte de prestige professionnel qui sont culturellement stigmatisés comme signes de dévaluation?

Découvrons les diverses réactions intrapsychiques, de l'affirmation de soi à la sublimation, qui constituent les mécanismes adaptatifs les plus efficaces.

«Permanence de l'identité malgré des ans l'irréparable outrage»

Les existentialistes — S. de Beauvoir en particulier (1970) — ont admirablement analysé ce vécu des personnes âgées : «... Nous achoppons à une sorte de scandale intellectuel : nous devons assumer une réalité qui est indubitablement nous-même encore qu'elle nous atteigne du dehors et qu'elle nous demeure insaisissable. Il y a une contradiction indépassable entre l'évidence intime qui nous garantit notre permanence et la certitude objective de notre métamorphose. Nous ne pouvons qu'osciller de l'une à l'autre, sans jamais les tenir finalement ensemble.»

Comment, cependant, le vieillard parvient-il à résoudre ce dilemme existentiel? La personne âgée dispose de plus d'une ruse à cet effet.

Le déni, ou le refus de voir, constitue une arme souvent utilisée, non sans humour d'ailleurs. «Il a tellement vieilli qu'il ne m'a même pas reconnu», persifle A. Allais. Les miroirs sont évités et pas seulement par les femmes rencontrées dans les enquêtes. A Léautaud qui lui parlait de «l'affreuse chose qu'est vieillir», Valéry répondit : «Ne m'en parlez pas, je ne me regarde jamais dans une glace, sauf pour me raser.» Et S. de Beauvoir rapporte que Wagner, qui avait horreur de vieillir, dit en s'apercevant dans la glace d'un magasin : «Je ne me reconnais pas dans cette tête grise; est-il possible que j'ai 68 ans?».

De même, Gide âgé de 80 ans écrit dans Journal en 1950 : «Oh! par exemple, il importe que je ne me rencontre pas dans un miroir; ces yeux pochés, ces joues creuses, ce regard éteint. Je suis à faire peur et ça me fiche un cafard atroce».

Autre attitude, majoritairement présente, l'image de soi est favorablement assumée par rapport aux contemporains : «Tous des vieux, sauf moi». Les études sur le sujet sont unanimes : à part les déprimés et les personnes en très mauvaise santé, tous s'identifient comme étant d'âge moyen s'ils font partie de ce qu'on appelle le troisième âge ou, s'attribuent de 10 à 15 années de moins que la réalité chronologique si ce sont de grands vieillards qui sont interrogés (Bultena & Powers, 1978; Ross et al., 1989). Ce qui fait observer au psychologue bien connu, Skinner (1986), devenu lui-même octogénaire : «Si vous vous sentez vraiment à l'aise dans votre âge, vous conviendrez qu'il est malhonnête de se réjouir quand les gens se méprennent sur le nombre de vos années.»

Comment, cependant, ne pas comprendre ce refus d'une image qui ne correspond en rien à la perception intime : «Je ne me sens guère mon âge et c'est sans arriver à m'en convaincre vraiment que je me redis à toute heure du jour : tu as 73 ans bien sonnés» (Gide, Journal 1943). Conviction de la permanence de l'être au-delà des apparences, c'est ce qu'expriment admirablement nombre de grands écrivains. Ecoutez-les. Gide encore (Journal 1941) :

> «Mon âme est demeurée jeune à ce point qu'il me semble sans cesse que le septuagénaire que je suis indubitablement, c'est un rôle que j'assume; et les infirmités, les défaillances qui me font rappellent mon âge viennent à la manière du souffleur me le remettre en mémoire lorsque je serais enclin à m'en écarter. Alors, comme un bon acteur que je veux être, je rentre dans mon personnage et me pique de le bien jouer. Mais il me serait beaucoup plus naturel de m'abandonner au printemps qui vient; simplement, je sens que je n'ai plus le costume pour cela.»

Et l'octogénaire Mauriac, réagissant avec humeur à l'attitude condescendante d'un confrère plus jeune :

> «... Nous ne différons en rien, à cette heure du déclin, de l'être qui se manifestait au dehors par un regard brillant et dont une mèche noire ombrageait le front... le vieil homme s'enchante sombrement d'une certitude dont il ne cherche à convaincre personne (et d'ailleurs, il n'y a personne), c'est qu'il n'est pas devenu un autre. O permanence de l'âme! Identité de soi-même avec soi-même, de tout temps et à jamais!... Ni diminué, ni déchu, ni enrichi : pareil, voilà comment le vieil homme se voit...» (Nouveaux Mémoires intérieurs, 1965).

Nous n'en finirions pas de citer grands écrivains et artistes renommés. Mais qu'on ne croie pas exceptionnelles leurs attitudes et perceptions devant la vieillesse. Les mêmes se rencontrent chez l'homme et la femme de la rue : «I feel just the same inside as when I was young. It's as though I'm emprisoned in some else's body» répondait à l'enquêteur une vieille américaine, porte-parole de nombreuses femmes interviewées dans le cadre de recherches sur le vieillissement (Frogatt, 1985).

Sentiment d'efficacité personnelle et estime de soi

Cette conception du MOI dans sa continuité est singulièrement optimiste. La majorité des personnes âgées gardent une perception tout à fait positive d'elles-mêmes, nombre d'études sur l'évolution du «self-concept» au cours de la vie en témoignent (Morganti et al., 1988; Palmore et al., 1979). Peut-être est-ce en raison des expériences accumulées tout au long des années, des crises rencontrées et surmontées?

Les textes qui tentent d'évaluer la confiance que les individus ont de contrôler les évènements et leur vie («locus of control beliefs») mettent en évidence l'importance du sentiment d'efficacité personnelle et de maîtrise de la situation éprouvés par les vieillards non institutionnalisés (Wolk & Kurtz, 1975). Seules les personnes très âgées (80 ans et plus) présentent des scores moins élevés que ceux des adultes; elles se rapprochent en cela du groupe des plus jeunes (14-16 ans), ce qui répond probablement, pour les uns et les autres, au vécu quotitidien (Morganti et al., 1988).

L'estime de soi constitue un dynamisme positif éminemment favorable à l'épanouissement personnel. Poulin et Leclerc (1986) estiment que les aînés qu'ils interrogent «nourrissent un sentiment de valeur personnelle assez élevé et se considèrent comme des personnes valables pour avoir fait leurs preuves; ils apprécient ce qu'ils sont aussi bien que ce qu'ils font présentement, de sorte que la perception positive de leurs ressources facilite l'acceptation adéquate de ce qu'ils ne sont pas ou ne font pas, entre autres de leurs limites».

Restructuration cognitive

La confiance qu'éprouve un individu dans ses possibilités d'influencer le cours de sa vie et d'atteindre ses buts le rend capable de surmonter les défis qui lui sont jetés et de procéder à des aménagements internes, sources de nouvel équilibre.

Thomae (1976) tirant des conclusions de son importante étude longitudinale sur le vieillissement décrit les différentes formes de stratégies cognitives employées par ceux qu'il considère comme des survivants. Quatre types de procédés sont utilisés dans ces vieillesses réussies, visant à une restructuration cognitive des situations sur lesquelles on n'a pas de prise directe :

1) identification aux enfants («moi je n'ai pas obtenu ce que je voulais mais mon fils a réalisé ce que je souhaitais»);

2) interprétation positive des évènements («j'ai beaucoup de chance comparé à ce pauvre M. X»);

3) révision de ses attentes («en devenant vieux, vous apprenez à vous réjouir de ce que vous avez»);

4) acceptation de la situation telle qu'elle est («eh bien, cela aurait pu être pire!»). L'appel à ces différents types de restructuration cognitive constitue une importante modalité d'adaptation dans des conditions de vie où l'individu n'ayant guère de pouvoir sur les évènements eux-mêmes garde comme principale ressource la possibilité d'en changer l'interprétation.

Actualisation de soi et réorientation de ses investissements

Pour C. Rogers (1968), l'homme se caractérise par une tendance irrépressible à développer ses potentialités dans toutes les directions et par tous les moyens. Nous ajouterions volontiers : et à tout âge.

Car, contrairement aux préjugés, la personne vieillissante reste un être de désir, comme l'a très bien montré Ch. Herfray (1988) dans son interprétation psychanalytique de la vieillesse. L'épreuve subie peut même provoquer chez l'individu une meilleure exploitation de ses talents et un approfondissement de son expérience. Certains le feront dans la continuité. Nous pensons ici à des chercheurs comme Dumezil, à des artistes, innombrables, qui démontrent dans un démenti éclatant qu'il n'est pas vrai que les vieillards ne peuvent que se répéter jour après jour (il faut lire à ce sujet l'intéressant article d'Antonini et Magnolfi (1988) sur l'itinéraire créatif d'une vingtaine d'artises figuratifs de 1400 à nos jours, témoignant dans l'œuvre des dernières années d'une étonnante modernité).

Pour d'autres, la vieillesse peut être une découverte de soi et permettre l'épanouissement d'une personnalité que la maturité n'avait pas révélée. Parmi les exemples connus, nous songeons à Sœur Emmanuelle, l'apôtre des Chiffonniers du Caire. Enseignante d'enfants issus de milieux aisés, c'est au moment de prendre sa retraite qu'elle réalise qu'il y a autre chose à faire que de couler des jours paisibles en France. La vie nouvelle, qui dure depuis plus de vingt années déjà, est faite de pauvreté, d'inconfort mais aussi d'épanouissement.

Elle illustre à merveille cette réflexion de Simeone (1988), applicable sans doute à nombre de vieillards obscurs : «Ceux qui vieillissent bien sont ceux qui se créent chaque jour leur avenir en restant éveillés à tout, ceux qui s'alimentent tout le temps de relations et d'imaginaires...».

Les études longitudinales de Bonn (Thomae, 1976), confirmées par les recherches de Bouffard, au Quebec (1986), indiquent que le futur occupe une place non négligeable dans les pensées des personnes âgées. Les vieillards «ordinaires» vivent également d'attentes et de projections vers l'avenir. Certains entreprennent une deuxième carrière ou consacrent leurs efforts à des études depuis longtemps rêvées (l'une ou l'autre thèse de doctorat en sociologie ont été défendues en France par des retraités qui n'avaient pu poursuivre leurs études secondaires autrefois). La plupart des personnes âgées continuent à former des projets personnels souvent humbles (transformer sa maison, réaliser un tricot, une broderie), parfois étonnamment audacieux (entreprendre des expéditions lointaines, des ascensions, etc.). L'apprentissage tardif d'une activité artistique — la peinture le plus souvent — est une importante source de motivation et d'épanouissement. Comment ne pas mentionner ici l'expérience d'Ivry qui a permis à des personnes gravement handicapées de découvrir la joie de créer spontanément (peinture, sculpture, musique) aux côtés de jeunes artistes dont l'atelier avait été installé dans les locaux de l'hôpital. Le plaisir et le besoin d'actualisation de soi ignorent la vieillesse et la maladie.

Réinterprétation et resignification de sa vie

Socrate considérait qu'une vie sans regard critique jeté sur elle n'est pas digne de l'homme. Le processus de réminiscence («life review»), qui évalue le passé et resitue à la lumière du présent expériences heureuses ou douloureuses, permet à l'homme âgé d'effectuer le nécessaire travail de deuil et de consolider son identité. Il ne s'agit pas de se complaire dans le passé mais de tirer leçon d'une «lecture de l'histoire personnelle faite en termes de ruptures traumatiques et d'après-coup, c'est-à-dire de crises désorganisatrices et réorganisatrices susceptibles de se reprendre l'une l'autre d'un âge à l'autre de la vie» (Guillaumin, 1982).

Pour J. Guillaumin : «Plus que toute autre, cette approche apparaît convenir à l'étude du temps de la vieillesse, si souvent décrit sur le seul modèle biologique, inintelligent et désespérant, d'un stade inéluctable de la détérioration du vivant sur le chemin de la mort, dans la référence exclusive à une conception déficitaire des changements de l'âge. Certes, la vie de l'homme, à chaque moment s'inscrit dans ce trajet, commun à tous les êtres animés.»

Mais nous ne pouvons qu'artificiellement nous abstraire de notre position existentielle humaine pour nous regarder du dehors : nous en sommes, nous y sommes. Et les processus mentaux originaux dont use notre espèce pour faire face aux agressions et aux conflits dont la vie est issue accordent une place particulièrement importante à l'élaboration représentative et affective par le sujet lui-même, de son passé, confronté avec plus ou moins d'urgence aux interpellations de son présent.

Travail psychique dont toutes les connaissances contemporaines montrent qu'il n'est en aucun cas, comme on le croyait naguère, un simple épiphénomène; il exerce au contraire une puissante action en retour sur le comportement et sur le corps lui-même, dont il interprète les messages. Comprendre sans contre-sens la vieillesse de l'homme exige donc que par-delà le discours extérieur sur le déclin biologique, on questionne dans leur intériorité les effets du choc, ou des chocs successifs de l'âge, envisagés comme des traumas désorganisateurs, et, inséparablement, comme des chances tardives, parfois jusqu'au bout maintenues, de réarticuler et de resignifier la vie entière, par la transmutation de ce qui y est demeuré jusque-là psychiquement inaccompli, inachevé ou inassumé (Guillaumin, 1982).

Reconsidérer le présent et l'avenir à la lumière d'un jugement porté sur son histoire personnelle peut, selon Butler (1968), déboucher sur la sagesse ou sur le désespoir. Les études portant sur la satisfaction de vie présente et passée montrent cependant une nette prépondérance de scores élevés, ce qui permet de croire que l'homme âgé répond de façon positive à son inéluctable questionnement (Morganti et al., 1988; Palmore et al., 1979).

VERS UNE CONCLUSION : ET LA TENDRESSE...?

«Le grand âge n'est pas ce qu'on croit», écrivait Franz Hellens à plus de 80 ans. Dignité, souci d'autrui, sérénité, courage confinant même souvent à de l'héroïsme, telles sont les qualités qui nous sont apparues au travers des interviews et des enquêtes sur les vieillards qui, vivant à domicile, font preuve d'une étonnante capacité d'adaptation dans des circonstances parfois difficiles. Il y a, certes, une minorité de personnes âgées déprimées, solitaires, aigries, démentes. Nous les trouvons surtout dans les hôpitaux gériatriques ou les maisons de repos et de soins, ce qui explique l'image dévalorisée que les professionnels de la santé ont de la vieillesse. Ne doit-on pas cependant se demander jusqu'à quel point l'institutionnalisation joue un rôle et non seulement la sélection nécessairement négative de la population âgée qui est hébergée ? Les attitudes et le discours du milieu environnant sont d'importance capitale pour le maintien de l'estime de soi et du bien-être psychologique. A cet égard, infantilisation, maternage, compassion, sont sans doute aussi néfastes qu'agressivité et rejet, car également signes d'exclusion. Notre type de société favorise, dès le départ à la retraite, une mise à l'écart de fait, en fonction de l'âge, par le refus déclaré ou inconscient de toute véritable participation à la vie de ceux qui sont toujours impliqués dans une activité professionnelle. Or, la dimension sociale fait partie des besoins de l'individu humain. Une adaptation réussie à la vieillesse requiert la reconnaissance de sa valeur par les autres, aussi nécessaire que le pain et bien plus que le confort ou les loisirs.

Que demandent donc les personnes âgées, sinon de garder dans la communauté une place en tant que personne et non d'un donné chronologique ? Ceci signifie vivre des rapports épanouissants d'égaux à égaux (on donne et on reçoit), rester l'objet d'attentes (sans utilité, sans rôle, quel sens donner à une fin de vie ?), demeurer pour autrui cet être de désir qui ne s'éteindra qu'avec le dernier souffle. Réclamons donc, avec tous ceux qui se préoccupent de la situation des ainés à l'aube de l'an deux mille, «une civilisation qui donne à la qualité d'être une priorité absolue sur le faire et l'avoir» (Congrès apostolat des laïcs, 1984, «Jusqu'au bout, être quelqu'un pour quelqu'un»). Car la vieillesse, problème biologique certes, problème psychologique sans doute, est actuellement aussi, un problème de société qui ne sera résolu que par le retour aux valeurs de solidarité, convivialité, et... tendresse !

RÉFÉRENCES

AMIEL R. (1988). *La seconde maturité de la personne âgée. Dans* : «Psychogériatrie, Aspects préventifs et Curatifs». Congrès J. Renson, Bruxelles, 329-331.
ANTONINI F.M. & MAGNOLFI S. (1988). *Créativité et Vieillissement*. Gérontologie 68, 23-34.
BARACAT B. & MARQUIE J.C. (1989). *Etude de la contribution respective des processus cognitifs et des processus de décisions dans la discrimination visuelle selon l'âge.* Actes Colloque Psychologie du Vieillissement, Tours 1989, 80-87.
BEAUVOIR DE S. (1970). *La vieillesse*. Gallimard, Paris, 604 p.

BOUFFARD L. (1986). *La place du futur dans la vie consciente des personnes âgées. Dans* : «Le fonctionnement individuel et social de la personne âgée». Cahiers Scientifiques, Association Québecoise de Gérontologie, Montréal 1986, 46, 98-118.

BULTENA G.L. & POWERS E.D. (1978). *Denial of Aging : age identification and reference group orientations.* J. Geront. 33, 748-754.

BUTLER R.N. (1968). *The facade of chronological age : an interpretative summary. In* : «Middle Age and Aging», B. Neugarten (Ed.), Univ. Chicago Press, Chicago, 235-242.

COUVREUR A.M. (1963). *Tu nourriras mon grand âge.* Beauchesne, Paris, 269 p.

DAATLAND S.O. (1985). *Managing every day life : the trivial round made significant. In* : «Ageing, recent Advances and creative Responses», Butler (Ed.), UK, 67-80.

DOOGHE G., VANDENBOER L., VANDERHEYDEN L. (1988). *De leefsituation van Bejaarden,* CBGS Monografie, Brussel, 1, 315 p.

DOOGHE G., VANDENBOER L., VANDERHEYDEN L. (1989). *80-Plussers : Een Vergeten groep ?,* CBGS Monografie, Brussel, 79 p.

FERNANDEZ A.M. (1989). *Modulations volontaires de la vitesse de locomotion chez le sujet âgé sain.* Actes Colloque Psychologie du Vieillissement, Tours 1989, 111-129.

FROGATT A. (1985). *Listening to the voices of older women : creativity and social work responses. In* : «Ageing, recent Advances and creative Responses», Butler (Ed.), UK, 35-50.

GOERGE L.K. & MADDOX G.L. (1977). *Subjective adaption to loss of the work role : a longitudinal study.* J. Geront., 32, 456-462.

GILLET P. & AUTRET A. (1989). *La mémoire prospective : quelques aspects développementaux.* Actes Colloque Psychologie du Vieillissement, Tours 1989, 111-120.

GUILLAUMIN J. (1982). *Le temps et l'âge. Réflexions psychanalytiques sur le vieillir. Dans* : «Le Temps et la Vie - Les dynamismes du vieillissement», Chronique sociale, Lyon 1982, 133-143.

GUILLEMARD A.M. (1972). *La retraite, une mort sociale.* Mouton, Paris, 297 p.

HANSSON R.O., JONES W.H., CARPENTER B.N., REMONDET J.H. (1986-1987). *Loneliness and adjustment to old age.* Int. J. Aging Hum. Dev. 24, 1, 41-53.

HERFRAY Ch. (1988). *La vieillesse.* Une interprétation psychanalytique. Desclée De Brouwer Paris, 227 p.

HOLSTEIN G.A. & WAGNER S. (1985). *Modes of experiencing and adapting to retirement.* Int. J. Aging Hum. Dev. 21, 4, 291-315.

KLAASEN A., VAN DEN BERG J., KRRAN-JETTEN A. (1985). *Achtergrondstudie Vergrijzing.* Ed. J. Van Arkel, Utrecht, 234 p.

LALIVE D'EPINAY (1983). *Vieillesses.* Ed. Georgi, St-Symphorin, 536 p.

LA RUE A., BANK L., JARVIK L., HETLAND M. (1979). *Healt h in old age : how do physicians ratings and self ratings compare?* J. Geront., 5, 687-691.

LEROY X., DELIEGE D., GOMMERS A., VUYLSTEEK K., DE CRAEN I., DE PRINS L., TASMER C. (1985). Intervention majorée de l'assurance maladie et consommation de soins des VIPO. Rapport INAMI, 171 p.

LEVET-GAUTRAT (1990). *Evolution du rôle féminin lors de la cessation d'activité du concept. In* : «Populations âgées et révolution grise», Chaire Quetelet, Ed. Ciaco, Louvain-la-Neuve, pp. 755-760.

LINN B.S. (1980). *Objective and self-assessed health of the old and very old.* Soc. Sci. & Med., 14 A, 311-315.

LOHR M.J., ESSEX M.J., KLEIN M.J. (1988). *The relationships of coping responses to physical health states and life satisfaction among older women.* J. Geront., 43, 2, 54-60.

MAGAZINER J., CADIGAN D.A., EBEL J.R., PARRY R.E. (1988). *Health and living arrangements among older women : does living alone increase the risk of illness?* J. Geront, 43, 5, M127-133.

MAISONDIEU J. (1988). *De la gérontologie aux gérontofolies.* Gérontologie et Soc., 46, 8-20.

MEMIN Ch. (1981). *L'âge vermeil.* Ed. J.P. Delarge Paris, 218 p.

MORGANTIJ J.B., NEHRKE M.F., FULICKA I.M., CATALDO J.F. (1988). *Life differences in life satisfaction, self concept and locus of control.* Int. J. Aging Hum. Dev., 26, 11, 45-56.

PALMORE E., CLEVELAND W.P., NOWLIN J.B., RAMM D., SIEGLER C. (1979). *Stress and adaptation in later life.* J. Geront., 34, 841-851.

Pearlman R.A. & Uhlman R.F. (1988). *Perceptions of elderly patients.* J. Geront., 43, 2, M25-30.
Peck R.C. (1968). *Psychological developments in the second half of life.* In : « Middle age and aging », Ed. B. Neugarten, Univ. Chicago Press, 88-92.
Pitaud Ch. (1984). *La retraite au féminin. Analyse des comportements sociaux de femmes en situations de retraite.* In : Colloque International de Gérontologie Sociale, Marseille, 127-136.
Poitrenaud J., Bourliere F., Vallery-Masson J. (1982). *Conséquences de la retraite sur la santé.* In : « Gérontologie, Biologie et Clinique », Ed. F. Bourlière, Flammarion, Paris, 343-354.
Poulin N. & Leclerc (1986). *Le profil d'actualisation de soi des personnes âgées « participantes ».* Dans : « Le fonctionnement individuel et social de la personne âgée ». Les cahiers scientifiques, Association Québecoise de Gérontologie, Montréal, 46, 135-179.
Rogers C.R. (1968). *Le développement de la personne.* Dunod Paris, 286 p.
Ross M.J., Tait R.C., Grossberg G.T., Handal P.J., Brandeberry L., Nakra R. (1989). *Age differences in body consciousness.* J. Geront., 44, 1, 23-24.
Royal S. (1987). *Le printemps des grands-parents.* R. Laffont, Paris, 289 p.
Simeone I. (1988). *Aspects psychodynamiques du vieillissement.* Gérontologie et Soc., 46, 8-20.
Skinner B.F. & Vaughan M.E. (1986). *Bonjour sagesse. Bien vivre après soixante-dix ans.* Laffont, Paris, 188 p.
Streib G.F. (1968). *Are the aged a minority group?* In : « Middle Age and Aging ». Ed. B. Neugarten, Univ. Chicago, 35-46.
Streib G.F., Thompson W.G., Suchman E.A. (1958). *The Cornell study of occupational retirement.* J. Soc. Issues, 14, 3-17.
Thomae H. (1976). *Patterns of aging.* Findings from the Bonn longitudinal study of aging. S. Karger, Basel, 179 p.
Thomas L.E., Diguilo R.C., Sheehan N.W. (1985). Widowhood : a reevaluation. Int. J. Aging Hum. Dev., 21, 225-239.
Thornstam L. (1975). *Health and self perception. A system theoretical approach.* The Gerontologist, 15, 3, 264-270.
Tonino F.J.M. (1969). *Bejaarden thuis.* Ed. Vandewyngaard, Breda, 160 p.
van den Berg H. & Knipscheer C.P.M. (1987). *Nieuwe rollen voor ouderen, wat betekenen ze, een proefproject.* Vrije Univ. Amsterdam, 27 p.
Vanderheyden L. & Dooghe G. (1984). *Het relatie en hulpverleningspatroon tussen bejaarden en kinderen.* CBGS Rapport 64, 240 p.
Wengers G.C. (1986). *What do dependency measures measure? Challenging assumptions.* In : « Dependency & Independency in old Age. Theoretical Perspectives & Policy Alternatives », Ed. Ch. Phillipson, London, 69-84.
Wolk S. & Kurtz J. (1975). *Positive adjustment and involvement during aging and expectancy for internal control.* J. Consulting and Clin. Psychology, 43, 173-178.

Réflexions sur les perspectives culturelles des personnes âgées

Georges THINÈS

Dans cette brève note, j'éviterai autant que possible de parler de vieillissement parce que ce terme n'est guère compatible avec la conception positive que je tenterai de développer.

Le vieillissement est l'inéluctable dimension temporelle de l'existence et, qui parle du vieillissement évoque simplement, non pas la durée d'une période terminale de la vie, mais la temporalité tout court. Aussi bien faut-il éliminer du vocabulaire lié au vieillissement toute connotation négative, voire simplement péjorative et mettre plutôt en évidence l'idée positive de maturité accomplie.

Je pense que la conception négative du vieillissement a pour origine principale la réduction de l'ensemble du processus temporel que constitue la vie humaine à ses dimensions biologiques; domaine où, de toute évidence, les déficits de régulation s'accentuent avec le temps. Il est banal de rappeler que, sous le rapport des régulations et des performances physiologiques, l'individu, même soustrait à toute pathologie, manifeste des capacités amoindries par rapport à ce que son organisme était capable d'accomplir au cours des années de jeunesse et, notons le bien, exigeait d'accomplir pour répondre efficacement à sa perspective, voire à ce que l'on pourrait légitimement appeler son programme vital.

Si l'on prend comme point de départ d'une réflexion d'ensemble sur le processus de vieillissement la notion d'exigence d'accomplissement et non plus celle de déficit de performance, il est possible d'envisager le grand âge et même la vieillesse extrême sous un angle très différent de celui que l'on adopte trop fréquemment en cette matière. Faute d'adopter un tel point de vue, il est vain de rechercher ce que pourraient être les possibilités culturelles des personnes qui ont atteint un âge avancé.

L'INVERSION DE LA PERSPECTIVE TEMPORELLE

Le discours passablement banal que l'on tient à propos de l'existence des personnes âgées ne parvient que rarement à se libérer de l'hypothèse implicite que le vieillissement relève, par sa nature même, de la pathologie et qu'en conséquence, toute personne âgée ne dispose plus de la moindre possibilité sérieuse d'envisager et de développer un projet d'existence. Cette conception a pour conséquence immédiate que le regard porté par l'individu sur sa propre temporalité ne lui offre plus de contenu acceptable et «motivant», que s'il se tourne vers un passé considéré comme la véritable période de la vie active, productrice et heureuse.

Cette conception est imprécise et contradictoire. Imprécise parce qu'il est impossible de déterminer le moment auquel cette période prétendument heureuse finit exactement. Contradictoire, parce que si le passé est la seule dimension encore «motivante» pour la personne âgée, c'est qu'il existe encore théoriquement un ordre de motivations chez celle-ci.

Or, comment concilier la motivation, laquelle est nécessairement orientée vers l'avenir et l'accomplissement, avec une vue sur l'existence exclusivement tournée vers un passé irrécupérable?

Cette inversion de la perspective temporelle est une interprétation plutôt qu'une observation de fait. Si toute personne âgée vivait effectivement dans le regret perpétuel du passé, elle ne pourrait aboutir qu'à réduire sa survie en développant diverses formes de psychopathologies, dont la dépression serait la manifestation la plus fréquente. Sans pouvoir se référer sur ce point à des données statistiques, je soupçonne que la dépression et la tendance au suicide ne sont nullement l'apanage des personnes âgées. A mon avis, le fait que l'on attribue actuellement plus d'importance qu'antérieurement aux personnes âgées, témoigne par lui-même de la réalité d'existence — et donc de projet — de cette classe d'individus. Si ceux-ci n'étaient plus que les spectateurs passifs de leur passé, il n'y aurait de toute évidence aucun sens à leur accorder d'autre intérêt que celui que l'on témoigne pour tout déficit quel qu'il soit, et la gérontologie ne serait, pour une part importante, qu'un secteur particulier de la psychiatrie.

L'inversion de la perspective temporelle apparaît donc, non pas comme une constatation confirmée par l'observation clinique, mais plutôt comme la conception à peine formulée que professent ceux qui, à leur insu, vivent de la sorte leur propre évaluation dans le temps. Je ne vise pas ici les gérontologues, les psychiatres ou les psychologues effectivement engagés dans la recherche sur les personnes âgées et spécialisés dans ce secteur, mais ceux qui, à des titres divers, se croient autorisés à aborder le domaine du vieillissement et à porter sur celui-ci des jugments péremptoires.

Ici, comme d'ailleurs dans plus d'un secteur des sciences humaines, les affirmations qui se prétendent scientifiques ne traduisent la plupart du temps qu'une opinion et il n'est pas étonnant que ceux qui la professent, expriment simplement de la sorte ce que leur expérience banale leur a appris.

Or, à ce niveau d'expérience, il est courant d'entendre affirmer que la personne âgée ne peut plus être tournée vers un futur. Mais ceci signifierait non seulement qu'elle ne peut plus être orientée que vers le passé, mais qu'elle est purement et simplement soustraite à la temporalité, ce qui est absurde. L'idée de la vieillesse comme pure pathologie rejoint dès lors l'idée de l'inversion de la perspective temporelle, laquelle mène à l'idée inacceptable d'une aliénation radicale par rapport au temps. Je suis persuadé que des opinions de cette nature sont le fruit d'un élargissement illégitime d'expériences privées, lesquelles nous le savons, alimentent si facilement le discours imprécis des sciences humaines. Cela semblerait indiquer au premier examen, que plus d'une personne non spécialisée, mais qui s'auto-qualifie d'une certaine façon, vit sa propre temporalité dans la perspective de l'inversion du temps vécu.

S'il est vrai, comme l'écrit Erwin Straus, que le comportement du scientifique est lui-même un thème pour la psychologie, l'examen de l'intérêt que portent les scientifiques ou prétendus tels qui s'intéressent au vieillissement serait riche d'enseignements.

Ainsi donc, outre le fait qu'un intérêt non spécifique pour le vieillissement est suspect et fait le plus souvent état de simples données d'opinion résultant de l'expérience courante, l'idée de l'inversion de la perspective temporelle ne peut être considérée comme une caractéristique essentielle de la psychologie des personnes âgées.

L'IDÉE DE COMPENSATION

Une autre notion qu'il importe de combattre si l'on veut envisager le vieillissement de façon positive, est celle de la compensation.

Selon celle-ci, la personne âgée ne serait plus en mesure de mener une existence orientée vers des objectifs poursuivis pour eux-mêmes, mais serait réduite à ne s'attacher qu'à des projets de substitution intervenant pour «compenser» l'inaccessibilité des objectifs véritables. Cela revient à dire que la personne âgée vit de façon permanente dans l'inauthenticité.

Une fois de plus, une semblable interprétation se réfère exclusivement au passé de l'individu. C'est parce que celui-ci ne peut plus mener une vie guidée par des intentionnalités qui sont celles des personnes jeunes et actives, qu'elle se voit en quelque sorte condamnée à se contenter de projets, dont aucun en principe ne vient combler chez elle un désir véritable. Ici comme dans le cas de l'idée courante de l'inversion temporelle, nous avons clairement affaire à une affirmation dont le seul fondement est, chez son auteur, la crainte qu'il éprouve à envisager, jeune, son propre vieillissement.

Ceci soulève la question d'ensemble de savoir si le vieillissement, plus exactement l'accession normale au grand âge, peut utilement être étudié par des personnes «jeunes» car apparemment ce sont elles, et non les personnes âgées, qui manifestent l'attitude la plus négative à l'égard du processus temporel et qui, dès lors, ne peuvent songer à apprécier la vieillesse qu'à partir de ce qui, pour la personne âgée elle-même, est nécessairement un passé. L'homme d'expérience n'a plus à redouter le grand âge puisqu'il l'a atteint et que, contrairement à l'homme jeune, il n'a plus à redouter d'éventuellement ne pas l'atteindre.

Cet homme d'expérience — cet homme ayant atteint la vieillesse, si l'on préfère — sera en principe un meilleur juge potentiel du vieillissement parce que son expérience subjective du temps ne risque pas d'entrer en conflit avec ses éventuelles connaissances objectives à propos du grand âge.

Je crois intéressant de suggérer qu'une perspective culturelle importante qui s'offre aux personnes âgées, consisterait à étudier activement elles-mêmes l'âge avancé.

L'enfant ne peut étudier l'enfant; l'homme âgé peut étudier l'homme âgé, tant à l'ordre subjectif qu'à l'ordre objectif, à condition toutefois qu'il ait accès à des formations spécifiques. Ceci, on le voit, est diamétralement opposé à toute idée de compensation. Le projet peut vraiment, dans ces conditions, être étudié pour lui-même.

CONDITIONS ET PERSPECTIVES

Ceci ne signifie nullement que les projets auxquels les personnes âgées pourraient se consacrer efficacement sont nécessairement de nature intellectuelle et encyclopédique.

Une autre illusion tenace sous ce rapport consiste à voir dans les activités intellectuelles, les seules qui soient encore accessibles aux personnes âgées, ce qui revient à les ranger dans la catégorie des activités de compensation.

Si l'on considère que les personnes qui ont atteint un âge avancé ne peuvent plus se consacrer à des activités physiques, et font de la sorte le sacrifice de celles-ci, on peut se demander ce qu'elles sacrifient vraiment. Ces activités physiques intenses ne sont de toute façon accessibles qu'à une fraction assez faible de la population, quelle que soit la tranche d'âge considérée ; le sport de performance moyenne, par contre, est accessible à la plupart.

Il en va de même des activités intellectuelles : approfondies, elles ne peuvent intéresser qu'un nombre relativement restreint de personnes, alors que simplement documentaires ou vulgarisées, elles sont le fait de très nombreux individus.

Dès lors, il paraît logique de considérer que, loin de compenser un déficit, l'approfondissement des connaissances est un objectif que les personnes d'expérience — nécessairement âgées — doivent poursuivre à la façon d'un projet authentique.

Le phénomène se marque de façon très nette dans des organisations comme l'Université des Aînés en Belgique et l'Open University en Angleterre. Cette dernière est une réussite particulièrement intéressante pour les personnes âgées parce qu'elle leur accorde une qualification réelle officiellement reconnue dans l'un ou l'autre domaine du savoir. Sans aller aussi loin, l'Université des Aînés attire un public très diversifié qui, par sa seule présence et surtout par son nombre, montre que la curiosité intellectuelle est loin de s'atténuer avec l'âge.

De telles initiatives sont de plus en plus le fait des personnes âgées elles-mêmes, ce qui rejoint l'hypothèse que je formulais à la fin du paragraphe précédent.

Je crois que plus les gens d'âge seront à l'origine de semblables réalisations, plus ils affirmeront une identité et une efficacité que l'on n'est que trop enclin à leur refuser — au mépris d'ailleurs, de toute information objective.

Je ne pense pas que l'on puisse invoquer sérieusement ici les performances exceptionnelles de certaines personnes âgées dans le domaine de l'art. Les exemples de Picasso, de Rubinstein et de quelques autres sont bien connus. Mais le don exceptionnel est surtout marqué par la précocité et s'il se maintient à un âge avancé, il ne constitue pas un modèle pour le grand nombre. Ce qui frappe surtout chez les créateurs et les interprètes âgés, c'est le fait que leur excellence ne soit pas atteinte par le temps. Mais celle-ci ne constitue pas en soi un phénomène typique de l'âge avancé. Du reste ce qui est frappant dans le domaine des activités culturelles des personnes âgées, c'est qu'elles puissent surprendre alors qu'elles représentent exactement l'accomplissement de toutes les tentatives et de tous les principes de formation qui s'adressent aux jeunes.

Ce que j'ai préféré appeler la maturité accomplie plutôt que la vieillesse est bel et bien le but de la formation des jeunes et je ne crois pas que les personnes âgées culturellement compétentes puissent passer pour l'exception : elles constituent au contraire l'aboutissement normalement attendu dans la distribution des connaissances au sein d'une population civilisée.

Toute pathologie grave étant exclue, je crois que les personnes âgées cultivées ont un rôle à jouer et qu'il est important de reconnaître leur utilité sociale dans l'intérêt même des générations futures.

Toutefois pour atteindre ce but, une législation devrait intervenir pour mettre à profit toutes les potentialités culturelles des personnes âgées.

Du point de vue du bien-être de celles-ci également, il faut éviter de les confiner dans des institutions qui exercent par elles-mêmes, dans de nombreux cas, un effet inhibiteur sur des capacités qu'elles souhaitent mettre à profit dans des conditions normales d'exercice. Dans de très nombreux cas, aucun argument de santé ne peut être avancé contre cette idée.

Les problèmes qui ont été évoqués exigeraient des études techniques sur le plan démographique, psychologique et social pour pouvoir donner lieu à une tentative réaliste d'utilisation des compétences culturelles des personnes âgées. Ces limitations imposées à l'activité socialement bénéfique de ces personnes trouvent leur origine dans le fait que nos régimes de retraite ont été pensés à partir d'un modèle ouvrier qui n'est nullement applicable aux intellectuels qui ont atteint un certain âge.

Là où l'ouvrier ne peut qu'être satisfait d'une mise à la retraite qui le soustrait à des tâches pénibles et souvent dénuées d'attrait, l'homme cultivé ne peut qu'être insatisfait de devoir mettre un terme à des travaux auxquels il se consacre de longue date et que seule son ancienneté lui a permis de mener à un accomplissement dont la société dans son ensemble ne peut que bénéficier.

Ethique, vieillissement et gériatrie

Jean-François MALHERBE

Les sciences biomédicales qui sous-tendent toute la problématique de la médecine contemporaine, et particulièrement celle de la gériatrie, envisagent leur objet sous des traits schématisés. Cette approche est tout à fait nécessaire du point de vue méthodologique car elle est à la racine même du développement scientifique de la médecine. Mais lorsqu'elle est absolutisée, elle devient réductrice et exclut de son champ la personne du malade qui reste pourtant sa seule raison d'être. A confondre un moment d'un processus avec le processus tout entier, on en vient à pratiquer une médecine «mécanique» incompatible avec le respect des personnes malades. Dans le cas de la gériatrie, comme d'ailleurs en pédiatrie, mais dans une moindre mesure en raison du rôle des parents, la tentation de s'en tenir à l'étude et à l'«entretien» du corps que le patient a est particulièrement redoutable car ce dernier est, dans la plupart des cas, incapable de protester lui-même contre la déshumanisation du corps qu'il *est*. L'élucidation de ce processus méthodologique de réduction est indispensable si l'on veut poser correctement la question éthique en gériatrie.

LA RÉDUCTION SCIENTIFIQUE DU SUJET À L'OBJET

Mais quel est le type même de l'objet auquel une approche scientifique de la maladie risque de réduire le sujet humain? L'approche scientifique médicale considère son objet sous les traits d'un *système*. On pourrait considérer un système comme une entité abstraite jouant un rôle intermédiaire entre une théorie et la réalité à laquelle elle se réfère. Le système est, pour ainsi dire, une schématisation de la réalité et une structure qui illustre la théorie. C'est parce que le système exemplifie la théorie que celle-ci peut se rapporter à un objet. Et c'est parce que la réalité est schématisée par le système qu'elle devient objet pour la théorie.

Entendu en ce sens, un système se caractérise par quelques propriétés qu'il convient d'énumérer brièvement. Un système est considéré comme *isolable* dans son contexte, c'est-à-dire notamment des systèmes voisins. Ainsi, le système circulatoire est considéré, abstraitement, comme séparé, distinct, différent du système respiratoire ou du système nerveux. Un système est également considéré comme *décomposable* en sous-systèmes. Le sang, par exemple, peut être considéré comme un système indépendamment du cœur. Mais tous deux s'emboîtent comme des sous-systèmes dans le système respiratoire. Par rapport au sang, les globules rouges, par exemple, sont également un sous-système. Par hypothèse méthodologique, on considère qu'un système est toujours emboîté dans un autre et qu'inversement, d'autres viennent s'emboîter en lui.

Un système est généralement considéré comme *évoluant* au cours du temps. Le système circulatoire se développe au cours de l'embryogenèse et se détériore au cours du vieillissement de l'organisme ou de certaines maladies particulières comme l'artériosclérose ou l'infarctus du myocarde. Mais chaque instant de l'évolution d'un système peut être caractérisé par un *état*. L'état d'un système à un moment donné comprend toute l'information dont on dispose à son sujet à l'instant considéré. C'est la description du système à un moment donné. La mesure de la pression artérielle ou du pouls, par exemple, est un élément de l'état du système circulatoire de tel organisme à tel moment.

On considère également que l'évolution de l'état du système peut être caractérisé par un certain nombre de fonctions, dépendant du temps pour la plupart, qui peuvent être formalisées. Etudier un système consiste à le décrire en ses moments successifs et à tenter de formuler les lois auxquelles il obéit. Celles-ci, si elles sont correctement énoncées, permettent de prévoir l'évolution du système en fonction des paramètres qui, à chaque instant, déterminent son état.

Un système est considéré comme isolable des systèmes voisins mais il est aussi considéré comme étant *en relation* avec eux. Les relations entre les systèmes peuvent prendre de multiples formes : l'emboîtement, l'intégration, l'interaction, etc. Ainsi, par exemple, le sang est en intersection avec le gaz respiratoire à l'interaction des deux systèmes qui les intègrent l'un à l'autre : le système respiratoire et le système circulatoire.

Sans l'hypothèse méthodologique de l'isolabilité des systèmes, il serait impossible de connaître complètement un système. En effet, la connaissance complète d'un système requiert que l'on ait formulé la loi de son évolution et le principe de ses relations avec les systèmes voisins. Autrement dit, la connaissance complète d'un système requerrait de proche en proche la connaissance complète de tous les systèmes. Pas de connaissance complète du système artériel sans connaissance du système sanguin, du système digestif, du système rénal, etc. Pas non plus de connaissance complète du système alimentaire sans connaissance du système de distribution des aliments ni du système de leur production. Bref, notre connaissance d'un système est toujours incomplète et c'est bien le sens de la première propriété reprise dans la présente énumération : l'isolabilité des systèmes.

En considérant l'être humain comme un système, les sciences biomédicales se sont ménagées la voie de l'opération avec ce système puisqu'on ne peut connaître un système que dans la mesure où l'on interfère avec lui. Cette conquête méthodologique s'est avérée d'une portée considérable qu'il n'entre pas dans mon intention de dénigrer. Mais l'opérativité des sciences biomédicales s'est acquise à grands frais. Elles ont constitué l'être humain en objet. Elles l'ont objectivé. Elles l'ont abstrait de son histoire, de sa subjectivité, de son existence.

L'objectivation de l'être humain par les sciences biomédicales consiste à mettre entre parenthèses certains aspects de l'être humain pour en mettre d'autres en évidence. Le temps chronométrable a été abstrait de la durée, la géométrie de l'espace affectif, l'évolution de l'organisme de la destinée personnelle, le métabolisme biologique de l'existence interpersonnelle. Bref, les sciences biomédicales découpent la chair humaine pour en extraire la machine cybernétique. L'objectivité de l'observation est mise en évidence au prix de la mise entre parenthèses de l'auto-(in)-compréhension du sujet. Les déterminismes communs sont abstraits de l'exercice des libertés personnelles.

En un mot comme en cent, l'organisme est abstrait de la personne, le corps qu'on a est soustrait du corps qu'on *est*.

En prenant la science pour une description objective de son objet, en oubliant qu'elle n'est en définitive qu'une interprétation féconde dans son ordre, certes, mais réductrice, on exproprie l'être humain de ce qu'il est : un sujet. On l'objectifie. L'objectivation de l'être humain est nécessaire pour fonder à son service un savoir véritablement opératoire. L'objectifier est une erreur trop souvent commise par manque de lucidité épistémologique. Mais dans notre culture profondément marquée par les succès des sciences et des techniques, il n'est hélas, de l'objectivation à l'objectification, qu'un pas trop facilement franchi.

LE VIEILLISSEMENT, CRISE DU SUJET HUMAIN

Pour un sujet humain, le vieillissement, même lorsqu'il ne comporte aucun aspect pathologique, n'est-il pas le plus souvent vécu, à l'instar des maladies graves, comme une crise? Mais qu'est-ce qu'une crise entendue, en ce sens existentiel? On parle d'une crise d'asthme, d'une crise d'appendicite, d'une crise de foie ou d'une crise de larmes pour désigner quelque chose qui est trop fort pour le sujet et que ce dernier ne peut pas rencontrer avec ses moyens habituels. Chaque fois qu'il y a crise surgit pour le sujet une question touchant au sens et à l'espérance ou à l'absurde et à la désespérance.

Face au vieillissement et à la mort qu'il annonce, le sujet ne sait plus à quel saint se vouer. Il ne sait plus quel langage tenir sur ce qui fait sa vie. C'est là, à mes yeux, la véritable question soulevée par l'expérience du vieillissement : comment vivre dans un environnement où il est chaque jour plus difficile de trouver un langage qui nous dise à nous-même la vérité de ce que nous devenons?

En quoi consiste la crise pour l'individu? Pour un individu, être en crise, c'est perdre ou avoir peur de perdre, l'objet dans lequel il investit tout le sens de sa vie. L'absence de cet objet fait que la vie n'a plus de sens. Cet objet peut être un métier, un amour, un enfant, la santé ou même... la vie! Ce peut être tout ou n'importe quoi, mais pour la personne qui s'est investie à l'égard de cet objet, celui-ci est précisément tout et pas n'importe quoi. Une crise est donc une situation dramatique dans laquelle le sens de la Vie est soit radicalement mis en cause, soit absent.

Quand on rencontre quelqu'un qui est « en crise », c'est généralement quelqu'un qui se raconte, ou quelqu'un qui ne dit rien (mais alors son silence est lui-même éloquent), ou encore quelqu'un qui voudrait dire qui il est mais ne le sait plus. La crise est presque toujours une crise de sens. Quelqu'un se trouve dans l'impossibilité de raconter sa propre vie avec un minimum de cohérence : il ne se sent plus capable de dire pourquoi il vit (il s'agit là de la crise radicale bien entendu). Et pourtant, c'est quand on raconte sa vie que la vie prend un sens, que le sens émerge; c'est quand on fait un récit de sa vie, le récit de sa difficulté à un ami, à soi-même ou à un «spécialiste», que le sens peut surgir. Mais pour qu'il surgisse alors même quil fait défaut, il faut reconnaître clairement qu'il est absent.

Faire le récit de sa vie lui donne un sens. Mais qu'est-ce que le récit? Ce n'est pas ce qui est récité mais ce qui est raconté. Et raconter n'est pas fabuler. On ne raconte pas n'importe quoi quand on raconte sa vie. Et on ne la raconte pas n'importe comment, même si on ne la raconte jamais deux fois de suite de la même façon. Il est d'ailleurs impossible de la raconter deux fois de la même façon.

Il est indispensable de raconter sa vie parce que la vie est faite d'événements qui se succèdent et n'ont pas toujours de liens très clairs entre eux. Ces événements qui se succèdent et sont vécus par une même personne demandent à être unifiés. Raconter sa vie permet d'unifier la dispersion de nos rencontres, la multiplicité disparate des événements que nous avons vécus.

Raconter sa vie est un véritable travail : c'est accoucher de soi-même, c'est mettre de l'ordre en soi, tenter de dire qui on est en disant qui on a été et qui on voudrait être. C'est mettre en perspective des événements qui paraissent accidentels. C'est distinguer de son passé l'essentiel de l'accessoire, les points fixes des aspects mouvants. Raconter sa vie permet de souligner des moments plus importants et aussi de minimiser d'autres événements. On peut, en effet, mettre plus ou moins de temps à raconter un événement qu'à le vivre. Pour raconter, il faut choisir ce que l'on veut mettre en évidence et ce que l'on veut mettre entre parenthèses. Le récit crée une intelligibilité, donne un sens à ce que je fais. Raconter, c'est mettre un peu d'ordre dans le désordre. Raconter sa vie, c'est un événement de la vie, c'est la vie qui se raconte elle-même pour se comprendre elle-même. La crise survient quand cette opération est devenue difficile, voire impossible.

La crise est toujours une crise de sens parce qu'elle pose les questions «A quoi suis-je fidèle?», «De quoi suis-je occupé à me détacher?», «Comment suis-je en train de me recomprendre moi-même?». Si l'on invente une histoire que l'on raconte à des enfants, on ne sait pas toujours comment on va la continuer. Cependant, on est tenu, si l'on ne veut pas mécontenter les enfants, de continuer l'histoire déjà commencée. On inventera donc une suite de jour en jour mais en restant cohérent avec ce qu'on a dit auparavant. C'est ce que j'appelle la fidélité.

Mais la fidélité à soi-même n'est pas donnée d'emblée. Raconter l'histoire de sa vie, c'est tout autre chose que raconter une histoire à des enfants. Dans ce dernier cas, ce qui importe, c'est le suspense et les anecdotes amusantes. Dans le premier cas, ce qui est en jeu, c'est ma capacité de me faire illusion à moi-même et de raconter inconsciemment une histoire qui n'est pas vraiment la mienne. Mon histoire n'est écrite nulle part ailleurs que dans le récit que j'en fais ; et cependant, si j'entends qu'elle soit l'histoire vraie de moi-même, elle doit être conforme à ma destinée secrète. Comment donc raconter en vérité l'histoire de sa vie ?

LE RÉCIT ET LA QUESTION DU SENS

C'est une question redoutable car elle conduit droit au cœur des terreurs les plus enfouies et des espoirs les plus cachés. Il n'y a de récit vrai de ma vie que dans le récit qui se donne à interpréter à l'oreille d'un autre qui sache me désarçonner de mes propres illusions en m'écoutant, au travers des mots de l'histoire, la souffrance secrète qui l'habite et qui, par la vertu de son oreille, pratique en moi cette brèche par laquelle je serai délivré, petit à petit, de mes illusions les plus tenaces. Finalement, cette délivrance sera accomplie quand il s'avérera qu'elle est elle-même illusoire et que la seule chose qui compte, en définitive, c'est le mouvement du récit à la recherche de sa propre vérité.

Ce sont d'ailleurs les impasses du récit, ses blocages, ses redites qui constitueront pour l'oreille attentive les repères les moins fragiles de l'itinéraire qui tente de venir au jour par le truchement de ces mots qui en vérité disent à la fois plus et moins que ce qu'ils disent en apparence.

Mais dans le récit d'une vie, il y a des choses fixes, importantes, et d'autres qui sont mobiles. Il faut donc distinguer deux niveaux de crise. Il y a des crises qui sont superficielles parce qu'elles sont à la surface : il s'agit d'une simple difficulté de continuer à raconter mais non d'une impossibilité de raconter. Des crises plus profondes surgissent quand on ne peut vraiment plus continuer à raconter l'histoire à moins de renverser la situation. Une redistribution des rôles peut alors s'imposer et un nouvel acteur peut surgir. Cette redistribution ne change pas les chapitres précédents de l'histoire (parce qu'on ne vit qu'une fois et que l'on n'a qu'une vie à raconter) mais elle change le sens des chapitres précédents. Il faut parfois réinventer un sens à son passé pour pouvoir affronter créativement l'avenir. Ce sont les crises les plus profondes. Je pense que les psychologues et les psychogériatres ne me contrediront pas. Une psychothérapie consiste d'ailleurs à raconter et à inventer (créer et trouver) une harmonie nouvelle qui remette en place une série de fragments qui sont défaits et déjetés çà et là.

Pour surmonter une crise, il faut pouvoir transgresser la logique des chapitres précédents de l'histoire, être capable d'un renversement de situation. Ainsi, par exemple, si l'on cherche la logique de l'histoire au fur et à mesure qu'on lit un roman policier (sans jamais sauter à la dernière page pour savoir la fin de l'histoire avant de l'avoir parcourue entièrement), on fait des hypothèses sur le coupable. Mais subitement, de temps à autre, surviennent des éléments qui bouleversent complètement toutes les hypothèses en cours. Que faire sinon le deuil des anciennes hypothèses ? Il n'y a pas d'autre issue que de reconnaître qu'on s'est fourvoyé et de chercher un nouveau schéma d'interprétation des données connues. Et si le livre est bien fait, ce type de réajustement sera nécessaire jusqu'à la dernière page. Se défaire de l'ancienne compréhension est pénible car c'est se séparer de quelque chose qu'on a soi-même construit. C'est cependant la seule issue créative possible.

On peut être dérouté dans sa propre vie mais aussi dérouter ceux à qui on la raconte. C'est ce qui se passe pour quelqu'un dont on dit parfois qu'il «refait sa vie». La crise est donc une situation où mon identité personnelle profonde est en jeu : je me demande qui je suis au juste, je ne le sais plus très bien et j'ai à me (ré-)inventer en tâchant d'éviter les ornières du récit dont j'ai à me départir parce qu'il m'enferme dans ma fallacieuse intelligibilité de la réalité. Ce qui est habileté de l'écrivain pour le plaisir du lecteur dans le cas du roman policier, est enjeu vital pour celui qui tente d'être fidèle à ce qu'il devient. Et l'enjeu vital, c'est toujours la mort car la mort est liée inexorablement au changement. C'est d'ailleurs pourquoi la crise est une occasion de changement.

Tout change. Déjà, les plus vieux des philosophes grecs disaient que tout passe, tout coule, tout change. Le temps passe, nous allons tous vers la mort tandis que d'autres vies surgissent. Certes un changement perpétuel s'opère naturellement dans le cours des choses : les saisons se succèdent, la vie intérieure évolue, les relations avec autrui se modifient. Mais le changement le plus radical survient dans la parole échangée avec autrui qui, seul, peut m'empêcher de pratiquer à l'égard du changement la politique de l'autruche qui me maintient dans l'illusion de la stabilité. Tout change et je résiste au changement parce que secrètement il implique la mort. Le temps qui passe m'entraîne à la mort et, dans ces conditions, je n'ai pas envie de voir où je vais.

Le changement suscite de multiples résistances. Il y a des résistances à l'intérieur de nous, car nous avons peur de savoir qui nous sommes en vérité. Mais il y a aussi des résistances très fortes autour de nous. Tout se passe comme s'il fallait copier des modèles, c'est-à-dire, précisément, ne pas changer mais reproduire des stéréotypes, répéter des situations bloquées et bloquantes. Mais les stratégies de résistance sont multiples : ce peut être également d'imputer la crise à la situation sociale ou à d'autres, se déchargeant ainsi sur des boucs émissaires de la véritable question qu'on est pour soi-même. Ce sont les crises mort-nées, celles qui avortent parce que tout est disposé autour de ceux qui les vivent pour qu'elles soient déniées et ne viennent pas au langage. Réprimer les crises successives que comporte inévitablement une existence humaine, c'est la précipiter vers une mort plus terrible que la mort, c'est la faire mourir avant même que de la laisser naître.

C'est pourtant, hélas, ce que fait trop souvent une médecine «mécanique». Il faut bien reconnaître d'ailleurs que la médecine peut apparaître dans nombre de cas et de situations comme une instance destinée à refouler l'interrogation fondamentale de l'être humain affronté à la question de la vérité de son existence : la mort. Vouloir à tout prix mettre au jour la cause organique d'un malaise «métaphysique», vouloir à tout prix identifier la cause particulière «pathologique» d'un vieillissement normal, ce sont des attitudes qui, pour n'être sans doute ni délibérées, ni même conscientes, n'en sont pas moins meutrières. On touche ici à la contradiction fondamentale de la gériatrie qui refoule en nous la question qu'elle-même nous pose avec le plus d'acuité : celle du sens de notre vie de soignants qui, nous aussi, vieillissons et allons mourir. Il y a donc des stratégies à inventer pour déjouer les résistances soulevées par la perspective du changement et faire d'une crise un événement vivifiant plutôt qu'un processus mortifère.

LE CONSENTEMENT À LA VIE ET LE DÉPASSEMENT DE LA CRISE

Quelles conditions devraient être remplies pour que le vieillissement devienne une occasion de changement? En son principe, la réponse est simple : il faut que le vieillissement et la crise qu'il provoque viennent au langage. Il y a des vieillissements stériles et des vieillissements féconds. Il y a des vieillissements subis et des vieillissements assumés. Il y a des vieillissements déniés, passés sous silence et des vieillissements qui viennent au langage et qui, de ce fait, sont parfois de réelles occasions de changement, de réelles possibilités de maturation de l'autonomie personnelle.

Pour que le vieillissement puisse devenir une expérience positive, il faut que le sujet arrive, avec l'aide du médecin ou d'autres personnes, à trouver en lui-même, la force de consentir à la vie et par conséquent à la mort. Pour accepter son propre vieillissement, il faut être capable de penser à soi-même comme à quelqu'un qui est capable d'inventer une suite à sa propre histoire telle qu'elle s'est présentée jusqu'ici.

Mais on ne raconte pas une histoire à des murs, on la raconte à quelqu'un. Et la condition la plus essentielle pour que le vieillissement soit une occasion de maturation, c'est précisément que quelqu'un soit là pour écouter l'autre qui vieillit et qui se raconte, écouter sans banaliser, écouter sans juger, attentif à saisir avec lui le sens de sa propre histoire, et par conséquent, disposé à accepter son propre vieillissement et la perspective de sa propre mort.

La troisième condition pour que le vieillissement soit occasion de maturation est que l'on puisse comprendre son passé (toutes les conditions se tiennent) comme valant la peine d'avoir été vécu. Il est rare, en effet, qu'un sujet puisse accepter son propre vieillissement s'il éprouve trop de regrets à l'égard de son propre passé. Cette réconciliation, qui est d'autant plus difficile qu'elle est nécessaire, passe presque inévitablement par la médiation du regard que l'autre, médecin, psychologue, familier, pose sur le sujet.

Et cela implique, bien entendu, que le sujet reconnaisse pour ce qu'elle est la crise liée au vieillissement et ne se laisse pas entraîner à suivre la politique de l'autruche. Il s'agit de reconnaître que quelque chose a été perdu (la santé, la jeunesse, la force, l'agilité, la mémoire,...) irrémédiablement perdu et que cela ne peut plus désormais qu'appartenir au passé. Il s'agit, en quelque sorte, pour le sujet de faire son deuil d'une flatteuse mais fallacieuse image de soi-même.

La crise liée au vieillissement est un moment dramatique : un moment de jugement, de réévaluation des enjeux de la vie, de restructuration de la hiérarchie des valeurs. C'est un moment «critique» au sens étymologique du mot, c'est-à-dire un moment de discernement. Et celui, médecin, psychologue ou simple «semblable» qui est témoin attentif de la crise peut dédramatiser sans banaliser : il ne s'agit pas d'expliquer en quel point exactement l'être-en-crise se trouve sur telle ou telle courbe de Gauss mais bien plutôt de lui proposer l'hypothèse et la conviction qu'il y a assez de points d'appui à l'intérieur de lui-même et de ressources inexplorées dans les chapitres précédents de son histoire pour qu'il soit raisonnable d'imaginer une suite positive.

Personne n'a jamais fini de changer et personne n'est jamais à l'abri d'une crise. La dernière crise, c'est la mort. Et ce sont les réactions aux crises qui font les grandes étapes de la vie, qui préparent à être solide ou fragile, à être disponible ou réfractaire au jour de la mort.

Tout ceci indique qu'en définitive, l'enjeu éthique fondamental de la gériatrie comme de toute la médecine contemporaine est la place qu'elle reconnaît ou qu'elle dénie à la *parole*.

On parle beaucoup dans l'exercice de la médecine, tant les soignés que les soignants d'ailleurs. Mais de quoi parle-t-on le plus souvent? De symptômes, de malaises, d'examens exploratoires, de résultats d'analyse, de prescriptions à suivre, de médicaments à prendre, d'honoraires à payer, de remboursements à percevoir, etc.

Le soigné parle toujours de lui-même mais il est rare qu'il parle explicitement de ses préoccupations profondes, de ses désirs, de ses échecs, de ses espoirs, de ses désespérances. Il est plus rare encore que le soignant puisse entendre la parole du soigné ou qu'il l'invite à dialoguer à ce niveau ou, même, lui laisse simplement le loisir de s'exprimer de façon vraiment personnelle. Cela prendrait sans doute trop de temps. Mais cela conduirait également le soignant à entendre des questions qu'il n'est pas toujours disposé à rencontrer : celles de sa propre souffrance et de sa propre mort.

La conversation médicale procède davantage du bavardage ou des considérations techniques que de la parole. «Bavarder, écrit Denis Vasse dans »Le poids du réel, la souffrance« (Seuil, Paris, 1983, p. 66), est une manière de se servir de la parole sans s'y confier, sans y risquer sa chair.». Il ne s'agit aucunement à mes yeux de condamner le discours médical; ce ne serait qu'ajouter au trop fréquent bavardage philosophique sur la médecine. Il s'agit, au contraire, de mettre au jour ce qu'occulte le prestige de ce bavardage technique ou anodin : la souffrance humaine, présente chez le soignant comme chez le soigné.

La médecine, en perdant de vue le sujet, s'est perdue elle-même. En effet, le patient est le premier à souffrir de l'objectification dont il est victime, certes, mais le médecin est la seconde victime de cet oubli : déniant implicitement le sujet qu'il est censé servir, il s'emprisonne lui-même dans une objectivité qui le réduit au silence lui aussi.

SOUFFRANCE ET PAROLE DANS LA RELATION DE SOIN

La parole naît de la souffrance d'un sujet qui cherche son identité véritable au cœur même de la crise qu'il vit, au cœur même de la déchirure qui le fait crier. Encore faut-il, pour que son cri devienne parole, qu'il soit entendu par autrui pour ce qu'il est. On peut d'ailleurs se demander si la technique médicale n'est pas utilisée en grande partie pour protéger les soignants des cris des soignés qui, s'ils les entendaient, les renverraient eux-mêmes à l'angoisse de leurs propres cris.

Les soignants sont censés ne pas souffrir. Cela les rend sourds aux cris de ceux qu'ils soignent. Ces cris ne parviennent donc pas à se faire entendre. Leur message est obnubilé par l'expression de la douleur.

La douleur du soigné provoque l'action technique du soignant qui tente de l'en débarrasser. Le soigné est transformé en objet de douleur, son cri est aussitôt réduit à l'expression d'une douleur techniquement maîtrisable. Mais la souffrance dont témoigne son cri reste méprisable parce qu'elle ne peut être conjurée par un acte technique.

« Il a y manière de soigner, ou de se faire soigner, qui évite la parole et qui réduit l'homme à un organisme fonctionnel, sourd et muet » (Vasse, *op. cit.*, p. 31). Ne pas entendre le cri de l'homme souffrant comme un cri d'un sujet affronté à la mort dans son désir de vivre, c'est le condamner au silence, l'exclure de la véritable conversation institutrice de notre humanité, l'objectifier.

Mais il est bien des manières de refouler la parole qui s'articulerait si la souffrance était entendue pour ce qu'elle est. L'une des plus courantes dans le domaine des soins de santé consiste, tant pour les soignants que pour les soignés d'ailleurs, à se servir de la souffrance pour se faire valoir. C'est ma souffrance qui justifie, du moins en partie, les privilèges qui me sont accordés lorsqu'on me reconnaît pour malade. C'est la souffrance d'autrui que j'ai pour mission de conjurer qui justifie les privilèges qui me sont accordés en tant que soignant. Ce marché, pour sordide qu'il puisse paraître, est bien plus présent qu'on ne voudrait le croire dans la relation de soin. La souffrance, pour autant que soit étouffé le cri qui l'exprime, justifie la distribution d'un certain nombre de privilèges sociaux.

La souffrance est inévitable, elle est la vie en chemin. Elle signe l'histoire maïeutique des humains qui sont, ou du moins devraient être, à tour de rôle l'obstétricien et l'accouchée dans les relations qui les lient entre eux. Devenir un homme, devenir une femme, c'est laisser autrui m'accoucher dans une relation qui ne fait jamais l'économie de la souffrance.

C'est pourquoi la médecine, qui devrait être l'art de rencontrer avec autrui sa véritable souffrance, plutôt que de contribuer à la masquer derrière le traitement technique de la douleur et de ses causes, devrait être un art philosophique, un art maïeutique, un art intersubjectif.

La souffrance reste inévitable même lorsqu'on tente de la récuser. Mais si elle est déniée, si elle ne trouve pas dans la parole l'expression qui permet de la rencontrer face à face, le sujet tentera, sans cesse mais toujours en vain, de recouvrer la santé d'autrefois dont il est à jamais privé, de restaurer l'état antérieur pourtant irrémédiablement dépassé, de remonter le temps irréversiblement écoulé. Et dans cette illusoire tentative indéfiniment répétée, il trouvera la complicité de l'entreprise médicale chaque fois qu'il rencontrera un praticien qui n'entendra pas sa souffrance sous l'expression de sa douleur, mais aussi chaque fois qu'il fourvoiera un praticien hors du chemin de son art, chaque fois que le praticien se laissera détourner par la demande explicite de son patient.

La secrète complicité qui s'établit ainsi entre le soigné et le soignant, conjuguant leurs efforts pour éviter la souffrance, celle du soigné renvoyant le soignant à la sienne propre, finit toujours par aboutir, chez l'un comme chez l'autre, à la perte de la parole. Tout se passe alors comme si le vœu illusoire de restaurer la santé telle qu'elle est définie par les normes sociales et médicales en vigueur, drainait vers sa réalisation toutes les énergies dont les interlocuteurs ont en réalité le plus grand besoin pour laisser venir leur souffrance à la parole, faire le deuil de leurs illusions et s'ouvrir à un avenir qui reste toujours à inventer.

Les professions de la santé, et le corps médical en particulier, semblent se comporter le plus souvent comme si leur mission était de garantir et de promouvoir une normalité qui n'est en réalité que l'expression condensée de l'écran que nous dressons entre notre souffrance et nous dans l'espoir illusoire de ne pas souffrir. Dans une telle perspective, dont on pressent les liens étroits avec le scientisme, toute maladie, tout accident est interprété comme une requête de normalisation.

Si nous souffrons, c'est parce que nous sommes vivants et, donc, mortels. Ce n'est pas parce que nos semblables nous refuseraient le droit illusoire de rester identiques à nous-mêmes, de ne pas changer. Face à la mort inéluctable et au vieillissement qui l'annonce, nous pratiquons une politique de l'autruche que cautionne et renforce une médecine mal comprise et pratiquée de façon scientiste.

Que le lecteur ne se méprenne pas : je n'entends nullement plaider pour la réhabilitation de la douleur. La médecine a le devoir de lutter et de vaincre la douleur par des soins appropriés. Mais elle a également le devoir de ne pas occulter ce dont la douleur est à la fois le signal et la cause : la souffrance d'être un homme qui va mourir.

Ne voir dans la douleur qu'un symptôme à éliminer sans consentir à entendre ce dont elle témoigne ou ce qu'elle provoque, revient à s'ériger en expert d'une société qui nie la mort comme elle tend à dénier l'essence même de l'homme.

Lorsque l'homme réduit sa propre essence à l'image qu'il se forme de lui-même, il dénie sa solitude, sa finitude et son incertitude et il se ment à lui-même. Lorsque la médecine se trouve complice ou, pire encore, cultive ce mensonge, elle renie sa raison d'être et se mue en idéologie mortifère. De ce mensonge, en effet, résulte la mort du sujet, dans le chef du soignant comme du soigné. Les relations d'aliénation, comme les relations d'autonomisation d'ailleurs, sont, en effet, toujours réciproques.

L'ART DE LA MÉDECINE EN GÉNÉRAL ET DE LA GÉRIATRIE EN PARTICULIER

Les techno-sciences biomédicales manifestent ici toute leur ambivalence. Selon qu'elles sont au service de la bouche qui parle et de l'oreille qui écoute la souffrance ainsi exprimée, ou qu'au contraire leur mise en œuvre refoule la parole, elles sont les meilleures servantes ou les pires servitudes.

Seule la parole authentiquement échangée rend possible l'action curatrice. Tout le reste n'est que bavardage sans risque, dérobade stérile, illusion mortifère. Le refoulement de la communication procède d'une attitude de déni à l'égard de la mort qui vient, attitude à la fois individuelle et collective qui paradoxalement nous précipite dans... le suicide!

C'est pourquoi les médecins portent une responsabilité particulièrement lourde dans une société techno-scientifique. Ils sont responsables des outils qu'ils mettent en œuvre pour rencontrer nos demandes en matière de santé. Et ces outils, ils se doivent de les connaître et de les maîtriser non seulement au plan *technique*, où il s'agit de choisir les moyens les plus appropriés à mettre en œuvre, mais surtout au plan *éthique*, où il s'agit de réaffirmer sans cesse les finalités que doit poursuivre la mise en œuvre de ces moyens.

Dans l'exercice de cette responsabilité, les médecins ne sont pas dépourvus de repères éthiques. Ceux-ci, en effet, peuvent être dessinés en analysant la structure même de l'être humain, structure qui, pour peu qu'on veuille lui prêter un minimum d'attention, se manifeste clairement sous les traits de la réciprocité, de la tridimensionalité, et de l'héritage, structure que condense à sa manière l'impératif éthique fondamental : agis en toutes circonstances de façon à cultiver l'autonomie d'autrui.

L'exercice de cette responsabilité ne s'accommode donc ni de l'autoritarisme, ni du scientisme que l'on observe si fréquemment dans la pratique médicale. Il suppose, au contraire, la conviction profonde qu'il vaut la peine, pour le médecin comme pour le patient, de prendre la parole librement, de se confier en vérité aux mots qui la portent, de risquer sa chair dans la relation à autrui. Non que le médecin doive devenir le patient de son client — ce serait une nouvelle manière de précipiter leur relation vers le suicide — mais qu'il doive, lui aussi, laisser venir au langage pour une oreille attentive sa souffrance de soignant qui, lui aussi — et son métier le lui rappelle chaque jour —, s'achemine inéluctablement vers la mort. Cette écoute attentive et bienfaisante, il la trouvera ailleurs certainement, dans une autre relation, mais en un lieu où il sera assuré d'être lui-même écouté pour ce qu'il est en vérité : un homme vivant, un homme mortel, un vivant qui va mourir.

Telle est la normativité que le philosophe croit pouvoir déchiffrer au cœur même de la pratique médicale. Cette normativité, que le philosophe n'impose aucunement de dehors à la médecine qu'il tente d'expliciter de l'intérieur même, reste le plus souvent implicite. Durant des siècles, il a suffi de cette intuition que la mort, de toutes façons, vaincrait le médecin et le vaincrait deux fois : en emportant le patient et aussi le médecin, pour que la mort de celui qui meurt ne soit pas refoulée outre mesure. Mais aujourd'hui, la multiplication des moyens techniques et la fragmentation du travail médical nous font courir le risque d'une occultation particulièrement opaque, et inconsciemment cultivée, de la question de la mort vécue dans la pratique médicale. C'est pourquoi il est nécessaire que les médecins disposent d'outils conceptuels leur permettant d'analyser eux-mêmes les enjeux éthiques de leurs propres pratiques, ainsi que leur propre implication existentielle dans leur profession.

La médecine n'est pas l'art de lutter à tout prix contre la souffrance et la mort. C'est l'art d'approprier les sciences et les techniques biomédicales à l'épanouissement de l'autonomie de ses semblables. L'art de soigner ses malades, c'est l'art de les aider à vivre pleinement, de les aider à accoucher d'eux-mêmes en dépit des inévitables douleurs de l'enfantement comme en dépit de la perspective de la mort inévitable.

ET QUAND LA COMMUNICATION FAIT DÉFAUT?

Reste, en guise de conclusion, à rencontrer une difficulté très réelle que les propos tenus ci-dessus, essentiellement fondés sur une anthropologie de la communication, semblent avoir négligée : que valent encore ces considérations face à un vieillard qui ne communique plus ou si peu que pas?

Confronté à cette question, l'éthicien n'a pas de réponse toute faite. Comme le praticien, il se trouve devant une difficulté réellement considérable. Il en est pour ainsi dire réduit à proposer une remarque. Celle-ci, pour élémentaire qu'elle soit, n'en est pas moins fondamentale et paraît susceptible de baliser le chemin d'une pratique gériatrique véritablement respectueuse du sujet vieillissant, quoiqu'il en soit des diminutions qui peuvent l'affecter.

Cette remarque est la suivante : d'où l'être humain tient-il sa *dignité*? A la fois de son appartenance à l'humanité qui impose à ses semblables de lui reconnaître la dignité d'être humain comme eux (c'est la dignité *requise* par la solidarité ontologique des êtres humains), et du respect concret que ses semblables vouent à son humanité (c'est la dignité *effective*, la dignité qui n'est réalisée que si elle est reconnue). En ce sens, la dignité requise est condition nécessaire tandis que la dignité effective est condition à la fois nécessaire et suffisante.

Ceci signifie que la dignité d'un être humain diminué est toujours requise et n'est effective que si ses semblables lui témoignent concrètement le respect qui lui est dû en raison de la solidarité ontologique qui les lie.

Quelle est la conséquence concrète de cette remarque? C'est qu'il est impératif de traiter les êtres humains diminués *comme s'ils ne l'étaient pas*! Pourquoi? Parce que celui (ou celle) qui ferait autrement, contredirait, ce faisant, sa propre appartenance à la solidarité ontologique des êtres humains. Même si le soigné sénile ne communique plus, il est impératif de le traiter comme un sujet de communication. Autrement, le soignant se ravalerait lui-même au rang d'objet, ce qu'il n'est manifestement pas.

Qu'une telle thèse se heurte à bien des habitudes est évident mais n'est pas une raison suffisante pour la rejeter.

Qu'une telle attitude soit difficile à mettre en œuvre, notamment en matière de consentement libre et informé, n'est pas douteux. Mais ce n'est pas non plus une raison suffisante pour la rejeter. Ce n'est pas ici le lieu de discuter dans le détail la question d'un consentement par procuration mais il est bien clair qu'il est habituellement possible de recourir à cette procédure pour prendre une décision à l'égard d'une personne momentanément ou définitivement privée des capacités minimales pour consentir librement après avoir été dûment informée.

Traiter la personne incapable de communication comme si elle en était capable n'implique aucune hypocrisie. Il ne s'agit pas d'un simulacre mais d'un devoir fondé sur une authentique compréhension de la solidarité ontologique qui lie entre eux tous les êtres humains. C'est donc tout le contraire d'une hypocrisie. Et c'est même l'inverse qui serait un défaut de jugement éthique (c'est-à-dire, au sens étymologique, une hypocrisie).

Finalement, la question éthique soulevée en gériatrie est une figure particulière, et particulièrement sensible, de la question éthique fondamentale qui traverse tout le champ de la médecine contemporaine : quelles sont les conditions dans lesquelles le soignant, comme le soigné, peuvent vivre leurs relations en tant que *sujets* et ne pas être réduits à de simples *objets* sans histoire, ni souffrance ?

L'arrière-fond théorique qui inspire les présentes réflexions a été publié dans «Pour une éthique de la médecine», Larousse, Paris 1987, 2ᵉ édition revue et augmentée : Catalyses, Ciaco-Artel, Louvain-la-Neuve 1990; diffusion en France : Editions Universitaires, Paris 1990.

Table des matières

Liste des collaborateurs... 5

Introduction 7

Les potentialités biologiques 11

Le cadre évolutif
De la source de la vie au fleuve du vivant... 14
Le cadre individuel
La vie est un long fleuve tranquille.. 24
   Le rôle du génome 25
   Les facteurs cellulaires 28
   Les pathologies et les facteurs extrinsèques 32
   Les systèmes de régulation 35
Le cadre écologique et socio-culturel
La source des potentialités 37
Références.. 41

**Homéostasie du système cardio-vasculaire vieillissant
Mécanismes d'adaptation**... 43

«Le cœur n'a pas de rides» 43
Vieillissement cardio-vasculaire pathologique................................... 44
Le système cardio-vasculaire.. 45
Âge et débit cardiaque.. 46
Âge et fonction diastolique 47

Analyse du remplissage ventriculaire gauche au repos 48
Analyse du remplissage ventriculaire gauche à l'effort 49
Mécanismes des modifications diastoliques 50
Implications cliniques 51
Homéostasie cardio-vasculaire et vieillissement 52
Conclusions 53
Références 55

«Mieux respirer, mieux vivre»
Adaptation des pulmonaires chroniques 57

Le profil de l'insuffisant respiratoire 57
La réhabilitation pulmonaire 60
Mieux respirer, mieux vivre 61
    * Qui est candidat à une réhabilitation pulmonaire? 61
    * Une équipe pluridisciplinaire 62
    * Un programme global 63
    1° L'éducation du patient à sa maladie 63
    2° Rééducation de la respiration 64
        * Traitement physique - kiné respiratoire 64
        * Les techniques de relaxation 64
        * Ergothérapie 65
        * Oxygénothérapie au long cours 65
    3° La remise en condition physique 65
    4° Le support psychosocial en cours de programme 67
    5° Support psychosocial au long cours 67
L'association des insuffisants respiratoires 68
    1° Education du patient à sa maladie 69
    2° Activités physiques hebdomadaires 69
    3° Activités socio-culturelles et de loisir 70
    4° Voyages en groupe avec accompagnement médical 70
    5° Voyages individuels 73
Conclusions 73
Références 75

Vieillissement et système immunitaire 77

Différenciation lymphocytaire 77
Vieillissement de l'immunité cellulaire 78
    Modifications des organes lymphoïdes 78
    Modifications cellulaires 80
Vieillissement de l'immunité humorale 81
Vieillissement de l'immunité non spécifique 82
Conclusions 82
Références 83
Glossaire 83

TABLE DES MATIÈRES

Vieillissement et potentialités endocriniennes 85

Le vieillissement des différents systèmes hormonaux 85
    L'hypophyse 85
        L'antéhypophyse 86
        La neurohypophyse 88
    La thyroïde 89
    Les glandes surrénales 90
    Les gonades 91
        La ménopause 91
        Le vieillissement gonadique masculin : l'andropause? 93
    Les hormones du métabolisme phospho-calcique 94
    Le pancréas endocrinien 95
Conclusions 97
Références 97

Plasticité et restauration de la fonction nerveuse 99

Le vieillissement du système nerveux : les dégradations 100
Le vieillissement du système nerveux : les compensations 107
Le vieillissement du système nerveux : la plasticité neuronale 115
La plasticité nerveuse au cours du vieillissement : les voies d'approches. 120
Références 122

Vie affective, psychodynamique et vieillissement 125

    «La» personne âgée n'existe pas 126
    Le «vieillissement» est avant tout un concept biologique 127
Les témoins indirects de la vie affective 127
    Les études psycho-sociales 128
        La «théorie» du désengagement 128
        Les «théories» de l'activité et des changements de rôle 130
        La «théorie» de la continuité 132
        Les «théories» du milieu social 133
    L'évolution de tests de personnalité 133
        Les questionnaires de personnalité 133
        Les tests projectifs 134
    Les enseignements de la clinique 135
        Les états dépressifs 135
        L'anxiété 138
        Les difficultés affectives au quotidien 139
Pour une compréhension de la vie affective et de ses potentialités
au cours du vieillissement 140
    La dimension biologique 140
    La dynamique de l'organisation psychique 142
        Le sujet extrinsèque au processus du vieillissement 143
        Le vieillissement et la demande affective 144
        Le vieillissement et la question d'identité 146
        L'épreuve narcissique 147

Les perspectives développementales 148
   La vieillesse comme temps d'accomplissement 149
   La vieillesse comme temps du désir 150
Références 151

Le fonctionnement mnésique de la personne âgée 153

Les approches classiques et le point de vue défectologique 154
Nature des problèmes mnésiques des personnes âgées 157
Une approche contextuelle du vieillissement 159
   1. Les soutiens fournis lors de l'apprentissage et de la récupération. 160
   2. Les soutiens liés aux propriétés de la tâche mnésique ou du matériel à mémoriser 161
   3. Les capacités préservées de mémoire 162
Les programmes d'aide aux difficultés mnésiques des personnes âgées.... 163
Références 166

Y-a-t-il un effet du vieillissement sur l'évolution des habiletés linguistiques ? 169

Pourquoi étudier le langage des personnes âgées ? 169
Des observations divergentes et contradictoires 171
   Organisation et maîtrise du lexique 172
   Intégration d'informations explicites 173
   Construction d'inférences 174
Comment comprendre ces divergences ? 175
Conclusions 179
Références 181

Du vieillissement démographique au rajeunissement social : l'avenir est aux vieux 183

Coup de vieux sur l'occident 183
La population : révolutionnaire ! 183
Comment vieillissent les sociétés ? 184
Attention, un vieillissement peut en cacher un autre ! 187
Les vieux nouveaux sont arrivés 188
Naissance d'une classe dynamisante 189
Vive les retraités actifs ! 189
Relégation et déni de vieillesse : halte aux effets pervers 191
Relever le défi incontournable de la géritude 192
Réinventer la vieillesse 192
Pénurie ou pléthore de main-d'œuvre ? 194
Le faux espoir du tertiaire ? 195

Oisiveté et travail : un même combat ?	196
Haro sur le travailleur âgé	196
Le social ne répond plus au biologique	198

Le prix de la santé des vieux 201

Vieillissement démographique et coût de la santé	202
Croissance du coût des soins et vieillissement démographique de 1975 à 1987	202
Prospective à l'horizon 2000	206
La surconsommation des vieux !	207
Des besoins différenciés	210
Qui est consommateur de soins ?	211
La concentration des dépenses de santé	211
Conclusions	214
Références	215

Droit et gérontologie
Vida als anys 217

Le respect des droits et des libertés des citoyens âgés	218
Conclusions	224

Dynamismes et stratégies adaptatives chez la personne âgée 225

Face aux situations de santé ou les mille et une manières de faire front	226
Référence au groupe d'âge et diminution du niveau d'aspiration	227
Acceptation de l'inéluctable et refus de se laisser envahir par le corps	227
Stratégies de compensation et d'utilisation judicieuse des capacités	228
Contournement des situations qui font problème	229
Conversion du handicap en gain	230
La perte de rôles ou comment vivre en «has been»	231
La femme âgée : solitude et libération	231
Les nouveaux grands-parents	232
La cassure de la retraite, épreuve de vérité	233
Assumer ou déprimer : réponses aux crises de l'identité	236
«Permanence de l'identité malgré des ans l'irréparable outrage»	237
Sentiment d'efficacité personnelle et estime de soi	239
Restructuration cognitive	239
Actualisation de soi et réorientation de ses investissements	240
Réinterprétation et resignification de sa vie	241
Vers une conclusion : et la tendresse ?	242
Références	243

Réflexions sur les perspectives culturelles des personnes âgées 247

L'inversion de la perspective temporelle 248

L'idée de compensation 250
Conditions et perspectives 251

Ethique, vieillissement et gériatrie 255

La réduction scientifique du sujet à l'objet 255
Le vieillissement, crise du sujet humain 258
Le récit et la question du sens 260
Le consentement à la vie et le dépassement de la crise 262
Souffrance et parole dans la relation de soin 264
L'art de la médecine en général et de la gériatrie en particulier 267
Et quand la communication fait défaut ? 269

CHEZ LE MÊME ÉDITEUR

PSYCHOLOGIE ET SCIENCES HUMAINES
collection publiée sous la direction de MARC RICHELLE

1 Dr Paul Chauchard : LA MAITRISE DE SOI. *9ᵉ éd.*
5 François Duyckaerts : LA FORMATION DU LIEN SEXUEL. *9ᵉ éd.*
7 Paul-A. Osterrieth : FAIRE DES ADULTES. *16ᵉ éd.*
9 Daniel Widlöcher : L'INTERPRETATION DES DESSINS D'ENFANTS. *9ᵉ éd.*
11 Berthe Reymond-Rivier : LE DEVELOPPEMENT SOCIAL DE L'ENFANT ET DE L'ADOLESCENT. *9ᵉ éd.*
12 Maurice Dongier : NEVROSES ET TROUBLES PSYCHOSOMATIQUES. *7ᵉ éd.*
15 Roger Mucchielli : INTRODUCTION A LA PSYCHOLOGIE STRUCTURALE. *3ᵉ éd.*
16 Claude Köhler : JEUNES DEFICIENTS MENTAUX. *4ᵉ éd.*
21 Dr P. Geissmann et Dr R. Durand : LES METHODES DE RELAXATION. *4ᵉ éd.*
22 H. T. Klinkhamer-Steketée : PSYCHOTHERAPIE PAR LE JEU. *3ᵉ éd.*
23 Louis Corman : L'EXAMEN PSYCHOLOGIQUE D'UN ENFANT. *3ᵉ éd.*
24 Marc Richelle : POURQUOI LES PSYCHOLOGUES? *6ᵉ éd.*
25 Lucien Israel : LE MEDECIN FACE AU MALADE. *5ᵉ éd.*
26 Francine Robaye-Geelen : L'ENFANT AU CERVEAU BLESSE. *2ᵉ éd.*
27 B.F. Skinner : LA REVOLUTION SCIENTIFIQUE DE L'ENSEIGNEMENT. *3ᵉ éd.*
28 Colette Durieu : LA REEDUCATION DES APHASIQUES
29 J.C. Ruwet : ETHOLOGIE : BIOLOGIE DU COMPORTEMENT. *3ᵉ éd.*
30 Eugénie De Keyser : ART ET MESURE DE L'ESPACE
32 Ernest Natalis : CARREFOURS PSYCHOPEDAGOGIQUES
33 E. Hartmann : BIOLOGIE DU REVE
34 Georges Bastin : DICTIONNAIRE DE LA PSYCHOLOGIE SEXUELLE
35 Louis Corman : PSYCHO-PATHOLOGIE DE LA RIVALITE FRATERNELLE
36 Dr G. Varenne : L'ABUS DES DROGUES
37 Christian Debuyst, Julienne Joos : L'ENFANT ET L'ADOLESCENT VOLEURS
38 B.-F. Skinner : L'ANALYSE EXPERIMENTALE DU COMPORTEMENT. *2ᵉ éd.*
39 D.J. West : HOMOSEXUALITE
40 R. Droz et M. Rahmy : LIRE PIAGET. *3ᵉ éd.*
41 José M.R. Delgado : LE CONDITIONNEMENT DU CERVEAU ET LA LIBERTE DE L'ESPRIT
42 Denis Szabo, Denis Gagné, Alice Parizeau : L'ADOLESCENT ET LA SOCIETE. *2ᵉ éd.*
43 Pierre Oléron : LANGAGE ET DEVELOPPEMENT MENTAL. *2ᵉ éd.*
44 Roger Mucchielli : ANALYSE EXISTENTIELLE ET PSYCHOTHERAPIE PHENOMENO-STRUCTURALE
45 Gertrud L. Wyatt : LA RELATION MERE-ENFANT ET L'ACQUISITION DU LANGAGE. *2ᵉ éd.*
46 Dr Etienne De Greeff : AMOUR ET CRIMES D'AMOUR
47 Louis Corman : L'EDUCATION ECLAIREE PAR LA PSYCHANALYSE
48 Jean-Claude Benoit et Mario Berta : L'ACTIVATION PSYCHOTHERAPIQUE
49 T. Ayllon et N. Azrin : TRAITEMENT COMPORTEMENTAL EN INSTITUTION PSYCHIATRIQUE
50 G. Rucquoy : LA CONSULTATION CONJUGALE
51 R. Titone : LE BILINGUISME PRECOCE
52 G. Kellens : BANQUEROUTE ET BANQUEROUTIERS
53 François Duyckaerts : CONSCIENCE ET PRISE DE CONSCIENCE
54 Jacques Launay, Jacques Levine et Gilbert Maurey : LE REVE EVEILLE-DIRIGE ET L'INCONSCIENT
55 Alain Lieury : LA MEMOIRE
56 Louis Corman : NARCISSISME ET FRUSTRATION D'AMOUR
57 E. Hartmann : LES FONCTIONS DU SOMMEIL
58 Jean-Marie Paisse : L'UNIVERS SYMBOLIQUE DE L'ENFANT ARRIERE MENTAL

59 Jacques Van Rillaer : L'AGRESSIVITE HUMAINE
60 Georges Mounin : LINGUISTIQUE ET TRADUCTION
61 Jérôme Kagan : COMPRENDRE L'ENFANT
62 Michel S. Gazzaniga : LE CERVEAU DEDOUBLE
63 Paul Cazayus : L'APHASIE
64 X. Seron, J.L. Lambert, M. Van der Linden : LA MODIFICATION DU COMPORTEMENT
65 W. Huber : INTRODUCTION A LA PSYCHOLOGIE DE LA PERSONNALITE. 2e éd.
66 Emile Meurice : PSYCHIATRIE ET VIE SOCIALE
67 J. Château, H. Gratiot-Alphandéry, R. Doron et P. Cazayus : LES GRANDES PSYCHOLOGIES MODERNES
68 P. Sifnéos : PSYCHOTHERAPIE BREVE ET CRISE EMOTIONNELLE
69 Marc Richelle : B.F. SKINNER OU LE PERIL BEHAVIORISTE
70 J.P. Bronckart : THEORIES DU LANGAGE
71 Anika Lemaire : JACQUES LACAN. 2e éd. revue et augmentée.
72 J.L. Lambert : INTRODUCTION A L'ARRIERATION MENTALE
73 T.G.R. Bower : DEVELOPPEMENT PSYCHOLOGIQUE DE LA PREMIERE ENFANCE
74 J. Rondal : LANGAGE ET EDUCATION
75 Sheila Kitzinger : PREPARER A L'ACCOUCHEMENT
76 Ovide Fontaine : INTRODUCTION AUX THERAPIES COMPORTEMENTALES
77 Jacques-Philippe Leyens : PSYCHOLOGIE SOCIALE. 2e éd.
78 Jean Rondal : VOTRE ENFANT APPREND A PARLER
79 Michel Legrand : LE TEST DE SZONDI
80 H.J. Eysenck : LA NEVROSE ET VOUS
81 Albert Demaret : ETHOLOGIE ET PSYCHIATRIE
82 Jean-Luc Lambert et Jean A. Rondal : LE MONGOLISME
83 Albert Bandura : L'APPRENTISSAGE SOCIAL
84 Xavier Seron : APHASIE ET NEUROPSYCHOLOGIE
85 Roger Rondeau : LES GROUPES EN CRISE?
86 J. Danset-Léger : L'ENFANT ET LES IMAGES DE LA LITTERATURE ENFANTINE
87 Herbert S. Terrace : NIM. UN CHIMPANZE QUI A APPRIS LE LANGAGE GESTUEL
88 Roger Gilbert : BON POUR ENSEIGNER?
89 Wing, Cooper et Sartorius : GUIDE POUR UN EXAMEN PSYCHIATRIQUE
90 Jean Costermans : PSYCHOLOGIE DU LANGAGE
91 Françoise Macar : LE TEMPS, PERSPECTIVES PSYCHOPHYSIOLOGIQUES
92 Jacques Van Rillaer : LES ILLUSIONS DE LA PSYCHANALYSE. 2e éd.
93 Alain Lieury : LES PROCEDES MNEMOTECHNIQUES
94 Georges Thinès : PHENOMENOLOGIE ET SCIENCE DU COMPORTEMENT
95 Rudolph Schaffer : COMPORTEMENT MATERNEL
96 Daniel Stern : MERE ET ENFANT, LES PREMIERES RELATIONS
97 R. Kempe & C. Kempe : L'ENFANCE TORTUREE
98 Jean-Luc Lambert : ENSEIGNEMENT SPECIAL ET HANDICAP MENTAL
99 Jean Morval : INTRODUCTION A LA PSYCHOLOGIE DE L'ENVIRONNEMENT
100 Pierre Oleron et al. : SAVOIRS ET SAVOIR-FAIRE PSYCHOLOGIQUES CHEZ L'ENFANT
101 Bernard I. Murstein : STYLES DE VIE INTIME
102 Rondal/Lambert/Chipman : PSYCHOLINGUISTIQUE ET HANDICAP MENTAL
103 Brédart/Rondal : L'ANALYSE DU LANGAGE CHEZ L'ENFANT
104 David Malan : PSYCHODYNAMIQUE ET PSYCHOTHERAPIE INDIVIDUELLE
105 Philippe Muller : WAGNER PAR SES REVES
106 John Eccles : LE MYSTERE HUMAIN
107 Xavier Seron : REEDUQUER LE CERVEAU
108 Moreau/Richelle : L'ACQUISITION DU LANGAGE

109 Georges Nizard : ANALYSE TRANSACTIONNELLE ET SOIN INFIRMIER
110 Howard Gardner : GRIBOUILLAGES ET DESSINS D'ENFANTS, LEUR SIGNIFICATION
111 Wilson/Otto : LA FEMME MODERNE ET L'ALCOOL
112 Edwards : DESSINER GRACE AU CERVEAU DROIT
113 Rondal : L'INTERACTION ADULTE-ENFANT
114 Blancheteau : L'APPRENTISSAGE CHEZ L'ANIMAL
115 Boutin : FORMATION ET DEVELOPPEMENTS
116 Húsen : L'ECOLE EN QUESTION
117 Ferrero/Besse : L'ENFANT ET SES COMPLEXES
118 R. Bruyer : LE VISAGE ET L'EXPRESSION FACIALE
119 J.P. Leyens : SOMMES-NOUS TOUS DES PSYCHOLOGUES?
120 J. Château : L'INTELLIGENCE OU LES INTELLIGENCES?
121 M. Claes : L'EXPERIENCE ADOLESCENTE
122 J. Hayes et P. Nutman : COMPRENDRE LES CHOMEURS
123 S. Sturdivant : LES FEMMES ET LA PSYCHOTHERAPIE
124 A. Pomerleau et G. Malcuit : L'ENFANT ET SON ENVIRONNEMENT
125 A. Van Hout et X. Seron : L'APHASIE DE L'ENFANT
126 A. Vergote : RELIGION, FOI, INCROYANCE
127 Sivadon/Fernandez-Zoïla : TEMPS DE TRAVAIL, TEMPS DE VIVRE
128 Born : JEUNES DEVIANTS OU DELINQUANTS JUVENILES?
129 Hamers/Blanc : BILINGUALITE ET BILINGUISME
130 Legrand : PSYCHANALYSE, SCIENCE, SOCIETE
131 Le Camus : PRATIQUES PSYCHOMOTRICES
132 Lars Fredén : ASPECTS PSYCHOSOCIAUX DE LA DEPRESSION
133 Mount : LA FAMILLE SUBVERSIVE
134 Magerotte : MANUEL D'EDUCATION COMPORTEMENTALE CLINIQUE
135 Dailly/Moscato : LATERALISATION ET LATERALITE CHEZ L'ENFANT
136 Bonnet/Tamine-Gardes : QUAND L'ENFANT PARLE DU LANGAGE
137 Bruyer : LES SCIENCES HUMAINES ET LES DROITS DE L'HOMME
138 Taulelle : L'ENFANT A LA RENCONTRE DU LANGAGE
139 de Boucaud : PSYCHOLOGIE DE L'ENFANT ASTHMATIQUE
140 Duruz : NARCISSE EN QUETE DE SOI
141 Feyereisen/de Lannoy : PSYCHOLOGIE DU GESTE
142 Florin et al. : LE LANGAGE A L'ECOLE MATERNELLE
143 Debuyst : MODELE ETHOLOGIQUE ET CRIMINOLOGIE
144 Ashton/Stepney : FUMER
145 Winkel et al. : L'IMAGE DE LA FEMME DANS LES LIVRES SCOLAIRES
146 Bideau/Richelle : PSYCHOLOGIE DEVELOPPEMENTALE
147 Schmid-Kitsikis : THEORIE CLINIQUE ET FONCTIONNEMENT MENTAL
148 Guggenbühl/Craig : POUVOIR ET RELATION D'AIDE
149 Rondal : LANGAGE ET COMMUNICATION CHEZ LES HANDICAPES MENTAUX
150 Moscato et al. : FONCTIONNEMENT COGNITIF ET INDIVIDUALITE
151 Château : L'HUMANISATION OU LES PREMIERS PAS DES VALEURS HUMAINES
152 Avery/Litwack : NEE TROP TOT
153 Rondal : LE DEVELOPPEMENT DU LANGAGE CHEZ L'ENFANT TRISOMIQUE 21
154 Kellens : QU'AS-TU FAIT DE TON FRERE?
155 Rondal/Henrot : LE LANGAGE DES SIGNES
156 Lafontaine : LE PARTI PRIS DES MOTS
157 Bonnet/Hoc/Tiberghien : AUTOMATIQUE, INTELLIGENCE ARTIFICIELLE ET PSYCHOLOGIE
158 Giovannini et al. : PSYCHOLOGIE ET SANTE
159 Wilmotte et al. : LE SUICIDE
160 Giurgea : L'HERITAGE DE PAVLOV
161 Ionescu : MANUEL D'INTERVENTION EN DEFICIENCE MENTALE N° 1

162 Ionescu : MANUEL D'INTERVENTION EN DEFICIENCE MENTALE N° 2
163 Pieraut-Le Bonniec : CONNAITRE ET LE DIRE
164 Huber : PSYCHOLOGIE CLINIQUE AUJOURD'HUI
165 Rondal et al. : PROBLEMES DE PSYCHOLINGUISTIQUE
166 Slukin : LE LIEN MATERNEL
167 Baudour : L'AMOUR CONDAMNE
168 Wilwerth : VISAGES DE LA LITTERATURE FEMININE
169 Edwards : VISION, DESSIN, CREATIVITE
170 Lutte : LIBERER L'ADOLESCENCE
171 Defays : L'ESPRIT EN FRICHE
172 Broome Walace : PSYCHOLOGIE ET PROBLEMES GYNECOLOGIQUES
173 Aimard : LES BEBES DE L'HUMOUR
174 Perruchet : LES AUTOMATISMES COGNITIFS
175 Bawin-Legros : FAMILLES, MARIAGE, DIVORCE
176 Pourtois/Desmet : EPISTEMOLOGIE ET INSTRUMENTATION EN SCIENCES HUMAINES
177 Sloboda : L'ESPRIT MUSICIEN
178 Fraisse : POUR LA PSYCHOLOGIE SCIENTIFIQUE
179 Ruffiot : PSYCHOLOGIE DU SIDA
180 McAdams/Deliège : LA MUSIQUE ET LES SCIENCES COGNITIVES
181 Argentin : QUAND FAIRE C'EST DIRE...
182 Van der Linden : LES TROUBLES DE LA MEMOIRE
183 Lecuyer : BEBES ASTRONOMES, BEBES PSYCHOLOGIQUES : L'INTELLIGENCE DE LA 1re ANNEE
184 Immelmann : DICTIONNAIRE DE L'ETHOLOGIE
185 Collectif : ACTEUR SOCIAL ET DELINQUANCE
186 Fontana : GERER LE STRESS
187 Bouchard : DE LA PHENOMENOLOGIE A LA PSYCHANALYSE
188 Chanceaulme : MOURIR, ULTIME TENDRESSE
189 Rivière : LA PSYCHOLOGIE DE VYGOTSKY
190 Lecoq : APPRENTISSAGE DE LA LECTURE ET DYSLEXIE
191 de Montmolin/Amalberti/Theureau : MODELES DE L'ANALYSE DU TRAVAIL
192 Minary : MODELES SYSTEMIQUES ET PSYCHOLOGIE
193 Grégoire : EVALUER L'INTELLIGENCE DE L'ENFANT

Hors collection

Paisse : PSYCHOPEDAGOGIE DE LA LUCIDITE
Paisse : ESSENCE DU PLATONISME
Collectif : SYSTEME AMDP
Boulangé/Lambert : LES AUTRES, L'EXPRESSION ARTISTIQUE CHEZ LES HANDICAPES MENTAUX

Manuels et Traités

2 Thinès : PSYCHOLOGIE DES ANIMAUX
3 Paulus : LA FONCTION SYMBOLIQUE ET LE LANGAGE
4 Richelle : L'ACQUISITION DU LANGAGE
5 Paulus : REFLEXES-EMOTIONS-INSTINCTS
Droz-Richelle : MANUEL DE PSYCHOLOGIE
Hurtig-Rondal : MANUEL DE PSYCHOLOGIE DE L'ENFANT (Tome 1)
Hurtig-Rondal : MANUEL DE PSYCHOLOGIE DE L'ENFANT (Tome 2)
Hurtig-Rondal : MANUEL DE PSYCHOLOGIE DE L'ENFANT (Tome 3)
Rondal-Seron : LES TROUBLES DU LANGAGE (DIAGNOSTIC ET REEDUCATION)
Fontaine/Cottraux/Ladouceur : CLINIQUES DE THERAPIE COMPORTEMENTALE
Godefroid : LES CHEMINS DE LA PSYCHOLOGIE